U1001543

在中国数千年的历史上，要寻找一位有水准的政治家或军事家并不难，要寻找一位政治家、军事家合为一体的人就难了，要寻找一位集政治家、军事家、思想家于一身的人就更难了，要寻找一位集政治家、军事家、思想家、学术宗师、诗人于一身的人就难上加难了，而明代的王阳明正是这样一个人。他曾被同时代的人誉为有“濂溪之学”“武侯之忠”“子仪之功”“良平之智”，可谓“文武兼资，乾坤间气，领袖后学”。可在二十世纪相当长的一段时间内，王阳明的学术思想和事功曾遭人们贬斥。其实，拨开历史的尘雾，就会发现王阳明的许多思想见解和措施对今天的人们仍有相当大的裨益，可谓如金声玉振，令人获益良多……

破山中贼易，破心中贼难。

百世良师

——解读一个真实的王阳明

刘国祥 著

浙江工商大学出版社
ZHEJIANG GONGSHANG UNIVERSITY PRESS

图书在版编目(CIP)数据

百世良师 ：解读一个真实的王阳明 / 刘国祥著. —杭州 ：浙江工商大学出版社，2017.1

ISBN 978-7-5178-1892-2

Ⅰ. ①百… Ⅱ. ①刘… Ⅲ. ①王阳明(1472—1529)—人物研究 Ⅳ. ①B248.2

中国版本图书馆 CIP 数据核字(2016)第 262040 号

百世良师

——解读一个真实的王阳明

刘国祥 著

责任编辑 方 潇 白小平
封面设计 林朦朦
责任校对 穆静雯
责任印制 包建辉
出版发行 浙江工商大学出版社
(杭州市教工路 198 号 邮政编码 310012)
(E-mail:zjgsupress@163.com)
(网址:http://www.zjgsupress.com)
电话:0571-88904980,88831806(传真)
排　　版 杭州朝曦图文设计有限公司
印　　刷 杭州五象印务有限公司
开　　本 710mm×1000mm 1/16
印　　张 17
字　　数 259 千
版 印 次 2017 年 1 月第 1 版 2017 年 1 月第 1 次印刷
书　　号 ISBN 978-7-5178-1892-2
定　　价 49.00 元

浙江工商大学出版社营销部邮购电话 0571-88904970

目录

第一章　峥嵘岁月伴一生

王阳明的一生虽只有较短暂的五十七年，但波澜壮阔，惊心动魄，战功居伟，学问绝世，真可谓万世之英，超世之杰……

第一节　王家儿从云中来

明宪宗成化八年(1472)九月三十日，浙江余姚的一户王姓人家添了一男丁，这个小男孩就是日后彪炳历史的王阳明。

正如历史上许多有成就的人一样，有关王阳明的出生亦有传奇故事。他来到人间，似乎是拜上天之赐。据史载，在王阳明出生的那天晚上，其祖母岑太夫人做了一个梦，梦见天上的神仙，踏着五彩祥云，吹吹打打，抱着一个婴孩，对岑太夫人说："前辈积德，上天赐你一佳儿。"岑太夫人说："我已有儿，我媳妇挺孝顺，就给我做孙儿吧！"语音刚落，就被婴儿的啼哭声惊醒。这时，家人来报喜，他的大媳妇，即大儿子王华的正室郑氏生了一个男孩。岑太夫人寻思道：此儿也许有些来历。从此，祖母对之疼爱有加。而王阳明对祖母也堪称孝顺，长大进入仕途后，三番五次给皇帝上书，要求回家照料生病在床的年迈祖母。其哀哀情怀，足可与李密的《陈情表》相媲美。

前人有言：深山大泽，才能藏龙卧虎；腴壤沃土，方可长出参天大树；德业福厚，才能护佑子孙。对照王阳明的家庭背景与文化传承，可见此话并非虚言。

根据他的弟子钱德洪编的《阳明先生年谱》（下文简称《年谱》）以及有关学者的考证，王阳明的先世祖先可追溯至西晋光禄大夫王览，也许还可追溯至王览之前，但因年代久远，史料模糊，不予深究了。这个王览在历史上没有什么名气，可他有个胞兄王祥，是中国古代历史上“卧冰求鲤”的大孝子，曾被列入二十四孝图。有关王氏两兄弟的事迹，《晋书》上有传。王览没什么名气，可他的孙辈却在历史上大名鼎鼎，那就是协助琅邪王司马睿在南京建立东晋王朝的王导和王敦。司马睿当皇帝后（史称晋元帝），以王导为丞相，王敦为大将军。据说王导举家南渡之后，曾找当时著名学者郭璞卜了一卦，以求子孙是否发达。郭璞告诉他：“淮水断，王氏灭。”意思是淮河没有水了，王氏就灭绝了，可淮河怎么会没有水呢？王导兄弟一个为丞相，一个为大将军，成了江东望族、门阀大姓之一，与谢、崔、桓等姓，并列江东大姓，王氏居于首位。唐代诗人刘禹锡的《乌衣巷》一诗里“旧时王谢堂前燕，飞入寻常百姓家”句中的“王谢”指的就是王氏与谢氏这两个大姓之族。有关王导、王敦的事迹，《晋书》及《世说新语》等典籍上有载。

王导之后，王氏名人中值得一提的是“书圣”王羲之。王羲之把家迁至浙江山阴。到了二十三世祖的迪功郎王寿时，他又把家从达溪迁至余姚，一住就是数百年，王氏一姓在此地默默无闻，再没有显赫于世者。一直到元末明初，在《年谱》中才开始出现王氏祖上的名字及简略的事迹记述。

王阳明的六世祖叫王纲，字性常，是个品格高洁、喜山水、通晓《易经》的隐士，生于元末明初。据说这位王纲先生还与明代开国元勋刘伯温过往甚密，他曾对刘伯温说：“你是王佐之才，只是长相上有欠，只要修炼就可以弥补。将来发达了，你可不要连累我。”说完大笑而去。若干年以后，刘基辅佐朱元璋，位至诚意伯，并向朱元璋推荐了王纲。朱元璋封他为广东参议，此时的王纲已七十岁了，皇命不可违，只好携十六岁的儿子王彦达上道，去广东督运兵粮。在增城，与海寇相遇并大败之，因此海寇首领对王纲十分佩服，要求王纲当他们的头，并把王纲推到“帅”座上，顶礼膜拜，希望他“入伙”，领着大伙一块干。可王纲死活不从并破口大骂，惹得海贼头领大怒，就把王纲杀了。其余海贼还要杀王彦达，可头目认为父忠子孝，杀之不祥，就把王彦达释放了。为葬父，王彦达找了一块羊皮把父尸裹起来，背着离开了增城，并运回浙江老家，安葬于禾山。

王纲的儿子彦达痛父年过七十还死于海贼之手，朝廷又薄待自己，从此躬耕不出，粗衣劣食，以养家人。临死时，指着祖先留下来的书籍对其子王与准说："我指望你的是不要荒废祖宗留下来的学业，不要替朝廷当那个差。"从此，王与准谨遵父嘱，闭门力学，把父亲留下来的书认真地研读精熟，学问大进。乡邻找他教子弟，他说："我学无师承，不能教学生。"随后就去四明拜一赵姓先生学易，学成后奇准无比。县令闻之，隔三岔五地找他卜卦，他不胜其烦，就躲入四明山中隐居达一年之久。此时，朝廷求贤，也因王纲功德想起用王与准，可他死活不从，朝廷问其故，县令解释道："王与准以其先世尝死忠，朝廷待之薄，遂父子誓不出仕，有怨望之心。"于是朝廷派人搜山，王与准坠崖伤腿，最后推不掉，只好让自己的二儿子王世杰出仕，补为邑庠弟子员。这是从王纲以来，隔了几代人后，王家再一次出仕。

王与准其人，史书上载他"伟貌修髯，精究《礼》《易》，著《易微》数千言"，说明他是一个精深的学者，可惜这些著作已经失传。据说王与准住的地方名"秘图湖"，刚入居时，他曾算了一卦，遇"大有"之"震"，就对儿子世杰说："吾先世盛极而衰，今衰极当复矣，然必吾后再世而始兴乎？兴必盛且久。"这句话的意思是：王氏自江东望族后，已近千年，否极泰来，但不是他这一代，当在他的孙子辈、曾孙辈，即"吾后再世"。

王与准之子名世杰，因其先世曾植槐树三棵于门，自称"槐里子"，世称槐里先生。王世杰在仕途上没有成就，并不是他没有机会，朝廷曾想"破常调任使之"，即破格起任当官，但他把这个名额让给了自己的朋友李文昭，自己躬耕授徒，以养老母，在当地传为佳话。他曾著有《易春秋说》《周礼考证》等，现亦已亡佚。其人"仪观玉立，秀目修髯，望之以为神人"，"无贤愚戚疏，皆知敬而爱之"，"言行一以古圣贤为法"，说明王世杰是个有学问有品行的君子，人也长得模样出众。

王世杰之子王伦，字天叙，是个酷爱竹子、有学问的人，人称竹轩先生。一生著有《仪礼》《左氏传》《司马迁史》等书，雅善鼓琴，每逢清风朗月，善吟诗作对，相貌"环伟，细目美髯。与人交际，和乐之气蔼然可掬"，说明他也是一个有雅兴、品行、品味的君子，但亦与他父亲一样，一生不曾入仕。

真正开始光大王家门户的，当是王伦的儿子王华。王华，生于正统九年(1446)，字德辉，号实庵，又号海日翁，因曾读书于余姚龙泉山，又称龙山先生。相传其母将生他时，有神人将一绯衣玉带的童子交给她，说："妇事吾孝，孙妇亦事汝孝。吾与若祖丐于上帝，以此孙畀汝，世世荣华无替。"故名为"华"。

这个王华亦是一天资俊逸、品行优异的人物。相传他六岁与儿童戏水时，见一醉汉来洗足，遗下一包裹而去，他打开一看，里面有数十金。王华知道这个人酒醒必来，为防人偷抢就把包裹丢入水中，记住确切位置，自己坐在一旁守护。没多久，果见那壮汉哭泣而来，王华迎上去，问："你何故哭泣?"壮汉答道："遗失数十金。"王华告诉壮汉水中的具体位置，失金复得，壮汉大喜过望，就拿一锭为谢。王华笑道："数十金我都不要，要你一锭金何用?"壮汉步至王家，对王华其母千谢万谢，并说："令郎有德如此，上天必佑。"

又有一闻：王华十四岁时，与众弟子读书于龙山寺，闻该寺有妖物作祟，能"伤人"，寺僧惊惶失怖，诸生恐惧而归，可王华独居苦读，毫不为动，妖亦灭。僧曰："君天人也，异时福德何可量?"这个王华日后果然较有造诣：成化十七年(1481)中进士，廷试第一甲第一人，名副其实的状元。日后官历翰林院修撰、经筵官、右春坊古谕德、东宫侍讲、詹事府少詹事、礼部右侍郎，后因开罪太监刘瑾，调任南京吏部尚书。在学问上，王华著有《龙山稿》《垣南草堂稿》《礼经大义》《杂缘》《进讲余抄》等作品。

王华不仅官位很高、学业有成，而且为人极孝，其母岑太夫人年近百岁时，王华已是七十老翁，为使母高兴，整日装成小孩嬉笑模样逗母开心。

王华的儿子就是本书的主人公王阳明，王阳明就出生在这样一个有家教、家学和历史渊源的仕宦之家。

王阳明生下来后，其父亲王华为其取名"云"，人称王云，可长到五岁还不能讲话，家里人急了。一天，一个云游四方的僧人来到王家，对其祖父竹轩公王伦说："如此宁馨儿，可惜叫坏了。"并叮嘱王伦："天机不可泄露。"王伦一想，大悟，就为小孩改名为"守仁"，字伯安。史载，改完名之后，王阳明很快就能说话了。

王阳明小时候的情况如何，史料不多。在由他的得意弟子钱德洪编的

《年谱》《世德记》及王阳明的义子王正宪编的《王阳明先生家事》等典籍中，关于王阳明少时的事迹记述几乎一片空白。极有可能的是：王阳明小时候极端“淘气”和“顽皮”，后人怕损害这个日后名扬四海的大思想家的声誉。其实，真实的史载不仅不会损伤其名誉，只会更增其真实性。从现存仅有的史料看，王阳明小时候确实是个不守规矩的“角色”，“八岁，妄意神仙，嬉戏皆绝人”，“故善跳狎，则稍就规准”，而且经常“倜傥出常矩”，“日与群儿为戏，斗鸡走狗无所不为”，说孩提时代的王阳明是个行为异于常人的“纨绔子弟”应是有根据的。

史书上真正对王阳明的事迹有较详细的记载，当从他十一岁开始。成化十七年(1481)，祖父王伦携他上京游玩，过金山时，众人喝酒吟诗，以金山为题，时过许久，无人能吟出诗作。这时，十一岁的王阳明在旁说：“这有何难?”就口占一首：

金山一点大如拳，打破维扬水底天。
醉倚妙高台上月，玉箫吹彻洞龙眠。

在场者一听，大惊！有相者谓塾师云：“此子他日官至极品，当立异等功名。”其实，这称不上诗，充其量只能说是有点想象、文采的顺口溜，但它出自一个十一岁的孩子之口，当是令人讶异的，所以，史书上说王阳明“聪颖异常”是有根据的。

弘治元年(1488)，王阳明十七岁，按传统，他这个年纪正是成婚之年，在亲友的撮合下，与江西布政司参议诸养和的女儿成亲。新婚之夜，他竟然抛开新婚妻子去道观铁柱宫(在今江西南昌)与道士打坐一整夜，与之大谈养生之说，一直到第二天早上方被家人寻回。因此，亦可以这样认为：幼年、少年时期的王阳明在性格上既个性独立，又是矛盾的集合体。

从王阳明结婚的那一年到他三十六岁，整整二十年，这对王阳明来说，可以说是颇有成绩，但默默无闻。说他有成绩，主要是从思想学术上说的；说他默默无闻，主要是说其政治事功，毫无建树。而且在这二十年里，他对自己的理想、抱负和志向，往往是朝三暮四，摇摆不定，彷徨犹豫，不知其可。

弘治五年(1492)，王阳明二十一岁，参加考试不第；弘治六年又参加会试，再不第。据说是有人妒忌他的才能，故意让他落第。此种说法有点为贤者讳的春秋笔法的味道，事实上，明代的考试都是糊名的，不知考生姓名，何来嫉才之说？如果说是评试者嫉才，那六年后王阳明高中进士，就没有人嫉妒他了吗？显然说不通，只能说是王阳明运气不佳。弘治十二年(1499)，二十八岁的王阳明第三次会考，终于如愿以偿，中了进士，得到了进入官场“体制”内的通行证。随之而来的是被授予一些小职：刚中进士，被授予“观政工部”，即在工部当“见习生”；弘治十三年(1500)，被授予刑部云南清吏司主事；弘治十七年(1504)，主试山东，设助山东乡试，九月回京之后，被授予兵部武选清吏司主事，都是六七品的小官。所以这二十年王阳明在政治上并没有多大作为。

可另一方面，在思想学术上却收获颇丰，至少他为独创自己的学术思想体系而进行了有益的尝试。

王阳明十七岁成婚，十八岁偕妻子过广信(今江西上饶)，去拜访了当时的大儒娄谅(字一斋)，向他请教学问之道。而娄一斋也对自己眼前这个天资颇高的青年欢喜异常，认为“孺子可教”，就向他传授为“圣”之道，认为“圣人”可以学而致。与娄一斋的见面对王阳明的影响颇大，从此就收拾了那“不安分”的心，专心圣贤之学。

在明代，朱熹的学说被认为继承了孔子的思想，尤其是他对儒家著作的解释，如《四书集注》，历来被公认为是解释儒家经典的权威著作，是士子科举的必读书，也是学圣成贤的门槛。所以王阳明在与娄一斋见面后，尤其是第一次科举考试落第之后，开始专意朱子之学，准备做“圣人”，也决心改正自己过去的毛病，“吾昔放逸，今知过矣”。朱子的学问是从《中庸》《大学》而来，并倡“格物致知”之说，而且还形成了一套理论，就是读书时，要“居敬持志，为读书之本；循序致精，为读书之法”，意思是通过读书去穷尽天下万物之理，即“格物”，通过“格物”以获得知识。刚好王阳明住的院子里有一丛竹子，于是他对着竹子“格”起来，一个星期过去了，不仅没有“格”出“理”来，还弄出一身病。于是，他觉得“圣贤自有分”，即做圣贤是有“缘分”“天分”的，他不是这块料，就开始弃宋学即朱子之学而研究辞章之学，学习作诗赋文。

这一学就是五年。本来王阳明在文学上是很有天赋的，认真学习了五年之后，作诗的水平有了很大的提高，也许是把心思放在一件事上，时间一长，就会产生审美疲劳，产生厌倦之感。当时，他父亲王华在北京为官，寓居京师，条件优裕，于是他在京师这段时间内就开始研究兵法秘籍。从小就对兵法情有独钟的王阳明，曾在十五岁时，登居庸关，察看北京北面的地形，“询诸夷种落，悉闻备御策”，慨然有经略四方之志。当时，北方狼烟频仍，边境极不安宁，秦中有石和尚、刘千斤等人作乱，十五岁的王阳明有意上书皇帝，陈述自己的安边之策，被其父骂为“狂妄”，乃止。但事实证明，王阳明从小情有独钟并研究学习的军事学知识，对他日后建功立业极为重要。

时间一长，王阳明对兵法又厌倦了，科举考试两次都名落孙山，这时的王阳明对人生有点绝望了，产生了遁入空门的思想。可就在这时，命运之神向他亮起了绿灯，使历史上少了一个高僧，多了一个大思想家：弘治十二年(1499)，二十八岁的王阳明终于高中进士，正式成为统治集团里的一员，为仕途上的发展提供了体制上的保证。

科举成功了，也授了个小官，可王阳明觉得自己还缺了一点东西：青年时期学过朱熹的“格物”之学，之后又学过如何创作诗文辞赋，然而自己还缺少外部的帮助力量，没有朋友之间的切磋，自己很难在学问上有所长进。于是在“观政工部”之后，王阳明与京城里的一些文学界的人士打得火热。这些人有太原乔宇，广信汪俊、李梦阳、何景明、顾璘、徐贞卿、边贡等。王阳明与他们来往密切，相互切磋诗作古文，驰骋文坛。在这些人当中，以李梦阳最为有名，此人是明中叶有名的诗人、理论家，是文学复古派的领军人物。与这些人相比，王阳明的诗作当属翘楚，“众人自诩不及”，笔者始不相信李梦阳等人的诗作不如王阳明的说法，后经过对比，发觉史书上的记载是有根据的。

可时间一长，王阳明对这种生活又厌倦了，用他自己的话来说是：“吾焉能以有限的精神为无用之虚文？”于是向朝廷请病假，回到老家余姚，在离余姚二十里的一个叫“阳明”的山洞里“筑室”，学习“行导引术”，并与道士交往甚密。“阳明”之号也由此而来。其中有三个人对王阳明的影响很大，这三个人是：王思舆、许璋、王琥。

与道士的接触早在王阳明十七岁时就开始了，对此，史书上记载颇多：

(阳明)先生养痾阳明微时，与一布衣许璋者相朝夕，取其资益云……璋故精于天文、地理、兵法、奇门九遁之学。先生后擒逆濠，多得其力。成功归，赠以金帛，不受。先生每乘笋舆访之山中，菜羹麦饭，信宿不厌。①

光绪时期的《上虞县志》上也有记载：

许璋，字半圭，家贫，潜心性命之学，不求仕进，凡天文地理及孙吴韬略、奇门九遁，靡不精晓……文成抚江右，璋指乾象谓曰："帝星今在楚矣。"已而世宗起于兴邸，其占之奇中，类如此。宸濠将叛，璋遣子遗文成枣、梨、江豆、西瓜。文成惊悟，出查乱兵，遂不及难。后得诛叛栓王，皆璋力也。

这些史料说明王阳明与道士的交流是很深的，甚至把王阳明的日后事功与道士的相助联系起来，是否真如此，无可探究。可王阳明的"道术"水平，经过名师指点和自己的"行导引术"之功的修炼，确有大进。所谓的"行导引术"，其实是一种养生健身的方法，是通过气功的运作以求祛病强身、消除邪僻之气的一种健身法。史载，有一次，王思舆等四个道士朋友来拜访他，方出五云门，王阳明即命仆人迎之于半途。四人惊问为何如此，仆人道："先生早知道你们要来，命仆在此久候。"对于这种预知功能，四人都很惊讶，以为王阳明"得道"，有神仙指点，但是否真如此，不得而知。可他几次在关键性的时刻，都能借"天"之力而取得胜利，这是否与他的"修炼"道术有关，亦不得而知。

第一次是发生在正德十二年(1517)，在深山老林平山寇时，当地连续两月不雨。此时，王阳明正率军平叛，为除民苦，他于福建上杭筑行台求雨，很快雨即下，民大悦。第二次是在江西平宁王之叛，为起兵勤王，王阳明要乘舟南下，此时南风正急，舟只能北行，后有宁王追兵，王阳明乃焚香祷告天求北风，霎时，南风止，北风起，为平叛赢得了时间。第三次是王阳明在广西平叛时病逝，灵柩停南昌，第二天将要发舟回余姚，此时北风正盛，舟不能行，

① 钱明：《儒学正脉——王守仁传》，浙江人民出版社 2006 年版，第 42 页。

其弟子赵渊焚香对着灵柩曰："公弗行，岂为士民留邪？公党有子嗣，门人亦望公久矣。"霎时，北风转为南风，四日后抵信州。

如果这些记载可信的话，说明王阳明的道学已抵达很高的水平，这对于他以后建立"心"学思想体系无疑是有帮助的。也许他的思想已入"道学"佳境，从而产生离世远去的想法，但念及祖母及老父，又打消了此念头："此念生于孩提，此念可去，是断灭种姓。"从而认识到道术是"玩物丧志"，"此簸弄精神，非道也"，于是脱离了道教的"行导引术"，转而进入现实生活"复思用世"。

弘治十八年(1505)，三十四岁的王阳明重新回到现实生活中，回京师任职，在任职过程中，他结识了一生中两个重要的思想学术知己——湛若水和黄绾。三人结成学术团体，开始带学生、讲学，首倡圣贤之学，提倡"存天理，灭人欲"，以及"致良知"和"心外无物"之学，从而迈开了他学术思想中重要的一步，开始建立自己的思想体系。

综观王阳明的生活轨迹，发现一个有趣的现象：各家学说他都实践过，尽管时间都不长，只有几年的时间，可这些实践对他的思想体系的建立来说都是不可或缺的。这好比武学，少林、武当、峨眉各路门派都懂一点，然后博取众家之长成一家套路，形成自己的风格，可以开宗立派了。所以，尽管在功业上还是人微言卑，但这二十年对于王阳明的"心学"体系的建立，至关重要。

第二节 天将降大任于斯人

一、钱塘脱险

正当王阳明在京师一边做官，一边与朋友结成学术团体、切磋学问的时候，一场意想不到的灾难影响了他的一生，也为中国古代思想史添上浓墨重彩的一笔。而这场灾难对于王阳明来说，可谓祸从天降。

弘治十八年(1505)，明孝宗朱佑樘死后，儿子朱厚照继位，是为明武宗，改元正德。民间有传说，这个朱厚照来历不明，不知何人所出，也许是个野种，所以一上台就骄奢淫逸，胡作非为。常言道："新官上任三把火。"这个朱厚照上台后一把火也没有烧起来，就开始不上朝，在八个宦官的唆使下，整日沉溺于斗鸡走马的荒淫生活，“豹房”的产生是他对中国历史和明王朝做出的唯一的“贡献”。皇帝刚即位，大臣不好直接对他提意见，就对着他身边的八个太监发难，这八个太监被称为“八虎”，大臣要求皇帝惩罚这些人。在这些上书言事的人中有户科给事中戴铣、御史簿彦徽，因进谏忤旨，被大太监刘瑾关进监狱。为打抱不平，作为只有六品的兵部主事，王阳明热血沸腾，不惧官小位卑，就上书皇帝，要求皇帝“追收前言”，放出戴铣等人，“仍供旧职”，惩治权奸，从而表现皇帝“大公无我之仁”和“改过不吝之勇”。这是王阳明一生中有名的奏章，即《乞宥言官去权奸以章圣德疏》。

问题是这份奏章根本到不了皇帝那里，就算被皇帝看到了，估计也不会产生什么效果。结果王阳明被刘瑾投入监狱，没有被杀，可处罚还是要的，于是以“妄言朝政”之罪杖击四十。也许刘瑾下手太狠，这四十大板使王阳明“既觉复苏”，说明伤得不轻。刘瑾不仅杖击王阳明，而且还把对他的恨迁怒到其父王华身上，找个由头把朝中大臣王华调任南京吏部尚书。

在监狱里，王阳明很悲观，这从他写的《狱中诗十四首》可以看出来：

天寒岁云暮，冰雪关河迥。
幽室魍魉生，不寐知夜永。
惊风起林木，骤若波浪汹。
我心良匪石，讵为戚欣动。

（《不寐》节选）

囚居亦何事？省愆惧安饱。
瞑坐玩羲《易》，洗心见微奥。
乃知先天翁，画画有至教。

（《读易》节选）

兀坐经旬成木石，忽惊岁暮还思乡。
高檐白日不到地，深夜黠鼠时登床。
峰头霁雪开草阁，瀑下古松闲石房。
溪鹤洞猿尔无恙，春江归棹吾相将。

（《岁暮》）

思家有泪仍多病，报主无能合远投。

（《天涯》节选）

由这些诗可知，王阳明在锦衣卫的牢房里过的是非人的生活：室小幽暗，恍如鬼影憧憧。而且睡到半夜，一群群的老鼠窜过来与他做伴，室内幽冷如冰天雪地，不见一点阳光、暖意，“我心良匪石”，对此焉能不恐惧？而且自己又体弱多病。此时的王阳明想家了，开始流泪了，“思家有泪仍多病”，这是人一旦失去自由时的正常的心理反应。但王阳明不是平凡的人，他有坚强的意志，这种意志的具体表现就是玩《易》。司马迁说：“文王幽而演周易。”他也学周文王，通过玩《易》以消磨时光，寄托自己的精神世界，而且还较有心得：“瞑坐玩羲《易》，洗心见微奥。”对《易经》的研究也已入门了。

大概是觉得若王阳明死在牢中的影响不大好，刘瑾就把王阳明放出大牢，在杖击四十之后，就以皇帝的名义把王阳明贬到贵州龙场驿作驿丞，一个管通信的小官。刘瑾还命令他：先至钱塘，然后再从钱塘至贵州龙场，诏令下，即起程。王阳明带着累累的伤痕走到钱塘江边时，发现身后有人跟踪，不即不离，不远不近。王阳明一看就明白了，这是刘瑾在派人追杀自己，并准备在钱塘江边下手。王阳明急中生智，脱下衣服，并写一首绝命诗，留下自尽于江的假象，然后潜入江水潜逃。关于这段经历，明代冯梦龙有一篇《王阳明先生历险记》的故事收入《三言》。但从别的史料看，这段经历很模糊，谁也不知道王阳明是怎样逃脱的，一个身挨四十大板的伤者在水下是无论如何也待不久的。《年谱》上说是一条过路的商船救起了处于生死存亡之际的王阳明，这种说法比较靠谱、可信。还说此船原是准备赴舟山，后因海上台风，船被刮到了福建。可以说，王阳明能死里逃生，老天是帮了大忙的。

到了福建后，王阳明谢别船主登岸，改走山路，走了十几里的山路后，又渴又饿。这时，他在山中发现了一座寺庙，就向庙里僧人借宿。僧人见此人一副失魂落魄的样子，面带杀气，觉得来历不明，就没有答应。无奈，王阳明只好离了寺庙来到五里远的一处荒败的无门窗的野庙中，也许是饥渴的缘故，刚入野庙就倚着香炉睡着了。哪知睡到半夜，传来一阵虎啸，只见一群群的老虎围着野庙狂吼不已，原来这是一处虎窝。老虎想入庙又进不去，觉得有力量在阻止它，只好不停地绕着庙怒吼转圈，一直到天亮才离庙进了深山。那个不准王阳明借宿的僧人以为这个陌生人早已入了虎口，想去看个究竟。一看大吃一惊，王阳明正倚着香炉睡得更香，僧人就摇醒他："你真不简单，你知道吗，这是虎窝，要碰上常人，早进了虎腹了。"于是把王阳明邀进寺庙，好生款待。

在寺庙里，王阳明又得到了意想不到的收获——碰到了二十年前在铁柱宫里与自己一起打坐的道士。过了二十年，人的面貌发生了很大的变化，王阳明没有认出此道人是谁，可老道认出了他，吟道："二十年前曾见君，今来消息我先闻。"王阳明沉思追忆，好不欢喜，就向道人介绍了自己当前险恶的处境，并谈了自己的想法：想逃跑，去浪迹天涯，不去贵州龙场驿那个蛮荒之地了。

道人道："你想要你的家人遭灭族之祸吗？"

王阳明道："此话怎讲？"

道人："因你有亲人在，你父亲已为你得罪了刘瑾，如果你再逃跑的话，刘瑾就可以逮捕你父亲并污蔑你是北走胡地叛国了，如果有什么反叛力量借你之名，你洗得清吗？"

王阳明沉思半晌道："君言是矣，可进退都是死，如之奈何？"古人有遇疑而卜筮的习惯，道人要王阳明算一卦，得"明夷"之卦。"明"代表光明、火，"夷"代表受伤，表明"火"在底下运行，被物所蔽，卦虽然不太好，至少没有凶灾。王阳明对《易经》深有造诣，觉得此卦虽算不上是吉卦，但至少不是凶卦，自己要受苦但没有生命危险，留得青山在，何愁没柴烧？于是，王阳明告别了老道士向贵州进发，临行前，还题诗于壁上，以明己志："险夷原不滞胸中，何异浮云过太空！夜静海涛三万里，月明飞锡下天风。"

王阳明去贵阳的路线是：先从福建返回钱塘，然后又从钱塘至鄱阳湖，达湘江，至长沙、衡岳，然后到达辰州（今湖南怀化），再从辰州至贵阳。由此，王阳明开始了他三年的放逐生涯。

二、"动心忍性"的放逐生涯

由于开罪了大太监刘瑾，王阳明不仅挨了四十大板，被打得皮开肉绽，还差点被暗杀而葬身鱼腹。尽管如此，总算保住了一条命，王阳明只好接受命运的安排，来到贵州贵阳西北一个叫龙场驿的地方，开始了三年的放逐生涯。日后的事实证明，这三年的放逐生活虽然艰苦，可对王阳明的身心锻炼却是影响非常大的。他日后在事业上有如此大的成就，应该说是拜这三年生活所“赐”。对此，他自己也深有体会，并多次与其弟子谈到，年轻人要“在事上磨炼做功夫”，“人须在事上磨，方立得住，方能静亦定，动亦定”，“谪贵州三年，百难备尝，然后能有所见，始信孟氏‘生于忧患’之言非欺我也”。(上海古籍 1992 年版《王阳明全集》154 页，下注《全集》皆指此书)这“最是动心忍性砥砺切磋之地”。(《全集》，159 页)

贵州地处云贵高原，就是在今天，其气候与其他省份仍有极大的差别。除了有高原特征之外，贵州的潮湿、阴冷也是令人难受的。时光倒流至明代中叶，贵州还是苗蛮居住之地，土司管辖之区，不仅在文化上与中原迥异，其自然环境更是中原人所难以忍受的。史书上说当时的贵阳处于苗岭丛山之中，“蛇虺魍魉，虫毒瘴疠，与居夷人鴃舌难语”，说明无论是自然环境还是社会文化环境，都是十分恶劣的。三国时代诸葛亮七擒孟获就发生在云贵高原，环境之恶劣，《三国志》及小说《三国演义》中均有描述。所以，这个地方就成了朝廷惩罚犯错官员的理想之地，因为这样的地方足以让养尊处优的官员们遭受各种苦难。

同时，当地的土著苗民对中原人也极为厌恶，王阳明到贵阳龙场时，当地土著人就想以“蛊”来杀害王阳明。苗人有一习惯，放蛊时须请示蛊神，当他们请示蛊神时，得到的答复是绝不允许伤害王阳明。苗人大吃一惊，觉得这个新来的官员绝不简单，不仅不伤害他，还主动与王阳明套近乎，“夷人亦日来亲狎”。

由于环境气候恶劣以及路途劳顿，王阳明一行刚来到贵阳龙场驿时，不仅王阳明身体极虚弱，而且“从者皆病”。无奈，他只好抱着疲病的身子照顾那些监视自己的“从者”，亲自生火做饭，随从不能动弹，他亲自喂之。深入这万山丛中的蛮荒之地，随从心情低落，为使他们高兴，共起思乡之情，王阳明自作歌诗，与之共吟。还不高兴，他就唱着有浓厚乡味的越调，并杂以诙谐之语，使其开心。因为王阳明明白，只有随从一同安心下来，自己才能活下去，仅靠自己孤身一人，在这个毒虫出没、瘴疠弥漫的荒凉之地是很难生存的。

王阳明到贵州后碰到的第一个困难是没有住的地方，起初是住在石洞里，王阳明称之为“石棺”。后与当地居民混熟了，在其帮助下，搭建了房子，并创办了龙冈书院。对于这些简陋的住房，王阳明还取了一个个诙谐的名字，如“寅宾堂”“何陋轩”“君子亭”“玩易窝”，这大概是受了刘禹锡的《陋室铭》一文的启发。

住的问题解决了，接着是开荒种地，解决吃的问题。王阳明亲自动手开荒、除草、扎篱笆、拾地、採薪，凡是农夫干的活，他都亲身躬行。在正史上，有关这方面的记载几乎没有，但从王阳明写的诗中可以得到证实。在诗中，王阳明清楚地表现了他在贵州的生活。尽管艰苦，但也不乏有趣：

谪居聊假息，荒秽亦须治。
凿谳薙林条，小构自成趣。
开窗入远峰，架扉出深树。
墟寨俯逶迤，竹木互蒙翳。
畦蔬稍溉锄，花药颇杂莳。
宴适岂专予，来者得同憩。
轮奂非致美，毋令易倾敝。

营茅乘田隙，洽旬始苟完。
初心待风雨，落成还美观。
锄荒既开径，拓樊亦理园。
低檐避松偃，疏土行竹根。
勿剪墙下棘，束列因可藩。
莫撷林间萝，蒙笼覆云轩。
素缺农圃学，因兹得深论。
毋为轻鄙事，吾道固斯存。

（《龙冈新构二首》）

朝采山上荆，暮采谷中栗。
深谷多凄风，霜露沾衣湿。
采薪勿辞辛，昨来断薪拾。
晚归阴壑底，抱瓮还自汲。

薪水良独劳，不愧食吾力。

倚担青崖际，历斧崖下石。
持斧起环顾，长松百余尺。
徘徊不忍挥，俯略涧边棘。
同行笑吾馁，尔斧安用历？
快意岂不能，物材各有适。
可以相天子，众稚讵足识。

（《采薪二首》）

从这些诗的描写可以看出，王阳明在贵阳的放逐生活是艰辛的，住、吃都要自己解决。为了栖息，砍树架屋，为了温饱，开荒种地，“锄荒既开径，拓樊亦理园”；不仅远处的山地被开垦了，“谪居聊假息，荒秽亦须治”，而且“低檐避松偃，疏土行竹根”，即屋前屋后都种遍了竹松等；同时通过开荒种地，王阳明还学会了农活，“素缺农圃学，因兹得深论”，从而认识到“毋为轻鄙事”，即不要瞧不起农夫，他们的劳作包含着深刻的道理，“吾道斯固存”。王阳明还与周围的人上山拾薪，取谷中野栗，因为不如此，就要断炊了，“采薪勿辞辛，昨来断薪拾”。

尽管生活艰苦，可贵州的山水是美的，时间一长，王阳明对贵州的秀美山水风光产生了浓厚的审美兴趣，沉醉于绝美的湖光山色之中。王阳明几乎忘记自己是个遭放逐的犯人，表现得乐不可支，并对当地居民表现出深深的同情与关爱，这些亦可以从他的诗作中得到证实。如：

寥落荒村灯事赊，蛮奴试巧剪春纱。
花枝绰约含轻雾，月色玲珑映绮霞。
取办不徒酬令节，赏心兼是惜年华。
何如京国王侯第，一盏中人产十家。

（《家僮作纸灯》）

古洞春寒客到稀，绿苔荒径草霏霏。
书悬绝壁留僧偈，花发层萝绣佛衣。

壶榼远从童冠集，杖藜随处宦情微。
石门遥锁阳明鹤，应笑山人久不归。

（《来仙洞》）

隔水樵渔亦几家，缘冈石路入溪斜。
松林晚映千峰雨，枫叶秋连万树霞。
渐觉形骸逃物外，未妨游乐在天涯。
频来不用劳僧榻，已僭汀鸥一席沙。

（《南庵次韵二首》之一）

在王阳明的诗作中，像这种充满山水神韵、禅味还有陶潜风韵的隐世之作还有很多，如上述的“松林晚映千峰雨，枫叶秋连万树霞”之句，更是得雨后清秀、幽静及晚秋枫林风光之“神”，令人玩味不辍，全然不像一个放逐的“罪臣”心态。因此，王阳明的诗得到了历代学者的好评，如清代纪晓岚就说他的诗“秀逸有致”（《全集》，1623 页）；朱彝尊认为他的诗“功烈气节文章，皆居第一……诗律清婉，书亦通神”（《全集》，1216 页）。在他的诗中，丝毫没有那种哀怨悱恻的文士心态，有的只是摆脱了官场桎梏的自由高歌，并带有万丈豪情。试举两首：

投荒万里入炎州，却喜官卑得自由。
心在夷居何有陋，身虽吏隐未忘忧。
春山卉服时相问，雪寨蓝舆每独游。
拟把犁锄从许子，谩将弦诵止言游。

归与吾道在沧浪，颜氏何曾击柝忙。
枉尺已非贤者事，斫轮徒有古人方。
白云晚忆归岩洞，苍藓春应遍石床。
寄语峰头双白鹤，野夫终久不龙场。

（《龙冈漫兴五首》）

像这样的诗作，在王阳明的作品中还有很多，此处不再细举。作为朝廷

“犯人”，王阳明初到龙场时，除了有“瘴疠虫毒之处，魑魅魍魉与之游，日有三死”的险恶生活环境之外，还有人情冷暖、世间百态。王阳明刚来时，一个叫毛宪副的官员欺负他是新到的“犯人”，就唆使土著人争斗，然后怪罪王阳明，认为是他所指使。对此，王阳明写了一封《答毛宪副》的信，不卑不亢地驳斥毛宪副的无理指责，言语柔中有刚，全不是放逐之人的口吻，使毛宪副想欺其贬臣的想法落空，碰了个软硬有度的“钉子”，也使毛宪副清楚认识了王阳明，日后成了其崇拜者之一。“太府苟欲加害，而在我诚有以取之”，意即你只管来，因为“诚之生死有命”，自己“处之泰然”。一个宣慰使可怜王阳明的处境，派人送来米、肉还有金帛鞍马，王阳明只留下了“米二石”及“柴炭鸡鹅”之类，至于金帛鞍马，悉数奉还。认为作为“逐臣”，不必要这些东西，以免给人留下口实，“殊骇观听”。在如此艰苦、危难的情况下，王阳明仍视“金帛”如草芥，可见其品行之高洁。所以，他临死时，仆人问他还有什么遗言要留下的，他回答：“此心光明，亦复何言。”王阳明确是一光明磊落的君子。

王阳明在贵阳的三年，除了砍树架屋、垦荒种地、採薪拾栗之外，就是与友人进行思想追寻与学术讨论，他的心学思想体系就是在这几年形成的。

开始，人们碍于他的“逐臣”身份，对他敬而远之，久之，都觉得他可敬，不仅当地土著居民与他“亲狎”，为他搭建简陋的住房，而且一些流亡贵州的中原“罪臣”或当地的读书人都与他来往，王阳明也乐于交友，推心置腹，写诗作文，论圣贤之学。这些都写进了王阳明的诗作中，如《诸生来》《诸生夜坐》《赠黄太守澍》《寄友用韵》《次韵陆佥宪元日喜晴》《徐都宪同游南庵次韵》《即席次王文济少参韵二首》《赠刘侍御二首》等。其中提学副使席书主聘贵阳书院时，还与王阳明讨论“知行合一”之说，更是思想史上的一段佳话。席书对王阳明深感敬佩，因此成了王阳明在朝官员中的弟子。他们讨论的内容，后文有详述，此处不赘。这个席书后来官至礼部尚书，掌管官员的选派和委任，他曾向嘉靖皇帝推荐王阳明入阁为相，只因大学士桂萼阻挠而作罢。

除了与人讲学论道、写诗唱和之外，王阳明在贵阳龙场的收获就是他的“悟道”。“龙场悟道”在中国古代思想史上影响深远，也成就了王阳明的一世英名，对此，《年谱》云：

> 时瑾憾未已，自计得失荣辱皆能超脱，惟生死一念尚觉未化，

乃为石墩自誓曰："吾惟俟命而已！"日夜端居澄默，以求静一；久之，胸中洒洒……因念："圣人处此，更有何道？"忽中夜大悟格物致知之旨，寤寐中若有人语之者，不觉呼跃，从者皆惊。始知圣人之道，吾性自足，向之求理于事物者误也。乃以默记《五经》之言证之，莫不吻合，因著《五经臆说》。

这就是中国古代思想史上流传了数百年之久的王阳明"龙场悟道"的经过，那他悟了什么"道"呢？思想史上的解释人云亦云，又都不切中要害，因为以一种归纳、推理的形式逻辑的方式去规范"龙场悟道"的内容，本身就是多此一举。因为这种"悟道"是一种只有王阳明自己清楚的内心体验，外人揣测纯属多余。这种体验又有点类似于醍醐灌顶的禅宗体佛的味道，可又与禅学有很大的区别，为了传道的方便，王阳明把这种"体悟"的结果在理论上进行了归纳，那就是"知行合一"和"心无外物"，核心是"致良知"，这就是王阳明思想体系的三大基石。为什么说他"悟"到了呢？对此，后文将有详细解读。

明武宗正德五年(1510)，因贪污受贿并有谋反的嫌疑，刘瑾被皇帝处死，随着刘瑾的死去，理所当然，王阳明的放逐生涯结束了。几年的放逐生活，使王阳明的身心得到了脱胎换骨的洗礼，除了"龙场悟道"之外，对贵州的少数民族也有了新的认识，对所谓的"夷夏之辨"他也有了新的理解。他认为"夷"没有礼乐是其短，说它简陋是对的，但华夏的礼乐，也并不见得比少数民族这些"夷"人强多少。"夷人"少礼乐而有"浑朴"，可华夏族"有礼乐而浑朴尽矣"，礼乐之乡，"淳朴致尽"。在数百年前，王阳明就有如此深刻的见解，实属难得。

结束了流放的苦难生活，王阳明一下子从"罪臣"成了朝中官员，心情好极了。在离开贵阳赴京途中，他留下了许多慷慨响亮、豪迈浑朴、颇有意境的诗歌，特录三首以结束本节：

三年谪宦沮蛮氛，天放扁舟下楚云。
归信应先春雁到，闲心期与白鸥群。
晴溪欲转新年色，苍壁多遗古篆文。

此地从来山水胜，它时回首忆江门。

（《过江门崖》）

雪里桃花强自春，萧疏终觉损精神。
却惭幽竹节逾劲，始信寒梅骨自真。
遭际本非甘冷淡，飘零须信委风尘。
从来此事还希阔，莫怪临轩赏更新。

（《雪中桃次韵》）

高阁凭虚台十寻，卷帘疏雨动微吟。
江天云鸟自来去，楚泽风烟无古今。
山色渐疑衡岳近，花源欲问武陵深。
新春尚沮东归楫，落日谁堪话此心？

（《武陵潮音阁怀元明》）

第三节 书生本色是将军，最后十年命征程

王阳明一生做过两个十分相似的梦：一个是在他中进士前，梦见威宁伯王越送他一把宝剑，他不知何意。王阳明中进士以后观政工部，奉命督造王越的坟墓。竣工后，威宁伯的家人以黄金酬谢，王阳明谢绝了，家人不解，王阳明回答说威宁伯已经在自己的梦里把他生前配的宝剑赠给了自己。家人只好把威宁伯生前配的宝剑赠予王阳明，一看，与梦中所见之物完全相同。第二个梦是在王阳明十五岁随父居京时。因他生性豪迈不羁，喜欢察看山形，指点关隘，作行兵布阵之思，在看了居庸关的地形位置之后，慨然有澄清天下之志。一日，他梦见自己谒伏波将军墓，并赋诗一首："卷甲归来马伏波，早年兵法鬓毛皤。云埋铜柱雷轰折，六字题诗尚不磨。"伏波将军即东汉光武帝的大将马援，曾南征交趾（今越南北部），不幸染病身亡，人们为了纪念他，在广西思恩、田州境内立有他的纪念碑。居庸关在北，广西在南，山高水远，这其中对于王阳明来说，有什么必然联系吗？说明了什么问题呢？王阳明当时对此茫然不解。然而有一点可以肯定：这两个梦都与军事有关，说明在王阳明的人生履历里，可能还有一段血雨腥风的战争岁月，可当时王阳

明没有军旅生涯，是个典型的书生，怎么可能与战争有缘呢？而日后的事实证明：王阳明人生事业的巅峰就是从结束贵阳放逐开始的，具体表现在军事领域。王阳明生前所做的这两个梦，第一个已经应验，而最后一个梦在他临死时才应验，而那已经是嘉靖七年(1528)的事了。

从正德五年(1510)到正德十二年(1517)，王阳明的生活是平淡却充实的。所谓平淡，就是在政治上没有更大的建树，只是做了几年普通的官员。正德五年三月，朝廷命王阳明为庐陵知县(正七品)，对比以前的职务是降级了。在这个位置上，他只干了九个月，就被调入朝中任南京刑部四川清吏主事，一个六品官员；不久，改为吏部验封清吏主事，一个管仓库的官，还是靠朋友帮忙才得以调动，也只是平调；正德七年(1512)十二月，升南京太仆寺少卿(五品)；正德九年(1514)四月，升南京鸿胪寺卿，一个负责对外事务的官员。至此，王阳明才称得上是较为体面的朝廷官员，可距巡抚以上的封疆大吏还有较长的距离。

尽管这几年的官宦生涯是平淡的，可王阳明还是在自己的权限内为老百姓办了不少实事：当了庐陵县令以后，“首询里役”，了解百姓困苦，“察各乡贫富奸良之实而低昂之”，了解百姓生活贫富差距及社会风气的忠伪之实况。原来的庐陵县，“狱牒盈庭”，即囤积了许多的冤假错案。他到任之后，“不断甄断”，进行了认真的平反、甄别冤假错案，而且“慎选里正三老”，加强基层教化工作，并“谆谆慰父老，使教子弟，无令荡僻”，只有短短的几个月，使“囹圄日清”。尤其是有一次城中失火，火借风势，十分危急，王阳明“身祷返风，以血禳火，而火即灭”，以自己的鲜血去祭祷上苍，终于使大火熄灭。这说起来有点玄乎，可史书上却如此说，笔者只好实录。在建设县城的过程中，王阳明重新设计城中房屋的布局，屋与屋之间留出空道作为断火之源，严禁镇守官员横征暴敛，杜绝乡村借神会活动盘剥百姓，建立保甲制度以加强治安管理，建立驿站和旅馆以方便百姓和来往旅客等。这些举措深得百姓拥护，是以在王阳明死后，老百姓闻之失声痛哭，不是没有缘由的。

在这看似平淡的官宦生涯里，王阳明在学术上却是有长足的进步。“龙场悟道”之后，只要有机会，他都与朋友、弟子分享自己的悟道心得，点化他们的“悟入之功”。回南京经过辰州(今湖南怀化靖县)、常德时，他见到了他的学生冀元亨、蒋信、刘观时诸人，他说：“我谪居两年，没有人可以和我谈学问，回来后看到你们在学问上精进，结识了一些朋友，真是幸事。”接着就与学生谈起他是如何悟“知行合一”之学的：

悔昔在贵阳举知行合一之教，纷纷异同，罔知所入。兹来乃与诸生静坐僧寺，使自悟性体，顾恍恍若有可即者……前在寺中所云静坐事，非欲坐禅入定，盖因吾辈平日为事物纷拏，未知为己，欲以此补小学收放心一段功夫耳……诸友宜于此处着力，方有进步，异时始有得力处也。（《全集》，1230 页）

以静坐进入寻找“良知”的状态，是王学“致知”学问的一大特色，目的是去掉因生活所产生的纷繁杂念、私欲，收回乱糟糟的“心”，使之恢复到一种平淡、清澈的心态。对于此法，当时就有人称其为“禅法”，其实二者有着根本性的区别，对此，后文将有详细的解读。

在这几年里，王阳明在学问上的收获，还在于两位志同道合的朋友的帮助——湛若水和黄绾。湛若水字甘泉，是明中叶有名思想家陈献章的高足；黄绾与王阳明的关系，既是朋友，又是师生。开始是朋友，因佩服王阳明的人品与学问，甘为弟子；后又是王阳明的儿子王正亿的岳父、监护人。因王阳明死时，王正亿只有二岁，王阳明就把家事托付于黄绾。黄绾日后官至礼部尚书，还为王阳明遭受的不白之冤进行申诉，此是后话。三人在一起，开始实践如何做“圣人”，如何致“良知”。而致“良知”的方法是：“要为圣人，必须廓清心体，使纤翳不留，真性始见，方有操持涵育之地。”实际上就是静坐，去掉私心杂念，进入一种“真性”状态。这一年是正德五年（1510）。

正德七年（1512），王阳明开始正式招收学生，据《阳明先生年谱》引《同志考》记载，第一次招收的学生有穆孔晖、顾应祥、郑一初、方献科、王道、万潮、陈鼎、唐鹏、黄绾、蔡宗衮、徐爱等二十人。

在这段时间里，王阳明对学生讲了些什么呢？据他的妹夫，也是弟子的徐爱回忆：

始信先生之学为孔门嫡传，舍是皆傍蹊小径，断港绝河矣。如说格物是诚意功夫，明善是诚身功夫，穷理是尽性功夫，道问学是

尊德性功夫，博文是约礼功夫，惟精是惟一功夫。（《全集》，1235页）

这段话的意思是：王阳明建立的学派才是真正的孔孟正宗、嫡传，其他均是“左道旁门”。因王阳明做学问的路子是以儒家经典《论语》《孟子》《大学》《中庸》作为蓝本，以静坐为手段，其次归结于“心”，形成最终服务于“民”的学问，以达到“诚意”“诚身”“尽性”和“尊德性”的境界。对此，王阳明自己也认为：

吾幼时求圣学不得，亦尝笃志二氏，其后居夷三载，始见圣人端绪，悔错用功二十年。二氏之学，其妙与圣人只有毫厘之间，故不易辨，惟笃志圣学者始能究析其隐微，非测忆所及也。（《全集》，1237页）

王阳明的意思是：从十六岁到三十七岁，一直到放逐贵阳之前的生活，走的不是正宗的学术道路，所学亦不是正宗的儒家文化。也就是说，他在听信人言后所学的朱熹思想和自己笃信的二氏之学不能使他达到“圣人”的境界，都是“傍蹊小径”，致使他虚度了二十年的光阴。现在他明白了“圣人”不当外求，只能“内修”，不是胶柱鼓瑟地去格尽天下万物之理，因天下之理是“格”不尽的，这只能误人，只要诉本心的“良知”就可以了。因此，王阳明才敢说自己的学术是儒学上宗，其他都是邪说。这是中国古代思想史上的一场革命，后文将有详述。

正当王阳明招学生，讲学正酣的时候，上苍又把他引向了另一条路：去领兵打仗。按理，王阳明不是武举出身，没有军旅、战争经历，又患有严重的肺病，走几步路都气喘吁吁，手无缚鸡之力，完全不是一个赳赳武夫的形象，可上苍就选他去保卫大明的江山。考究历史，明代有两个文臣领兵作战并建立了殊勋：一个是开国文臣刘基（字伯温），一个半仙式的学者和智慧的化身；另一个就是王阳明，前者是开国，后者是中兴。

尽管王阳明没有当过兵，可从他懂事的那一天开始，他就对军事学怀有极大的兴趣：十五岁在登居庸关时，按行兵布阵的理论，指点山川形势，留心边境烽火；二十六岁时，兵家秘籍，莫不精熟，每遇宾客，尝以果核列阵势为戏，甚至被人讥为“妄”；中进士之后，朝廷命他负责督造威宁伯王越坟墓的修造，他就以役夫为兵，休食之时，推演“八阵图”。说明王阳明尽管是一书生，可血管里无时无刻不在涌动着战争热血，所以王阳明的军事学基础是有的，唯一所缺的就是真刀真枪地去驰骋沙场了。

对于王阳明的军事才能，放眼当时满朝文武，只有一个人是欣赏的，那就是兵部尚书王琼（字晋溪）。就在王阳明以果核为兵摆阵势，以役夫布“八阵图”被人当作笑谈时，王琼看出了这个貌不惊人的青年人乃军事奇才。就像三国时的邓艾，平时说话结巴口吃，可每到一处地方就指点山河，何处可扎营，何处可埋伏，作统帅模样。别人在旁发笑，可司马懿却认为这个口吃的青年人是不可多得的军事人才，就跟他儿子司马昭说，以后平蜀非此人不可。王琼对王阳明也是这样，据史载，王阳明死后，王琼找来一张王阳明的画像，焚香悬对，与画像“契若面语”，像与生人对话一样，口中念念有词。有时左手牵着自己的孙子，右手指着王阳明生前发来的捷报，对孙子说：“生子当如是哉”，大有如当年曹操大发“生子当如孙仲谋”的感慨一样。所以，王琼是王阳明的“伯乐”。

经过成化、弘治两朝四十一年（宪宗朱见深在位二十三年，孝宗朱佑樘在位十八年）的承平之世后，明王朝这艘巨轮开始到处漏水了：在北方，蒙古族残余在边境上不时燃起烽火，边境一日数惊；在南方，苗、瑶等山寇之乱遍布闽、粤、赣、湘、桂数省，时间长达数十年之久，几成明王朝的顽疾。对于这些山寇，朝廷曾派御史曾喻率兵围剿，但这些山寇占据有利地形，与官军周旋，使朝廷每次围剿都是无功而返，最后只好以招抚了事。可每抚一次，山寇之胃口、要求就大一次、高一次，以致造成屡抚屡反的局面，让皇帝伤透了脑筋。当明武宗再次问兵部尚书王琼谁可担当此任时，王琼向皇帝推荐了王阳明，于是皇帝下诏，晋升王阳明为都察院佥都御使，巡抚湖广、江西、广东、福建军务。到任后，王阳明发现自己事事受制于人，束缚了手脚，事前要请示，事后要报告，这是打仗的大忌，就向皇帝要随时处置的权力。看完奏疏后，皇帝问王琼：“如何？”王琼道：“权力不交给此种人，还交给何人？”于是，武宗又下诏：

王守仁著提督南、赣、汀、漳等处军务，换敕与他。其余事宜，各依拟行。钦此。

实际上，武宗皇帝等于授予王阳明一把“尚方宝剑”，有点类似古人所云“阃以内，寡人主之，阃以外，将军主之”的味道。王阳明凭着这把“尚方宝剑”，左砍右杀，只用了一年多一点的时间，就平定了横贯五岭、深入四省的数十年的山寇之乱。所以，也是客观的社会现实为王阳明施展军事才能提供了舞台，朝中大臣及皇帝的赏识也为王阳明实现自己的功业抱负提供了制度上的保证。

王阳明一生指挥的大的军事活动，如按时间、地域、性质、对象来说共有三次：

第一次是从正德十二年(1517)正月到正德十三年(1518)四月的福建、广东、湖南、江西的平山寇之战。其作战对象是为害这四省的数股巨寇，其中有横水的谢志珊、谢志田诸人，号称“征南王”；桶冈的蓝天凤、蓝八苏、胡观等人，号称“盘皇子孙”；浰头的池仲容等，号称“征北王”。这三股巨寇所辖人数各近万人，占据较广的地盘，称孤道寡。除了这三股巨寇之外，还有鸡湖贼首唐洪，杨梅贼首叶志亮，左溪贼首薛文高，朱雀坑贼首何文秀，下关贼首苏景祥，义安贼首高文辉，密溪贼首高玉瑄，丝茅坝大贼唐日富，长河坝贼首叶三梅，伏坑贼首陈贵诚，龟坑贼首蓝通海，赤坑贼首谭日荣，双坝贼首李斌，等等。这些山寇人数多少不等，少的仅数百人，多的上千人，与前三股巨寇互为表里，活动于五岭崇山峻岭之中，使朝廷奈何不得。

对付这些山寇，王阳明的方略是：军事、政治双管齐下，采用分进合击，分兵把口，布置疑兵，吃一挟一看一等战略战术手段。用王阳明自己的话来说是：“一鼓而破横水，再鼓而灭桶冈，全师克捷，又一股而破三浰，再鼓而下九连。”(《全集》，376 页)用兵不过数千，而且都是临时拼凑起来的民兵，至于正规兵“狼兵”，几乎没有用上。就凭这些临时组合的杂牌军，王阳明以不世出之智，立下如此奇勋，所以，日后攻击王阳明的人即使再心怀偏见，对王阳明江西平寇还是十分佩服的。关于此次平叛的具体方略及过程，后文有详述。

第二次大的军事行动是正德十四年(1519)六、七月份的平江西宁王朱宸濠之战。如果说江西山寇对于明王朝来说只是癣疥之疾，那宁王之叛乃是惊心动魄的巨变。在这次平叛中，王阳明不仅表现了良、平之智，还表现出了韩、白之勇，把他的用兵艺术推向了巅峰，与古代军事家并列。

宁王朱宸濠乃江西靖王朱奠培之孙、康王朱觐钧之子，其先祖乃太祖十七子朱权，洪武二十六年被封为宁王。宁王骁勇善战，尤以善谋著称，燕王朱棣为了夺取侄儿朱允炆的天下，极力拉拢朱权，并许以“事成，当中分天下”的承诺。可事成之后，朱棣悔诺，不仅不中分天下，还把朱权远封在江左的南昌，并时常派人监视，还唆使人诬告朱权谋反。而朱棣又出面替朱权说情、担保，一来一往，一红一白，整得朱权没有脾气了，唯求平安终此一生。所以说，朱棣欠了朱权一份人情，确是实情。

到了靖王朱奠培时，宁王一族与朝廷相安无事，可到了朱宸濠时，他就想把祖宗欠下的债务由他来讨完了。据史传：朱宸濠始生时，靖王梦见一条蛇把室内的人都吃光了，第二天早上，又有许多乌鸦在屋顶上叫。刚做完梦，宫人来报告，他添了个儿子，可靖王想到昨晚的梦，心里越发不是滋味，觉得要大祸临头似的。所以靖王临死时，也不与这个儿子诀别，足见其厌恶的程度。长大后的朱宸濠尽管聪明，但是行为轻佻，曾对左右心腹说：“成祖欠我们家一笔账，该还了。”可惜的是朱宸濠不是这种“讨账”之人。为了造反，夺回属于自己祖宗的那一份天下，朱宸濠处心积虑准备了十多年。他知道明武宗朱厚照荒唐，大太监刘瑾把持朝政，就极力拉拢贿赂刘瑾。刘瑾被诛后，他又拉拢、贿赂兵部尚书陆完，宦官钱宁、臧贤等，可以说，武宗身边的宦官都受过宁王的贿赂。同时，宁王还“礼贤下士”，结交俊彦之士，如致仕都御使李士实、举人刘养正等人都被他拉了过去。他曾想拉拢王阳明，但没有成功。也因为这一点，给王阳明的政敌日后攻击王阳明找到了口实：王阳明原与朱宸濠是一处，后见朱宸濠将败，才反戈一击。为完成举事，朱宸濠又以王侯之位广搜民财以招兵买马。一切准备得差不多了，朱宸濠就预备在自己六月十七日生日这一天宣布起事，自己即位当皇帝。之后，率二十万大军发动北伐，把武宗推下去。

常言道：谋事在人，成事在天。朱宸濠辛辛苦苦十几年的精心准备，不到两个月时间，就被王阳明击得粉碎。

谈到王阳明之所以能擒服朱宸濠立下大功，有个人不可不提，那就是兵部尚书王琼。说起来，王琼还是一个颇具眼光的战略家，他得到御史胡世宁的密报，说江西宁王图谋不轨，于是就不动声色地布起局来：首先把王阳明升为都御使去江西剿山寇，然后把王阳明安排在江西与福建之间往来公干，一有动静，就可布置方略。有一次，王琼对其属下主事官应典说："我置王某于江西，与之便宜行事敕书旗牌，将施何用？"意思是他派王阳明去江西平山寇是一次深谋远虑的战略行动，目的是预防"或有他变"。一旦宁王起兵，又有山寇之助，势必造成不可控之势。六月初，有人报福建军人边贡鼓动一些军人哗变，他就派王阳明前去调查此事，并授予"便宜行事"的皇帝敕书。实际上，他是让王阳明借查叛军之事为名，身居上游，关注宸濠的动静，以虞不测之变。他对应典道："此小事，不足烦王某，但假此以牵，便宜敕书在彼手中，以待他变。"意即给一份"便宜行事"的诏书给王阳明，要他关注宸濠的动静，实际上是给了王阳明一把"尚方宝剑"，一旦有情况，王阳明就可以顺利组织义兵，扑灭叛乱。因此，王阳明的平叛胜利，与王琼的战略性安排有很大的关系。

从军事角度分析，整个平定江西叛乱战役可分为三个阶段：情况分析、战略决策、组织实施。时间从正德十四年(1519)六月十五日至七月十六日。一环扣一环，一次蓄谋已久的反叛朝廷的军事行动被王阳明不显山不露水地平息。按宸濠原来的设想：首先沿江而下进南京即位，造成两个政权并立的局面，然后举兵北伐，与武宗大战于中原，鹿死谁手还未可知，就算北伐不成，偏安江左，调兵闽、苏、赣、浙等几个富庶的省份，也不失为一着高棋。诚如《阳明先生年谱》附录所言："爰及逆藩称乱……旋凯奏功，速于吴、楚之三月，出奇决胜，迈彼淮、蔡之中宵。"(《全集》，1354 页)亦如《世德记》附录所言："使时无守仁……安庆卒破，金陵不保，长驱北上，应援蜂起，腹心阴助，京师存亡未可知也。"(《全集》，1461 页)意即没有王阳明，整个大局将不可收拾。

王阳明是如何具体施计用谋，运筹帷幄，并决战于两阵之间，留待后文述之。

第三次大的军事行动是平定广西的苗、瑶族之乱，时间是从嘉靖六年(1527)五月至嘉靖七年(1528)十一月。王阳明奉嘉靖皇帝之命，以总督两广、江西、湖广军务、巡抚广西的身份出征思恩(今广西平果县)、田州(今广西百色、田阳)。之前的土官岑猛作乱,朝廷遣都御使姚谟征之,岑猛父子被擒,宣布平乱结束,朝廷论功行赏。可没过多久,岑猛手下的几个头领庐苏、王受等人以岑猛的名义又一次发动数万人的反叛,姚谟又以四省之兵围剿,可久而无功,遭到了巡按御史金石的弹劾,被逼致仕。为平定土著的反叛,皇帝采纳大学士、侍郎张璁和桂萼的推荐,再一次起用王阳明,具体的官衔是总督两广及江西、湖广军务,兼广西巡抚、佥都察院左都御史。此时的王阳明已经五十六岁了,而且肺病日重,已经到了人生油尽灯枯的时刻,于是上书力辞,可皇帝不允,只好拖着病躯上战场。

嘉靖六年(1527)十一月十八日,王阳明抵达广东肇庆,二十日到达梧州"开府"(组建战时司令部)。进入梧州后,"沿途咨访,颇有所闻",就是沿途对作战对象、敌我情况进行了大量的调查研究,得出一个让人吃惊的结论:"岑猛父子固有可诛之罪,然所以致彼若此者,则前此当事诸人,亦宜分受其责。"意思是造成目前这种局面,作为政府也要担当相当大的责任。这些瑶、僮之民之所以作乱,在很大程度上是"官逼民反",是朝廷政策有误所致。因政治腐败,朝中上无可任之将,下无可用之兵,如有情况又必须倚调土官狼兵,一旦事毕,又弃如敝屣,功归于上。平时苛捐杂税如牛毛,流官盘剥,为防土人反叛,政府又养民兵数千,养兵之费又由土人承担,使当地人民穷苦极甚,为活命才作乱。而且思、田地靠交趾,深山绝谷,瑶、僮之民世代生存于此,剿不胜剿,与其这样,还不如存土官,借其兵力,作为国家的屏障挡住外敌入侵,"若尽杀其人,改土为流,则边鄙之患由中土承担",则永无宁日。而且反叛的庐苏、王受诸人尽管是土官岑猛属下,亦曾作恶,但有强烈的改造向善之心。

根据对各种情况的分析,王阳明向朝廷提出了一套完整的战略方针,这就是历史上有名的"十患""十善""二幸""四毁"的平乱之策以及如何处置地方以图久安之疏。这套方针不是以军事进攻为主,而是以招抚为主,这与以往两次大的军事行动有很大的区别。这套方针还包括改革土司制度,建立以土制土、以流辖土、土流结合的民族治理模式。同时,王阳明还设立了县治、要塞,建立学校,采取安抚灾民等一系列的措施。

这些方针突显了王阳明不战而屈人之兵的睿智和清醒的政治战略水平,当然,这些措施所产生的效果也是很大的,不费一枪一刀一钱,就根除了数百年来让朝廷头疼不已的瑶、僮民之乱。

以和平的方式解决思、田之乱后，王阳明准备以军事手段解决另一处的瑶民之乱，地点在八寨（今广西忻城、上林）、断藤峡（今广西东兰一带）。八寨、断藤峡地处今广西的中南部，此处南通交趾，西接云贵，东北与牛肠、仙台、花相、风门、佛子（在柳州以西、上林以东地区）及柳州、肇庆、古田相连，延袤二千余里。因地理形势十分险峻，当地瑶民土著盘踞山谷，凭恃险阻，东掠西蹿，南摽北突，有众数万，为害岭南一百五十多年。如天顺年间，都御史韩雍统兵二十万，破其巢穴，兵退未久，乱民复攻陷浔洲，据城大乱。

于是，王阳明决心采取坚决剿灭的军事行动，其具体方略是：制造假情报，散布假消息，多方设策，夜发精锐，攻其不备。在围剿的过程中，王阳明仍实行"首恶必惩，胁从不杀"的原则，在进攻中，减少了不少阻力。整个军事行动从嘉靖七年(1528)四月二十三日至六月七日，俘斩"乱民"近万名，而王阳明只用了八千土著之兵，而且都是岑猛属下庐苏、王受等人的"降兵"，钱没花费几万，就扫平了数百年的岭南之患，确是数百年来未有之奇功。他自己也颇自负地总结：这些"贼"是历来征剿所不能克的顽匪，他只用了"八千归乡之兵，斩获了三千有奇，巢穴扫荡，一洗万民之冤，以除百年之患"。具体如何用兵，后有详述。

第四节　劳逝军中，身后遭谤

王阳明具体过世的日期应该是嘉靖七年(1528)农历十一月二十九日，享年五十七岁。此时，王阳明正在广西负责征讨、平定苗、瑶民的叛乱，算是死于任上。

王阳明的六世祖王纲奉朱元璋之命，以参议的身份责运粮草，在广东的增城被海贼所杀，所以，王阳明曾有"我祖死国事，肇烟在增城"之说。六世之后，王纲的后代王阳明亦遵皇命平叛两广，最后死在从广西回家的路上。天道悠悠，世事好像又转了一个轮回，而且令人诧异的是：王纲死后，朝廷就把他忘了；王阳明死后，马上遭到被谤、削爵和贬家的遭遇，真是匪夷所思。

王阳明死时五十八岁，作为政治家、思想家和学问家来说，这个年龄正是黄金岁月，可天不假年，天不惜才。王阳明从小就身体虚弱，体格不健，一直到五十五岁才有子嗣正亿。当然，之所以这么晚才有后嗣，一是因为妻子诸氏，二是与王阳明倦于两性有所关联。

王阳明之所以英年早逝，正是与他身体一直不健康有关，主要表现在三个方面：一是用功、操劳过度。据他的学生、朋友又是亲家的黄绾《阳明先生行状》载，王阳明在当刑部主事时，白天认真处理“日事案牍”，晚上精读五经及先秦、两汉书，使他的文学功底日益扎实。他父亲王华担心他过劳成疾，命家人不许在书室点灯。可王阳明有办法，待父亲睡觉后，自己再把灯点上，以致累得吐血，导致他的心血亏损。王阳明不仅读书认真，讲学更是操劳，几成痴迷。据《年谱》等史料载，王阳明在江西平浰头之乱时，“七月，刻古本大学”也“未暇宁居”，与门人薛侃、何延仁等数十名学生讲学不止，“日与发明《大学》本旨”，即从另一角度重新认识《大学》一书，并刻《朱子晚年定论》，重新研究朱熹及其思想。就是平江西宁王之叛时，战事何其紧张、激烈，可王阳明仍与部下、门人“论学不辍”。有士兵报告前线吃紧，在座的人无不吃惊，王阳明走了出去，与探哨说几句，又回来继续与门生论学，行为“无异平日”，使众人十分叹服。

正德十六年(1521)五月，王阳明有平寇之功还遭人诬陷，心灰意冷，无心朝政，乃入白鹿洞召集门人讲学；嘉靖三年(1527)八月中秋，王阳明命侍者设席于碧霞池上听他讲学，听者百余人，“歌声渐动”，久之，“或投壶聚林，或击鼓，或泛舟”，场面是热闹的；嘉靖六年(1530)九月，王阳明受命平两广之乱，出发时，还与弟子钱德洪和张元冲在舟中讲学，讨论为学宗旨；逝世前一天，仆人问他有何交代，王阳明说：“我平生致力于学，想与本党同志建立学问，刚少有成就，诚为可憾。”此时，门人周积来见他，王阳明还一边咳嗽，一边问周积：“近来讲学如何?”王阳明一生教了多少学生，在学术上有多少朋友，对此没有绝对准确的数字。有学者做过统计，应有六千人之多①，而且成分复杂，有朝中官员，亦有布衣百姓，有一般的读书人，亦有学术大师。如湛若水是有名的“心学”思想家，但他是王阳明的朋友，官员弟子李春芳是内阁大学士(宰相)，霍韬是吏部尚书，黄绾是礼部尚书，席书是礼部尚书。众人齐心协力，使王学遍布天下，深入人心，产生了非常重要的影响。当然，这

---

① 钱明:《儒学正脉——王守仁传》，浙江人民出版社 2006 年版，第 218 页。

些成果的取得，没有王阳明的呕心沥血是办不到的。

二是王阳明在遭到刘瑾廷杖之伤后，没有得到及时的医治和调养，又在钱塘江边遭刘瑾追杀，在水中浸泡许久，他的身体素质本来就弱，之后一路颠沛流离，使伤寒侵肺；到贵州后，贵阳一年难得见几次阳光，气候非常的阴冷潮湿，于身体无益；同时，还要担心遭刘瑾暗算，心理压力很大，使他的身体更加虚弱，咳嗽日剧，几成顽疾。

三是在广西平思、田之乱时，气候恶劣加剧了王阳明的病情。三四月的广西南宁天气，细雨霏霏，潮湿难耐，本来“连年病卧，喘息奄奄，苟避形迹”的病残之躯，处于“昼夜热中，若身在芒刺”的状态，而且“潮热痰嗽，日甚月深，每一发咳，必至顿绝，久始渐苏”。(《全集》,460 页)所以，他在平定八寨、断藤峡的瑶、僮之乱后，就给皇帝上了一道道奏折，并推荐广西布政使林富接手自己的职务。因身体日差，朝不保夕，他担心死在外地，就不等皇帝的批复，在安排交代完毕职责后，起程以水路回南京，船后面还放着一具棺材。为此，他得罪了皇帝。

当舟行至乌蛮滩时，王阳明在仆人的搀扶下望了一下两岸旖旎的风光，问：“此是何处?”仆人道：“此是伏波庙前滩。”王阳明一听，惊讶不已：“这个地方我在十五岁的梦中来过。”于是命人扶着自己登岸，颤巍巍地来到伏波庙前，焚香膜拜，并吟了十五岁做梦时吟的诗：“卷甲归来马伏波……”行至江西南安时，家童问他有何遗嘱，王阳明答道：“其他俱无所念，唯平生学问方才见得稍有成就，不能与吾党共成之，殊为可恨。”又问：“此距南昌还有几程?”仆人答：“还有三邮。”王阳明道：“来不及了。”仆人又问：“先生还有什么要说的吗?”王阳明道：“此心光明，亦复何言?”这是他留在人世间的最后一句话，“顷立，瞑目而逝”！灵柩停在南昌，逆风甚猛，不利舟行，众人束手，门人赵渊焚香祝于灵柩前曰：“公岂为士民留吗？所以才刮如此猛烈的风，但公有子嗣和门人，在家乡望公久矣。”话音刚落，逆风变为西风，鼓帆而行，直奔余姚。

王阳明逝世后，广西、广东及江西沿途百姓，闻之无不下泪，说：“哲人其萎矣。”“忠良其逝矣。”《阳明先生年谱》上称是“如丧考妣”，此言也许有夸张的成分，可作为一个学者、官员的逝世能感动如此多的人，可见其深得民心。一篇由王阳明的再传弟子程辉写的《丧纪》，详细记录了葬送王阳明的场面：

当灵柩到达赣州府水西驿时，都御史、同知等大小官员五十六人为他设奠致哀；当灵柩到达吉安府螺川驿时，佥事、知府等大小官员三十七人为他"就位哭奠"；灵柩抵达临江府蒲滩驿时，同知等大小官员七人为他"就位哭奠"；灵柩抵达南昌府浦驿时，将军、御史、参政等大小官员八十六人为他"设奠致哀"；灵柩丧发南昌府时，有官员一百二十六人为他"默哀"，有的"哭之几绝"；灵柩抵达广信府葛阳驿时，有知府官员二十人为他"设奠举哀"；灵柩抵衢州府上杭驿时，同知等官员十八人为他致哀；灵柩抵达杭州府浙江驿时，有大小官员三十二人为他哭奠送行；灵柩抵达家乡余姚时，朝中派御史等官员六十七人前来悼念；在灵柩入土的那一天，共有大小官员一百七十人为他送上最后一程。

在祭奠时，有官员、学者、门生、朋友纷纷撰挽联以寄哀思，试举几联如下：

振千年之绝学，发吾人之良知；挽人心于根本，洗末学之支离。（魏良器）

具文武之全才，阐圣贤之绝学；学探洙、泗之奥，才为管、葛之俦。（薛侃）

但致良知，可造圣域；体认天理，乃谓义袭。（湛若水）

续往圣不传之宗，救末代已迷之失。（黄绾）

……

在中国文化史上，作为学者兼封疆大吏，王阳明的葬礼和追悼应该说是空前绝后。

可之后的情况却令人寒心。人刚走，茶已凉，王阳明刚入土没几天，各种诬陷他的谣言、传闻铺天盖地而来，嘉靖帝把王阳明的爵位削掉，对后代的抚恤也停止，致使王阳明的儿子颠沛流离、无处安身。

因王阳明生前在江西平四省山民之乱，被朝廷升为都察院右副都御使，荫子锦衣卫，世袭百户。嘉靖元年(1522)正月，嘉靖皇帝因王阳明擒获宁王朱宸濠之功，封其为伯爵，给予诰券，子孙世世承袭。具体诰文是：封王守仁新建伯、奉天翊卫推诚宣力守正文臣、特进光禄大夫、柱国，还兼南京兵部尚书，照旧赞襄机务，岁支禄米一千石。三代并妻一体追封。

但在嘉靖七年(1528)之后的四十多年里，这一切都不复存在，那王阳明究竟犯了什么罪呢？

对王阳明的攻击和诋毁，第一次发生在擒朱宸濠之后。

朱宸濠造反，京城里有内应，皇帝身边的太监都受过朱宸濠的贿赂。朱宸濠举兵之后，太监如张忠、许泰等宦官都心中暗喜，可他们没有想到朱宸濠这么不经折腾，被一个都御使在一个多月内就收拾利索，就怂恿武宗，要他亲率六军南下。这么一件惊天动地的功劳，皇帝竟然没有份，脸上无光。于是他们就怂恿皇帝以“总督军务威武大将军总兵官太师镇国公朱寿”的名义率兵抵达江西，但王阳明坚决反对皇帝的轻率行为。动乱刚平息，皇帝亲率大军前来，意义何在？只会造成更大的混乱。一场大战刚结束，百姓流离，情况复杂，意想不到事情随时都有可能出现，而且是皇帝亲自前来，一旦祸起乘舆，局面更不可收拾。但皇帝不听，把大军开进南昌，使王阳明极为被动。有三件事，使他得罪了皇帝身边的太监，还差点把命都搭上。

第一件事是皇帝的大军到达南昌之后，张忠、许泰去见王阳明，要王阳明把指挥权交给他们。原以为他们是皇帝身边的太监，王阳明定会对他们言听计从，没想到在议事的时候，王阳明要张忠、许泰坐在自己的下首，军政大事直接向王阳明报告。几个太监在旁边形若木偶，如同摆设，心中愤怒不已。第二件事是发生在这一次座位之争之后不久，张忠、许泰问王阳明：“宁府财富山积，哪里去了？”王阳明知道这些太监受过宁王的贿赂，毫不客气地说：“京城里有不少人受过宁王的贿赂，财产都到他们那里去了，有账可查。”张、许二人一听，顿时语塞，大气不敢出，因为他们心里有鬼。第三件事是张、许二人怂恿皇帝，要王阳明再演一次“捉放曹”的闹剧，就是把已俘获的宸濠再释放回鄱阳湖中，然后由皇帝指挥军队又把他抓住，这样，功劳就是皇帝的了，但被王阳明拒绝了。因此，许、张二人对王阳明恨入骨髓。

于是太监们到处造谣，说王阳明原是准备投靠朱宸濠的，后发现朱宸濠败局已定，才反戈一击。而且，宁王府财宝山积，王阳明纵兵大掠，把财富据为己有。一下子谣言满天飞，弄得沸沸扬扬。同时，许、张二人煞有介事向武宗告密，说王阳明得到宁王的财宝之后，不听宣召，是想谋反。

对于这一切，王阳明心知肚明，丝毫不予理睬他。一边给皇帝上奏折，说明原委，一边押着朱宸濠等这一批高级俘虏向南京进发，在南京直接向皇帝交割。当他走到杭州时，碰到了皇帝身边心腹太监张永，对于张永的人品、能力，王阳明比较放心，于是就把他为何要反对皇帝亲率大军南下，为何要亲自押解战俘去南京的原委向张永和盘托出：就是担心大乱之后又生变故，担心危及皇帝的生命。张永很体谅他，要王阳明把俘虏交给他，有关事项由他周旋，王阳明尽管对张永比较放心，但防人之心不可无，便多长了一个心眼：在交割俘虏的过程中，他把当时杭州城里的所有能出席的官员都叫来作证、画押，证实此事，以免不测。

事后证实这个张永还真信守诺言，保护了王阳明。张、许二人为了算计王阳明，就以皇帝的名义下诏宣他进南京，想在进南京途中或进南京以后加以暗害。张永知道这是个陷阱，告知王阳明不要进京，使两个太监的阴谋没有得逞。于是二人又向皇帝进言，说王阳明想谋反，如宣他进南京，他决不会来。皇帝被太监们教唆，心里也摸不准王阳明到底想干什么，就下诏宣王阳明进南京。张永知道是皇帝亲诏，便告诉王阳明：无碍。

王阳明到了南京后，许、张二人又不让他见皇帝。王阳明一看朝廷这么腐败、黑暗，自己有那么大的功劳还连性命都不保，感到非常的悲观、绝望，史书上说他死的念头都有了。只是放不下年迈的祖母、父亲，最后一气之下，就撂挑子，擅离职守，“布衣纶巾”去了九华山，与道士为伍去了。皇帝听说后，对张、许二人说：“你们不是说王阳明谋反吗？一个道士谋什么反？”就打消了对王阳明的怀疑，还让他做了江西巡抚。

关于王阳明投靠宁王，私吞财务之说，真实的情况是：客观地说，王阳明是社会名人，有学问，有能力。宁王想造反，这种人正是他想拉拢的对象，就派他的谋士刘养正去做王阳明的工作。刘养正话中有话地说：“宁王有汤、武之姿，想跟先生左右讲学。”王阳明笑道：“宁王舍得放弃他的王位吗？”王阳明知道宁王心怀不轨，否则兵部尚书王琼也不会派他来江西剿匪，因山寇不除，一旦宁王起事，遥为呼应，局面不可控制。但王阳明不明情况，就派他的学生冀元亨去宁王府以讲学为名了解情况，当冀元亨得知宁王谋反已成定局之后，吓得连忙逃离宁王府。为此，张忠等事后把冀元亨当成了宁王间谍，投入锦衣卫大牢，酷刑之下，生死系于一线。宁王事件之后，王阳明一再给冀元亨申冤，至世宗时方得雪冤。因受酷刑，冀元亨从锦衣卫大牢放出五天后就死了。所以，王阳明到死都觉得对不起自己的学生，有负于他，让他去侦察敌情，最后搭上一命，成了名副其实的“死间”。

客观而论，认为王阳明想投靠宁王之说的理由不充足：如果要投靠宁王，为何要把宁王扼于起兵阶段？宁王率二十万大军，整装待发，正准备去南京即大位，丝毫没有败象，如没有王阳明，宁王或许还成功了。平定宸濠之乱是王阳明一气呵成，根本不存在投靠宁王、后因宁王事业不成才反击的道理。现史上有载，到吉安之后，王阳明把家眷安入一宅内，周围堆满干柴，对守卫之兵说：“如事急，就放火，不能为人所辱。”说明王阳明为平宸濠是豁出去了，真想投靠宸濠，完全用不着那么卖命。

至于王阳明侵吞财宝之说，史上有一种解释：王阳明在江西吉安起兵抗宸濠之际，在大山深处（二峒）有一个叫叶芳的土著酋长，手下有两万之众，宸濠对这个叶芳也很看重，积极拉拢他，叶芳还真感于君臣大义，站到了王阳明这一边。事成之后，王阳明要向朝廷保荐叶芳为官，被他拒绝了，并对王阳明磕头说：“深山老林之人，疏懒惯了，不喜约束，愿得一笔财富，快活一生。”于是王阳明对宁府的财宝任其所欲，给了叶芳。可这个人史不见载，是否有功于明并无一字记载，使真相不明。而且这段史实也只见于王阳明的学生、后为宰相的李春芳的追忆，不见其他史载，所以，有人怀疑其真实性。可问题是：王阳明死后，尤其是朝廷不予世袭之后，两个儿子被撵得到处跑，“功臣之骸，藁葬原野，子孙微贱，下同编民”（《全集》，1521 页）。如果王阳明有一笔财产，何以至此？总的来说，王阳明是否侵吞了宁府的财产，已成历史之谜。

第二次发生在王阳明死后，得罪的对象是首辅和皇帝。

王阳明为人，史载“生性豪迈、不羁”，天生的初生牛犊不怕虎的英雄性格，甚至还带有些许的特立独行：大婚之夜就敢抛下新婚的妻子去与道士打坐，习吐纳之功；敢于在习释、道之术后要出家；在遭刘瑾毒打、迫害之后，想丢下老父、祖母逃跑；敢于在擒宸濠之后，违抗君命，不把宸濠交给皇帝；敢于在广西平叛时，擅作主张，在平叛地区设县立隘，建立各种土流机构；敢于在不等君命就擅自离开广西回家，幸好他死在途中，否则，严厉的处分在等着他。可以说封建社会那一套约束人们行为的准则、规矩、伦理对王阳明是没有太大的约束力的，他对事物的评判、理解不是从教义出发，而是从“我”

及"我"的"心"出发。性格决定命运，像他这种性格的人在当时社会中遭人诋毁也是很正常的。是以，王阳明为人恩怨分明，刚正不阿，不会谄媚权贵，而是率性而行，一派"狂者"气象，史书上说他往往是"无矫言饰行"。

早在王阳明在世时，他本人及学问在当时就遭人非议，而且"谤言日炽"，被人攻击为"伪学"。他的学生薛侃、王艮等人问王阳明如何看待这些，王阳明说："使天下尽说我行不掩言，吾亦只依良知行。"(《全集》，1521 页)说明王阳明确有敢与天下相抗衡的胆识和气魄，同时也说明一个道理："木秀于林，风必摧之；行高于人，众必非之。"他在世，要平叛，国家少不了他，功在社稷，众不敢言，一旦离世，诽谤就接踵而来。第一个站出来攻击王阳明的是大学士、首辅桂萼。

宰相桂萼原本对王阳明是很欣赏的，也曾向皇帝推荐过他。《明史·桂萼传》上说："然王守仁之起也，萼实荐之。已，衔其不附己，力畸屹。及守仁卒，极言丑诋，夺其世封，诸恤典皆不予。"意思是桂萼有恩于王阳明，可王阳明"不附己"，与他不是一条心，没有记住自己对他的恩德。主要表现在王阳明江西平寇之后，论功，应是兵部尚书王琼所荐，所以王阳明屡言王琼之功，没有片言于桂萼，认为江西平叛与桂萼没什么关系。而桂萼却认为王阳明"背恩"，"心衔之"。武宗崩后，世宗想召王阳明进京，起用为相，被桂萼所阻，理由是"武宗国丧，资费浩繁，不宜行宴赏之事"，即说皇帝召见的费用过于奢侈，这在"国丧"时期不适合。黄绾当礼部尚书时，向世宗推荐王阳明，说他"才德堪任辅弼"，可桂萼伙同杨一清、张公孚在皇帝面前说："王守仁才固可用，但好服古衣冠，喜谈新学，人颇以此异之。不宜入阁，但可用为兵部尚书。"一方面肯定王阳明的才干、能力，同时又攻击王阳明的学问及平时的言行举止，实际上是在暗示皇帝王阳明离经叛道、靠不住，可话说得滴水不漏。广西平叛之后，尚书霍韬又向皇帝进言，高度评价王阳明，要求他入阁为相，造福天下苍生，并说："生在臣前见一人，曰杨一清；生在臣后见一人，曰王守仁。"但世宗受了桂萼的影响，表示不同意。

王阳明死后，他在广西平叛时的一些做法被人拿出来说事，为首者就是桂萼，说他擅离职守回家，超越权限处置广西思恩、田州土著人投诚等事宜，不经请示就在八寨、断藤峡等处设置县衙、关隘、哨所、学校等事宜。清史学家张廷玉的《明史·王守仁传》载："守仁前后平贼，率归功琼(即王琼)，廷和不喜，大臣亦多忌其功。”王阳明死后，尸骨未寒，桂萼伙同江西一些官员参了王阳明一本，《明史·王守仁传》载：

> 守仁既卒，桂萼奏其擅离职守……萼等言：“事不师古，言不称师，欲立异以为高，则非朱熹格物致知之论。知众论之不予，则为《朱熹晚年定论》之书，号召门徒，互相唱和，才美者乐其任意，庸鄙者借其虚声，传习转讹，背谬弥甚……宜免追夺伯爵以章大信，禁邪说以正人心。”

世宗本来对王阳明擅离职守及越权之举就有成见，见此奏章，大怒，朱笔一挥：“所封伯爵本当追夺，但系先朝信令，始与终身。其殁后，恤典俱不准给。”就是说，王阳明的爵位及一切身后的抚恤待遇全部没有了。

据《明世宗实录》(卷九八)这本书，其中对王阳明的批判更是上纲上线，语言刻薄、狠毒：

> 守仁放言自肆，诋毁先儒，号召门徒，声附虚和，用诈任情，坏人心术，近年士子传习邪说，皆其倡道；至于宸濠之变，与伍文定移檄举兵，仗义讨贼，元恶就擒，功固可录，但兵无节制，奏捷夸张，近日掩袭寨夷，恩威倒置。所封伯爵本当追夺，但系先朝信令，姑与终身。其殁后，恤典俱不准给。都察院仍榜谕天下，敢有踵袭邪说，果于非圣者，重治不饶。

这样一来，王阳明一生的学问、功业几乎被全部否定，几次维系明王朝生命的战役非但无功，还有过。只因伯爵一勋，是武宗朝的事，姑且与之终身，至于王阳明死后的世袭、抚恤等优待，则全部终止，使王阳明的两个儿子的生活极其困难。此事发生在明嘉靖八年(1529)二月，距王阳明过世只有三个月。

对于世宗这种背弃功臣的不义之举，在当时就有人替王阳明抱不平，认为他功可以“追乎百代之上者矣”，现已大功告成，地方已靖，而王阳明也死于道路，最后得到如此结局，“冤亦甚矣”。(王得春《浙江巡抚奏复封爵疏》)

而且还批评皇帝，如果“王守仁等江西之功不白，无以劝励忠之臣；若广西之功不白，又无以劝策勋之臣”（霍韬《地方疏》）。将来一旦有事，谁肯为国家出力？可皇帝不为所动，一直到明穆宗隆庆元年（1567），新皇帝为了提升人望，下诏：“近年病故大臣有应得恤典而未得，亦有不应得而得者，科道官举奏定夺。”（薛侃《请恤典赠谥疏》）意即准备为已故并蒙冤的大臣平反。有此形势鼓舞，王阳明的学生薛侃给皇帝上奏折，要求将“王守仁等应复官荫者复其官荫，仍给祭葬赠谥”。皇帝御批准奏：“礼部看议来说。”这一年距离王阳明被褫夺恤典已经过去了整整三十八年。

此后王阳明的后裔都世袭伯爵荫典，一直到明崇祯十三年（1640），李自成进京，其裔孙王先通因不从起义军，被“割其舌”，“剖其心”，后来先通之子业泰事南明王，袭爵，后被清军所擒，亦不屈被杀。

第二章 横空出世的『异端邪说』

王阳明之所以在明以后的中国文化史上那么有名，主要是因为他创立了一个之前从来没有过的思想学术流派。因这个学派以人的“心”作为认识事物的出发点和归宿，所以人们就称之为“心学”。在南宋以后以朱熹的“理学”为主流意识形态的中国古代思想界，王阳明的“心学”可谓异军突起，横空出世，像台风一样扫荡了人们当时僵化的思想意识，使人耳目一新，也因此说不见容于统治者，被视为“邪说”。

第一节　筚路蓝缕的“心学”崛起历程

一、“天下之理，岂有尽乎？”

王阳明创立“心学”思想体系，也是一波三折，经历了一个艰难的求索过程。据王阳明的弟子钱德洪编的《阳明先生年谱》(简称《年谱》)，王阳明建立“心学”思想的心路历程可说是从反朱熹的理学思想开始的。作为朱熹理学思想崇释者，王阳明十八岁在广信(江西上饶)见娄谅之后，开始向往成“圣贤”之路，因为成为“圣贤”是中国古代知识分子追求的人生最高境界和目标，孟子不是说“人皆可以为尧舜”吗？当然，王阳明也不例外，回家之后，开始博览群书，经史子集多读之，这使他的弟弟守俭十分佩服:“彼游心举业之外矣,吾何及也?”意思是王阳明读的书已不纯粹是为了中举求功名,而是有更深远的人生追求目标。弘治五年(1492),王阳明参加乡试中举,开始研究圣贤之学。

人要怎样才能成为“圣贤”呢?孔子、孟子的时代遥不可及,当时官方规定的主流意识形态是“北宋五子”所创立、南宋朱熹集大成的“理学”,尤其是朱熹,一生讲学、写文章,著作宏富,现今流传的《朱子语类》就是朱熹学术思想、教诲学生文章的总汇。不仅如此,朱熹还把先秦儒家的四大典籍《论语》《孟子》《大学》《中庸》进行注释,重新做了一番解释,并把这四本书汇集在一起,取名为《四书集注》。这四本书不仅是士子考试的教材,也是知识分子成“圣”的门槛,如谁想成为“圣贤”,都必须认真研读朱熹的“理学”思想,按朱熹规定的方法去修习。

那朱熹有哪些理学思想深深影响了明代像王阳明这样的俊彦之士?为说清这个问题,必须先对“北宋五子”及理学的产生做一简单的介绍。

所谓“北宋五子”主要是指北宋初、中叶出现的五个有名的哲学家,他们是:周敦颐、程颢、程颐、张载和邵雍。在这五个人中,周敦颐最重要,是宋代理学的开创者,其他四人的思想都是在沿袭周敦颐思想的基础上进行创新和发展的。其实,说到理学的产生,还有一个重要人物,他是周敦颐思想的直接来源,这个人就是五代蜀中道士陈抟。传说陈抟从一个神仙那里得到了四幅“图”,是解释天地宇宙起源的。之后,这四幅图传来传去,一直到宋初的周敦颐等人,才从理论上对这四幅图加以解释。所以,周敦颐也就成了宋明理学的开创者,这四幅图就是“理学”思想体系的理论渊源。这四幅图是:《先天图》《太极图》《河图》《洛书》。下面就介绍这四幅图:

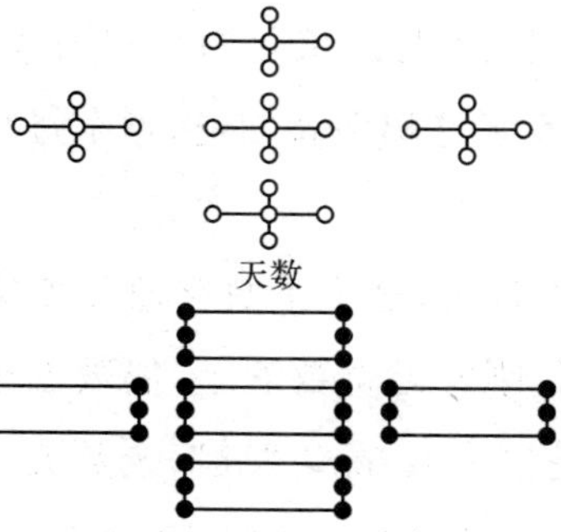

(龙图一变,天地未合)

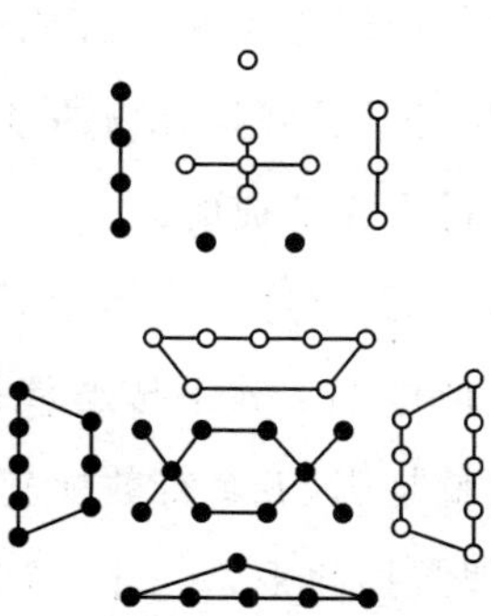
(龙图二变,天地已合)

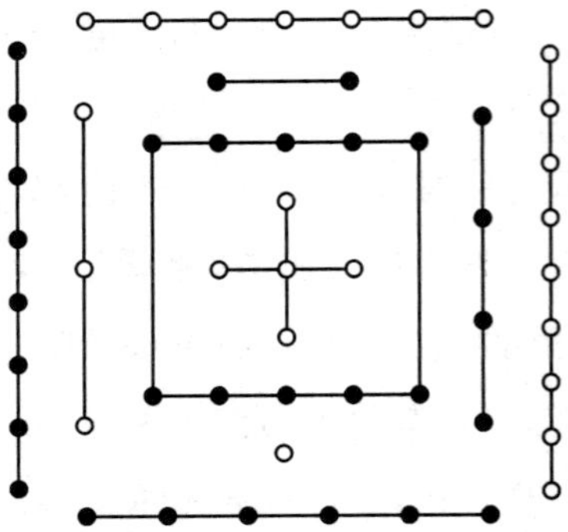
（龙图三变，五行生成）

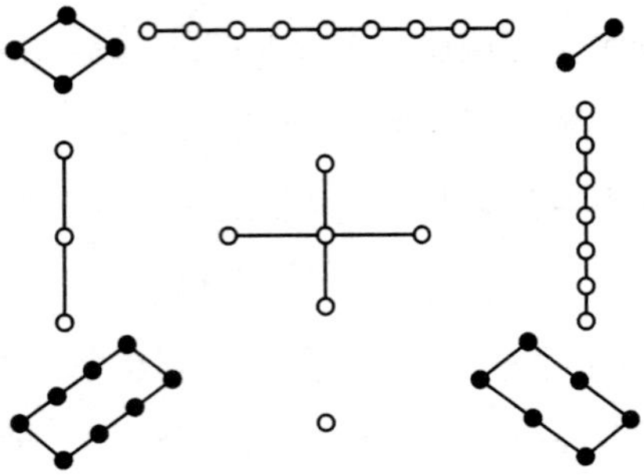
（河图）

知道中国传统文化典籍《周易》及其解释《周易》的《易传》的人都知道，这四幅图其实是根据《周易·系辞》的几段话，通过想象而创造出来的。

天一，地二，天三，地四，天五，地六，天七，地八，天九，地十。天数五，地数五，五五相合五十有五，是为大衍之数。天数二十五，地数三十，凡天地之数五十有五，所以成变化而惊鬼神。天一生水，地六成之，地二生火，天七成之，天三生木，地八成之，地四生金，天九成之，天五生土，地十成之。（《周易·系辞》）

这几句话推演出了《河图》《洛书》。

“易有太极，是生两仪，两仪生四象，四象生八卦，八卦生吉凶，吉凶生大业。”这句话推演出了《先天图》。

这几段话奠定了中国古代的哲学基础，宋初的“龙图三变”实际上是根据这几段话，加以想象和发挥构建出来的，是形象化的宇宙图式，解释了宇宙如何从“太极”发展到万物的过程，看了这幅图就知道，这个过程完全是阴阳互动，五行生克造成的。

首先是一到十这十个数字。古人认为，这十个数字蕴藏着宇宙发展的密码，如果把这十个数字按奇偶排列，刚好是奇数五个，偶数五个。奇数就是阳，偶数就是阴，五个奇数加起来是二十五，除以“五”，余数五，这叫作“天五”；五个偶数加起来是三十，除以六，余数“六”，这叫作“地六”。这就是阴阳，也叫天地。

第一幅图的小圆圈代表“天”，是阳，小黑点代表“地”，是阴。五个天数，五个地数，各自分开，互不相属，宋代理学家认为这是天地未合时的状态，也是阴阳没有互动的时候。哲学家给这个时期起了个名字——太极。第二幅图是代表阴阳互动，天地已合了，阳中有阴，阴中有阳，这在易学上叫“是生两仪”。阴阳、天地已合的结果是“四象”（即四时）和“八卦”（万物），这就是第三图表现出来的状态。第三幅图有两部分，上面的这幅图表示五行生克，首先是天一生水，如果没有地来承载，“水”就无从体现，所以“地六成之”。紧接着是“火”“木”“金”“土”，五行中的一“行”只要出现了，就有对应的一方来生成、结合，故“地二生火，天七成之”，“天三生木，地八成之”。五行各物，如果没有与自己对立的那一方，自己也不存在，这叫五行对立统一，又叫相生相克。没有“克”只有“生”，没有“生”只有“克”，都是不能形成万物的。所以世界万物的每一具体事物，都是由相互对立又相互统一的矛盾所组成的。矛盾因对立，所以能生，同时也是矛盾的对立，使事物由“生”发展到“死”，然后又生成新的事物，组成新的五行生克矛盾体，如此往复，以致无穷。

龙图三变的第三幅图又叫“洛书”，俗称“九宫八卦图”，横、直、斜的数量相加都是一十五，实际上这是八卦方位图，也是《系辞》里说的“四象”。“四象”就是“四时”，而时间与空间又是紧密结合在一起的，所以这幅图讲的是物质存在的根本形式。没有时空这种形式，五行生克也就不存在。在中国古代文化里，这种时空就是以“八卦”的形式存在，所以，八卦即代表八种物质（天地风雷水火山泽，又称泛五行），同时也是对天地万物的概述，又是万物存在的时空模式，所以，在古人眼里，八卦就是缩小了的宇宙，道理就在这里。

其实，这三幅图可以说是陈抟天才的想象，与神仙没有任何关系。而宋代的哲学家在此基础上进行理论上的润色、加工和改造，建构了庞大的理学思想体系：既然天地万物产生于“太极”，那“太极”是什么呢？“太极”之前呢？既不能证明它存在，也不能证明它不存在，可万物之存在都是有原因或根据的，原因或根据不可见，是人们根据现实的推理，得出来的一种逻辑上的假定，既然万物的存在，广而推之到整个宇宙，之所以是这样，都有其根据、理由。人们根据想象，把这种事物产生之前的所谓“太极”“无极”，以一个哲学概念加以表达："理"。第一个对"理"作形而上思考的是《易大传》："穷理尽性以至于命。"到了北宋，第一个对宇宙的生成以"理"的形式进行解说的是周敦颐。

周敦颐(1017—1073)，湖南道县人，一生做过县官、参军、提刑之类的小官。他一生的主要贡献是在思想学术上，他的散文《爱莲说》是脍炙人口的名篇。因他的家乡前面有一条小河名濂溪，他就以濂溪命名自己晚年的居所与书院，所以世称"濂溪先生"。他留下的《太极图说》《通书》这两部著作是北宋理学产生的开山之作。

> 无极而太极，太极动而生阳，动极而静，静而生阴，静极复动，一动一静，互为其根。分阴分阳，两仪立焉。阳变阴合，而生水、火、木、金、土。五气顺布，四时行焉。五行，一阴阳也；阴阳，一太极也。太极本无极也。五行之生也，各一其性。无极之真，二五之精，妙合而凝，乾道成男，坤道成女。二气交感，化生万物。万物生生而变化无穷焉。(《太极图说》)

具体关系如图所示：

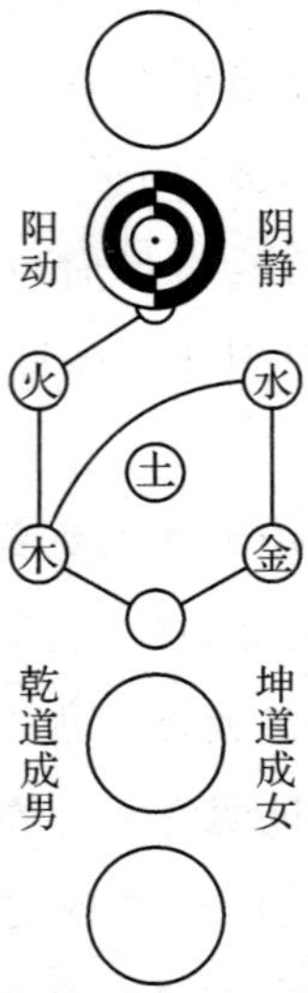

这段话实际上是对"龙图三变"及《系辞》的那几段天地生成的话做进一

步的理论概括,也是周敦颐的太极—阴阳—五行—万物的宇宙发生模式,也是《易经》的模式。阴阳、五行、万物都好理解,唯一的难点是"太极","太极"是什么?它看不见、摸不着,是"无",又不是纯粹的"无"。既不能说"有",也不能说它"没有",但它是化生宇宙万物的根源或根据。"太极"不可见,如要显示它的存在,必须通过具体的事物。所以,"太极"这个"无"就与具体可见的"有"紧密结合起来,"无"是"有"的根据,"无"不自见,通过"有"而显现。这个根据就被以后的思想家给了一个思辨性很强的名词——"理"。在万物没有产生之前,这个"太极"即"理"就存在,只不过人们看不见它的存在,但可以感受到它的存在。如果这个"理"不存在,那万物又是怎么产生的?根据何在?所以"理"是宋代哲学的本体论根据。

那么,这种太极—阴阳—五行与万物的关系是怎样的呢?

> 动而无静,静而无动,物也;动而无动,静而无静,神也。动而无动,静而无静,非不动不静也。物则不通,神妙万物。(《通书·动静第十六》)

这段话有那么几层意思:什么叫"物"?从哲学的"动""静"层面分析,就是人们日常看到的所谓动静之物,这些物"动"的时候没有"静","静"的时候没有"动",这些都是从现象的角度去观察的。如果从"本体"的角度去分析,实际上是"动"没有"动","静"也没有"静",因为"本体"是观察不到的。对"本体"的所谓"动""静"的认识,只不过是借用观察现象的方法,而且从"本体"的角度分析,只有"动"而不动,"静"而不静,才能"神妙万物"。因此,这种"动"与"静"的关系,实际上是一种现象与本质的关系,万物与本体的关系,是神妙无方的。

从另一角度分析,所谓的"动"和"静"只不过是通俗的说法,其实他还有另一个哲学名称"阴阳"。万物产生于"阴阳",他们彼此的关系是一种互为对方、包融对方又否定对方的不可分割的关系,因此,彼此没有绝对的肯定和否定。

如果说宋代理学发展到这里,也只是一种纯粹的自然哲学和形而上的思辨哲学,可中国古代哲学从诞生的时候开始,就和道德扯上了关系。人们总要把综述、概括自然界的抽象的思辨哲学上升到道德的高度，这种现象从先秦就开始了。《中庸》的“与天地叁”就是一种把道德与天地相结合的思想文化。到了汉代，董仲舒的“天人感应”的神学目的论更是把哲学与天地、人事、政治、道德紧密结合在一起，形成了以“天人合一”为核心、以阴阳五行为表现的哲学思想。到了宋代，哲学家们继承了这种思想传统，在探讨宇宙形成根源的时候，产生了“理”的本体论，然后，又把这种“理”与人世间的道德修养结合起来，完成了以道德对客观抽象思辨哲学的改造，把人世间的道德，提升到了天理的高度，这是宋代理学的显著特点。

> 惟人也，得其秀而最灵。形既生矣，神发知矣，五性感动而善恶分，万事出矣。圣人定之以中正仁义而主静。（《太极图说》）

所谓“中正仁义”就是一种至正至纯的状态，就是“无欲”的境界，无欲故静，人通过追求“无欲”的境界去验证“天理”的存在。

> 寂然不动者，诚也；感而遂通者，神也。动而未形，有无之间者，几也。诚精故明，神应故妙，几微故幽。诚、神、几，曰圣人。（《通书·圣第四》）

宋人认为，既然天地造化是有规律的，造化的根源是“寂然不动”的，这种“不动”，其实是一种道德上的“诚”的体现。人又是宇宙中“得其秀而最美”的，体认、感知这种“诚”是完全必要的，人又该如何去感知这种“诚”呢？就是“感而遂通”宇宙的“神”。这种“神”“诚”的内在规律性因“神应故妙，几微故幽”，一般人是发现不了的，只有“圣人”才能“诚、神、几”。如果一般的人也能“感应”这种“诚”，就可以成为“圣人”，那么又如何去“感”呢？周敦颐认为是要“克己复礼”，要“君子乾乾不息于诚，然必惩忿窒欲，迁善改过而后至。”他说：

> 圣可学乎？曰：可。曰：有要乎？曰：有，请问焉。曰：一为要。一者，无欲也。无欲则静虚动直。静虚则明，明则通；动直则公，公

则溥。明通公溥,庶矣乎?(《通书·圣学》)

在周敦颐看来,"圣人"是可以学而致的,要求或标准是"无欲",人不为私欲障蔽心智。方法是主静虚,因为"静虚则明,明则通",静虚了,私欲没有了,通体遂亮。至此,周敦颐提出了三个重要的思想范畴:(1)"太极",亦即"理","太极"化生万物,天地的本质属性是化生万物,这是最大的"诚"、"德"。所以,"理"亦是"诚",亦是"德"。(2)"圣人"因是宇宙伟大的体现,所以,"圣人"的特征亦是"诚"。一般人如何达到"圣人"的境界呢?(3)如果"圣人"可以学而致的话,那就是以经过去私欲的内在的"静虚"即主敬过程。

首先把周敦颐的"太极说"哲理化为"理"的是北宋哲学家张载。"理"一字最早见于《易大传》:"穷理尽性以至于命。"已赋予了丰富的哲学内涵,而张载则以这个"理"去解释周敦颐的太极观点,认为"太极"就是"理"。既然万物化生于"太极","太极"就是根据,那"太极"就是"理"了,顺理成章,"万物亦皆有理"了。"若不知穷理,如梦过一生",这就是所谓的"穷理",就是从思想理论上,去追寻、探索万物的本来面目,去体认、解释这"本来面目"是什么。所以,"穷理尽性"一点也不神秘,万物之所以是这样而不是那样,这其中必有根据在,这个根据就是"理","理"来源于"太极""阴阳",所以"阴阳"和"太极"亦是"理"。所以,张载说:"若阴阳之气……运行不息……不曰性命之理,谓之何哉?"(《张载集》)如何去探索这个"理"呢?张载认为"理不在人皆在物",即是说"理"存在于万事万物之中,等待人去寻找。那如何去理解客观存在的"物"呢?张载认为:"穷理亦当有渐,见物多,穷理多,从此就约,尽人之性,尽物之性。"(《张载集》)也就是说,要"穷理",就必须对客观存在的事物进行认识,逐渐积累,认识客观事物多了,穷理也就多了,逐渐接近"天理"的境界。

如此一来,宋代的理学的几个思想范畴基本上形成了。"太极"转化为"理","理"化生万物就是"诚",人是万物之灵,更能体现这个"诚"。而代表人类体现这个"诚"的是"圣人",然而"圣人"也并非遥不可及,普通人完全可以达到"圣人"的境界。方法有二:一是主静虚,修炼,去私欲;二是去"格"万物中存在的"天理"。"二程"即程颢和程颐,提出把"理"与纲常伦理联系起来,以"格物穷理"去寻找"理"与纲常的内在的一致性,追求"良知良能",日积月累就可以逐渐认识“天理”了，这直接影响了朱熹“格物致知”认识论的提出。

朱熹之所以成为宋代理学的集大成者，主要是他从哲学上总结了“北宋五子”之学，并在此基础上提出自己的新观点。这些新观点，概而言之由三部分组成：本体论、认识论和方法论。

如有关本体论的论述有：

若在理上看，则虽未有物，而已有物之理。然亦但有其理而已，未尝实有是物也。（《朱文公文集》）

未有这事，先有这理。如未有君臣，已先有君臣之理；未有父子，已先有父子之理。不成元无此理，直待有君臣父子，却旋将道理入在里面。（《朱子语类》）

天地之间，有理有气。理也者，形而上之道也，生物之本也；气也者，形而下之器也，生物之具也。是以人物之生，必禀此理然后有性，必禀此气然后有行。（《朱文公文集》）

朱熹的论述中所包容的思想其实很简单：我们眼见耳闻的世界有一个产生的时候，产生之前一定有一个、也必然会产生这个世界的道理或“根据”“理由”和原则，否则，世界为什么会产生，之所以是这样不是那样就没有理论上的道理或根据了。这个“根据”就叫“理”，也叫“天理”。哪怕天塌了，地陷了，“理”还在，根据还在，这就是朱熹的本体论思想。其实这种思想秉承了周敦颐的“太极”说和张载的“理”“气”说，只不过朱熹说得更明白易懂，概括性更强罢了。

那么，这种“天理”存在于何处呢？理学家认为存在于世界上万事万物之中，这样，神秘的“天理”与现实世界联系起来了。他们所提出的概念是“月印万川”“理一分殊”，月亮只有一个，可月亮的光辉可以照印百川；“理”只有一个，可万物无不包含着“理”，可不可以去认识呢？完全可以。理学家认为人完全可以“穷尽”“天理”，方法是朱熹提出的有名的认识论观点。

若其用力之方，则或考之事为之著，或察之念虑之微，或求之文字之中，或索之讲论之际，使于身心性情之德、人伦日用之常，以至天地鬼神之变、鸟兽草木之宜，自其一物之中，莫不有以见其所当然而不容已，与其所以然而不可易者。（《大学或问》）

朱熹的意思是：天地乾坤有个“理”在，这个“理”在万物产生之前，是万物产生的根据、总纲；然而这个“理”没有固定的形态，在没有产生宇宙、世界时，是个总的“理”；产生世界万物之后，总的“理”就分散到了各个具体的事物之中。天地宇宙，草木瓦石，江河湖海乃至世间人伦日常之事，无不含有个“理”在，这就是“理一分殊”。这个观点很重要，把遥不可及、诡异神秘的所谓“天理”，一下子拉回到了人世间，缩短了彼此的距离，从而使人们对“天理”的认识，更具有操作性。既然世界万物无不具有一个“理”，是“天理”的具体化，那人们又如何去认识这些散见于万物之中的“理”呢？方法是“格物致知”。朱熹云：

格，至也。物，犹事也。穷推事物之理，欲其极处无不到也。（《大学章句》）

致知之道在乎即事观理以格夫物。格者，极至之谓，如格于文祖之格，言穷而至极也。（《大学或问》）

朱熹所言的“至”当作介词讲，“至于……之上”，亦可理解为接触某某事物。如何才能“格物致知”呢？朱熹在这里讲了三层意思：一是去接触事物；二是“穷理”，即研究所接触之物的“理”；三是“格”至“极致”，即“穷”到不能再穷尽的程度。这有点费解：什么叫不能再穷尽呢？他举了个例子，如“格”“文祖”，“文祖”是“尧”的别称，就是说，如“格”尧这个历史人物，就要理解到再无法深入的程度，这就是“格”，那“致知”是什么意思呢？

致，推极也。知，犹识也。推极吾之知识，欲其所知无不尽也。（《大学章句》）

格物只是就一物上穷尽一物之理，致知便只是穷得物理尽后，我之知识亦无不尽处。（《朱文公文集》）

朱熹的意思是：以我原有的知识去穷万物之理，然后我之“所知无不尽也”，即我对此物的理解就更完美了，知得彻底了，又增加新的知识了。可以这样说，朱熹的“格物致知”即发挥自己原有的知识以至发现新的知识，与形式逻辑的从已知推出未知的思维方法无不吻合。

所以，朱熹的“格物致知”的认识论有几个层次：一是外在之物即客体；二是认识主体，以主体原有的知识去认识陌生的客体，然后获得新的知识，同时也获得了一份“天理”，方法是“静坐”“格物”“居敬穷理”，心里没有“邪念”等。“天理”无穷，人的“格物”也无穷。朱熹认为，应该今天格一物，明天格一物，积少成多，到时就会豁然开朗。可问题是人生有涯，世界之物无穷，以有限的人生能否穷尽天下之理？是否能格尽天下之物？要成为“圣人”，具体要“格”多少物才能合格，有什么标准呢？这一些，朱熹都没有说。

所以，宋代的理学尽管在理论上存在一个庞大的体系，实际上却很简单：首先设想有一个先于宇宙万物而存在的“天理”，再由这个“天理”化生万物，化生万物的过程就是“诚”的体现，是“大德”标志。人要成为“圣人”，就必须去体悟天地之“诚”“大德”；要体悟到这种“诚”，实践这种“诚”，就必须去“私欲”。“天理”虽然遥远，但其实时刻都存在于生活万物之中，人只要认真去“格”世界上每一事物，就得一份“天理”。“格”多了，“天理”也就豁然开朗了；一旦“格”尽天下之“理”，也就成了“圣人”。“格”的方法就是“静坐”，去“邪念”。因此，宋代理学的中心就是要人们通过“静坐”去“格物”、去“私欲”，与“天理”达到同一状态，以完成人的思想的彻底改造，最后达到“圣人”的最高境界。南宋以后，统治者不仅号召人们以朱熹的思想为基础，去学习和成为“圣人”，同时还把这种思想、方法制度化，通过科举考试，以朱熹的思想强化知识分子的头脑，从而实现“成圣”过程中的道德自律。

从南宋至明代中叶的几百年里，朱熹的思想学术是否真的是“成圣”的门槛，人们不要说反对，就是连怀疑也没有，对朱熹的理论非常虔诚，都认为按照朱熹指示的路径去做，人就会成为“圣人”。青年时代的王阳明就是这样一个狂热的朱熹思想的崇拜者和实践者。

王阳明看到朱熹说：“众物必有表里精粗，一草一木，皆涵至理。”并读朱熹《上宋光宗疏》，其中有“居敬持志，为读书之本；循序致精，为读书之法”之句。(《全集》,1224 页)就是说,在读书时,人的心也不能有“邪念”,要“居敬”,不要急于求成,要循序渐进,以此格尽包涵“至理”的天下之物。王阳明也一样,认真思索以前所读的朱熹之书,未尝没有循序渐进,“格物”也不谓不多,可一分“天理”也没有“格”出来,最有名的例子就是他在院子里“格”竹子。竹子亦物也,既然“理一分殊”,每一物皆含一分“天理”,乃至一草一木都是如此,那竹子也包含有“天理”了。于是他终日对着竹子静坐,希望能从竹子里“格”出个“天理”来,不仅一无所获,还得了一身病。这种成“圣人”、体“天理”的路子,在王阳明《传习录》的上部,通过许多这种“存天理,灭人欲”“静坐”“体圣”的格物之路体现出来。

> 教人为学,不可执一偏。初学时心猿意马……故且教之静坐、息思虑。久之,俟其心意稍定,只悬空静守,如槁木死灰,亦无用,须教他省察克治。(《传习录》上)

可以这样说,王阳明早年的思想学术路子,遵循的就是朱熹“格物穷理”的教诲,却一无所获,这也使王阳明感到十分绝望。认为“圣贤自有分”,他不是做“圣贤”的材料,只好十分沮丧地放弃了做“圣贤”这条路,去与文人为伍,进行辞章的研究。

其实,以今天的眼光观之,王阳明的方法有点笨:他把所谓的“理”作为独立存在的客观实在,而没有把“理”作为是人的主观心理活动的产物,是认识的结果,用他自己的话来说是“析物”与“理”为二。一直到他被贬入贵州,开始放逐生涯,有时整日坐在石洞里苦思,检讨自己以前的思想发展轨迹,才恍然大悟:原来天下之理根本不存在于万物之中,天下万物之“理”只存在于认识者的心里。人心无“理”,去哪里找“理”?同时,天下万物,纷繁复杂,形态万千,人的一生很短暂,以有限的人生去“格”无穷的万物,不是很荒唐吗?能“格”尽吗?毕竟从道理上讲,没有格尽天下万物之“理”,就说明你对“天理”的认识没有达到一定程度,对万物没有完整全面的认识,在思想、学问上就没有发言权。比方说,世间有一百件事物,你只“格”到九十九件,也算不得成功,也就成不了“圣贤”。

所以,朱熹的今天格一物、明天格一物,以达完美境界的观点是一个思维陷阱，根本不可能实现，可惜的是有多少人盲目崇信，往里跳而不自知。“吾爱吾师，吾更爱真理”，王阳明一旦认识到朱熹思想理论的重大缺陷，就毫不犹豫与之诀别，从朱学的崇拜者变成了朱学批判者，同时也开凿出了中国古代思想园地的另一股清泉。

二、“这一点正血统，是从百死千难中得来”

王阳明建立自己的“心学”思想体系，在时间上有个临界点，那就是三年的贵州放逐生涯。在贵阳龙场那种“百死千难”的生活中，王阳明不仅经受住了身体上的考验，而且在思想上获得了意想不到的收获。也许人被逼到那个份上，身心都会发生变化，一些平时不曾有过的思想火花，在那种环境下都如泉涌般地冒出来。这种情况如借用文学发展的规律就是：文章憎命达。伟大的思想都是诞生于艰难困苦之中，因此一旦悟道，王阳明就宣布自己的思想才是孔孟儒学的“正宗血脉”，别的都是“旁门左道”。

根据弟子钱德洪的《年谱》，王阳明悟道之后，其欣喜若狂的状态溢于言表：“悟”了许多日子之后，忽然一天晚上“不觉呼跃”，手舞足蹈，十分高兴。仆人看他欢呼雀跃的，都惊讶万分，王阳明告诉他们：他已经懂得了所谓的“圣人之道”在何方，就在自己的心里。“圣人之道，吾性自足，向之求理于事物者误也”，就是说自己完全具备做圣人的各种资质，根本用不着向外求，这个资质就是充分认识自己，发掘自己的“本心”。王阳明认为，只有这样去认识理解“格物致知”，才是真正理解其实质了。而朱熹那一套算是“本末倒置”了，因离“心”而“格”物，“格”得愈广，其人欲愈滋，人格愈卑，才力愈散，如像进入广袤的海洋、森林，辨不清方向。

那么，王阳明在贵阳龙场“百死千难”中“格”出了什么新的思想呢？《年谱》载：

圣人之道，吾性自足，向之求理于事物者误也。(《全集》，1230页)

徐爱因未会先生知行合一之训，决于先生。先生曰：“试举看。”爱曰：“如今人已知父当孝，兄当弟矣，乃不能孝弟。知与行分明是两事。”先生曰:“此被私欲隔断耳,非本体也。圣贤教人知行,正是要人复本体,故《大学》指出真知行以示人曰:‘如好好色,如恶恶臭。’未见好色属知,好好色属行。只见色时已是好矣,非见后而始立心去好也。闻恶臭属知,恶恶臭属行;只闻臭时,已是恶矣,非闻后而始立心去恶也……”爱曰:“古人分知行为二,恐是要人用工有分晓否?”先生曰:“此正失却古人宗旨。某尝说知是行之主意,行实知之功夫;知是行之始,行实知之成;已可理会矣。古人立言所以分知行为二者,缘世间有一种人,懵懵然任意去做,全不解思惟省察,是之为冥行妄作,所以必说知而后行无缪。又有一种人,茫茫然悬空去思索,全不肯着实躬行,是之为揣摸影响,所以必说行而后知始真。此是古人不得已之教,若见得时,一言足矣。今人却以为必先知然后能行,且讲习讨论以求知,俟知得真时方去行,故遂终身不行,亦遂终身不知。某今说知行合一,使学者自求本体,庶无支离决裂之病。”(转引自《全集》,1230页)

上述引文所表述的思想就是王阳明在贵阳悟道之后,对他的学生说的。徐爱是王阳明的妹夫,亦是他的学生。这段话在中国思想史上很有名,这段对话有几层意思:(1)徐爱说孝和悌是两种优秀的品德、思想,人人明白,可有些人嘴上讲的条条是道,落实起来不见效果,这不是说知与行是两层意思吗?(2)嘴上说孝、悌,在行动上不愿落实的人是被“私欲”所蔽,是“私欲”阻碍了孝、悌观念的实施,推而广之,人们知而不能行者,就是因为被某种“私欲”遮蔽了。这种“私欲”“私心”不仅是指人的某种自私的“欲望”,个人的主观、固执、窒碍等亦是“私欲”,这正是人们要克服的。后文王阳明大谈“良知”就是针对此而发的。(3)王阳明举出《大学》中的例子“如好好色,如恶恶臭”,指“好好色”“恶恶臭”都出自本心,没有私欲干扰,所以“知”与“行”是统一的。(4)古人之所以分“知”“行”为二,主要是针对世间两种人说的。一种是只“知”不行,即“茫然悬空去思索”,另一种是只“行”不知,懵懵懂懂去“行”。在王阳明看来,这都是“冥知”“冥行”,从根本上来说,都不属于“知”与“行”的认识范畴。(5)如果把“知”与“行”分为二,想“知”得彻底再去“行”,那么世间事物千千万,何时才能“知”得彻底?所以终身不知,也就终身不行。日后，王阳明对这种观点概括成了两句话："知之真切笃实处，即是行，行之明觉精察处，即是知，知行工夫本不可离。""真知即所以为行，不行不足谓之知。"(《传习录》中)

概括上述，王阳明在贵阳恶劣的环境中体悟出来的思想一共是两个方面：一是主"心外无物"之说，既然"吾性自足"，不必向外求"理"于事物，那么，此"心"更无他物；二是行"知行合一"之教。这些都是中国古代思想史上重要的哲学命题，王阳明把它纳于自己的思想范畴，从而形成了"心学"的思想体系。到此，王氏"心学"的主要理论框架基本上建立起来了。

第二节　四位一体的"心学"思想体系

王阳明的思想理论，在贵州放逐生涯结束后，基本上定型了。在日后的岁月中，他通过不断讲学，完善充实这些已成形的思想观念，因这些思想彼此之间都有内在联系，所以几个方面结合起来，一个新的思想体系形成了。

概而言之，王阳明的"心学"思想，一共由四个方面组成。

一、"为有源头活水来"

人的思想意识是从哪里来的？这一个似乎不是问题的问题困扰了许多古今中外的思想家，并为此辩论不休。对此，王阳明提出自己的看法，认为人的思想认识是从"心"产生的。"心"是人认识的出发点和归宿，离开了此"心"，世间一切都不存在，这就是中国古代思想史上有名的"心外无物，心外无理"的哲学命题。在《传习录》中，王阳明在与友人的通信及交谈中，多次反复地谈道：

> 心外无理，心外无事。
>
> 在心如此，在物亦然，世儒惟不知此，舍心逐物，将格物之学错看了，终日驰求于外，只做得个义袭而取，终身行不著，习不察。(《传习录》上)
>
> 夫物理不外于吾心，外吾心而求物理，无物理矣。遗物理而求吾心，吾心又何物邪？(《传习录》中)

> 先生游南镇，一友指岩中花树问曰：“天下无心外之物，如此花树，在深山中自开自落，于我心亦何相关？”先生曰：“你未看此花时，此花与汝心同归于寂。你来看此花时，则此花颜色一时明白起来，便知此花不在你的心外。”（《传习录》下）
>
> 先生曰：“你看这个天地中间，什么是天地的心？”对曰：“尝闻人是天地的心，人又什么教做心？”“只是一个灵明。”“……我的灵明，便是天地鬼神的主宰。天没有我的灵明，谁去仰他高？地没有我的灵明，谁去俯他深？鬼神没有我的灵明，谁去辨他吉凶灾祥？天地鬼神万物离却我的灵明，便没有天地鬼神万物了。我的灵明离却天地鬼神万物，亦没有我的灵明……”……曰：“今看死的人，他这些精灵游散了，他的天地万物尚在何处？”（《传习录》下）

像上述这种有关“心”的论述，在王阳明的著述中还有很多，此处不再列举。分析上述的言论，王阳明是想告诉人们以下一些思想：(1)人类的认识只有两个来源，一是“心”的来源，也就是认识、评判的尺度、标准和源头。丧失了“心”这个尺度、标准和源头，还有什么存在吗？正如王阳明举的例子：没有人的“心”，便没有此花的颜色、形状，谁去“主宰”天地宇宙万物，谁去“辨吉凶”？谁去仰山的高，谁去俯地的深？因此，对世界所有一切的规定，都是从“心”而来。但是“心”亦需要有一个参照物，没有杠杆，就不能撬起事物。“心”要评判天地鬼神万物，就必须要有一个天地万物的“实物”，也叫客观实在。没有这个“实在”，不仅失去了存在评判的依据，连“心”自身也不存在。所以王阳明认为：“外吾心而求物理，无物理矣。遗物理而求吾心，吾心又何物邪？”“我的灵明离却天地鬼神万物，亦没有我的灵明。”如果归纳一下就是，世界有两个来源：一个是“心”的来源，一个是“物”的来源。(2)“心”是统观万物的尺度，因“心”具有随万物而动、而变，机变百出的特点，所以王阳明又给出一个名称——“灵明”。(3)世界是主观的，所有认识也是主观的，真理亦是主观的。既然万物不在“心”之外，每一个人的“心”不同，即评判物质世界的角度、范畴、标准也因而不同，每一个人看到的世界都是属于自己的。一旦某人离世，他所看到、理解的世界也就不存在了，也如王阳明说的“他的天地万物尚在何处”。既然万物不在“心”外，世界就不是客观的，只是主观的。我们接触到的物质世界好像表面上有大小、长短、冷热、硬软、颜色等方面的差别，其实这些属性都不是物质的，而是源于每一个具体能摸物体的个人的感受罢了。因此可得出结论：世界不是物质的，只是人“心”的一种感受罢了。

比方说，当你去看花时，此花在你心目中就会出现某种有花的颜色、形状、大小等明显的“物象”，而且知道此花实实在在摆在你面前。一旦离开此花，有关花的形状、颜色、大小就从你心中消失，那你在理论上怎么能证明这个花是存在的呢？完全不能证明。所以，认识世界的根本方法与途径就是“心”和“灵明”，或叫作人认识世界的“能力”等。我们看世界的山山水水、花鸟虫鱼并不是世界的物质在起作用，而是你的“心”在起作用，是“心”对人们接触到的事物赋予各种规定。而这种规定性具有很强的“个体”特征，一旦接触、认识物质的主体死亡，即“心”也就不存在了，有关对物质世界的认识的各种概念、规律等也消失了。因此世界的本质不是客观的，而是主观的，观念不是物质的反映，而是“心”的呈现。因为如果离开了“心”，即使你试着去认识一个物质，观念也不复存在，所以，观念是认识主体“心”的评判的结果。

结论是：世界的本源有两个，一个是“物”，一个是“心”。“心”借“物”而“有”，“物”借“心”而传，最终还是“心”在起决定性的作用，舍此，世界什么也没有。应该说，王阳明的“心外无物”思想对人类认识世界做出了重大贡献，也对中国古典哲学发展做出了重大贡献。在中国古代思想史上，像王阳明这样认识世界并提出一种认识论观点，把本体论引入认识论的范畴，将二者合二为一的做法是少见的。中国古典哲学发展到宋代的理学和王阳明的“心学”，本体论与认识论，即世界观和方法论就真正建立起来了，也彻底解决了中华民族文化在古代的哲学贫乏的问题，使中国古代文化建立在深刻的哲学世界观之上，到此，古代中国文化才真正成熟、完整并自成体系。

可以这样说，王阳明的“心学”思想不仅是对中国古代哲学体系的一大贡献，而且在近现代的世界哲学中亦应占有一席之地。

中国古代哲学本体论源于三本书：《老子》《尚书·洪范》《易传》。《老子》一书是中国古代哲学的奠基之作，主要阐述的是宇宙发生论及一些从日常现实生活中总结抽象出来的朴素的辩证法概念，如“道生一，一生二，二生三，三生万物”(《老子·四十二章》)，是人们十分熟悉的名句。在这几句话里，就包含着对宇宙起源的初步构想，世界是由什么构成的？是“道”，“道”是什么？谁也说不清，只能说是产生万物的某种根据，如果没有这个根据，宇宙发展的普遍规律就失效了。除此，《老子》一书中还包含有许多睿智的生活格言，如“福兮祸所伏，祸兮福所倚”，“反者道之动”，“欲将取之，必先予之”等，这些思想对后世影响很大。然而要谈哲学思维，《老子》一书中所体现的哲学思想还处于萌芽阶段，谈不上有完整的哲学体系。除了《老子》一书，先秦哲学中重要的哲学著作还有《尚书·洪范》和《易传》。《尚书·洪范》以高度概括性的语言把物质世界归纳为五种属性：金、木、水、火、土。这五种属性包含了世界所有事物的属性，而且这五种属性永远处于一种相生相克，既对立又统一的状态之中。《易传》是解释《易经》的书，第一次提出并系统地解释了阴阳与人类社会、自然界的关系：“一阴一阳之谓道”，“立天之道，曰阴与阳；立地之道，曰柔与刚；立人之道，曰仁与义”，等等。这样，把阴阳与自然界及人类社会紧密结合起来。从此，五行观念深入人心，几千年来，深深影响了中华民族的思想与生活，然而要作为一种完整的哲学世界观，其体系远未成熟。

在两汉，影响较大的哲学家有三人：刘安、董仲舒和王充。刘安的《淮南子》是本杂书，有着浓厚哲学思维的也只在《冥道训》一章。在这一章里，作者只不过是对老子的思想做了进一步的阐述，其理论思维的高度并没有超出《老子》一书。董仲舒的哲学著作是《春秋繁露》里的《五行篇》，主要说的是“天人感应”的某种神学目的，其哲学思维几乎没有；在西汉，真正称得上是哲学著作的是王充的《论衡》。《论衡》一书主要讨论的是形神问题。王充认为世界的本源是元气，也叫阴阳之气，“阴阳之气，凝而为人”，“阴气生为骨肉，阳气生为精神”(《订鬼》)；而且认为人死如灯灭，“火灭光消而烛在，人死精亡而形存”，“人死血脉竭，竭而精气灭”(《论死》)等。王充的文章都是一些短篇，大多都是一些如上述所引的有关生活的经验之谈，哲学思维有一点，但十分肤浅，还停留在感性的比喻阶段，距抽象思维还有很大的距离。

在魏晋六朝，主要哲学家有王弼、裴頠、郭象和僧肇。王弼(226—249)，字辅嗣，留下的著作有《老子指略》《周易例略》等，主要观点是：“天地虽大，富有万物，运化万变，寂然至无是其本矣。”(《周易·复卦》)认为世界的本源是“无”,“有”是从“无”中“生”出来的。“无”是什么,只是一种没有内在规定性的逻辑假定、根据,因为万物都是与跟自己对立的那一方处于一个统一体中,作为自己存在的前提。如上下、前后、左右、高低、光明与黑暗等,没有对立的一方,另一方也不存在。万象世界的所谓“有”,其产生根据是“无”,就是这样推理出来的。尽管这种说法十分抽象、深奥,也无法证实,但是对提高我们民族抽象的思辨水平是有帮助的。

反对以“无”作为世界本源的有西晋哲学家裴頠(267—300)和郭象(252—312)。裴頠,字逸民,山西闻喜人,留下的著作是《崇有论》。他认为物“有自生”,而非“生于无”,“无”不能生“有”,万物是“自生”,而“自生”要以“有”而不是以“无”为本体。裴頠的贡献是认识到“有”是世界的本源这一有意义的命题。可问题是,如果物“自生”,就等于肯定了宇宙永远处于一种自生状态,没有发生、发展、高潮、没落的过程,这不符合宇宙的发展规律。事实证明:宇宙及万物不是“自生”而是“他生”,即宇宙产生之前必有某种“东西”存在,否则,世界一切形式逻辑的规律及宇宙根本法则就失去效力,所以,裴頠的看法在理论上是一种倒退。郭象,字子玄,河南洛阳人,留下的著作是《庄子注》。在《庄子注》里,尽管他反对“贵无”的观点,可他提出的观点并不能自圆其说。他认为“物自化”或“独化”,“物各自然,不知所以然而然”(《庚桑楚注》),为什么能“独化”,根据何在,郭象没有说,说明他的观点根本没有超出裴頠和王弼的观点,解释混淆不清。

在六朝,真正对后世有影响的哲学家是僧肇。僧肇(384—414),京兆长安人,是前秦翻译大师鸠摩罗什的高足,留下的哲学著作有《物不迁论》《不真空论》和《般若无知论》等。主要观点是万物是亦有亦无,是有无双遣的。说它“有”是从现象方面说的,说它“无”是从本质上说的。但这种“有无双遣”的本质还是“无”,万物之所以“亦有亦无”的特点,是由万物存在的根本形式决定的,这种形式就是“常而不住,去而不迁”,即发展变化的。这种发展变化主要通过动与静两种形式体现,从“体”的方面说是“静”,从“用”的方面说又是“动”,没有这个“动”,万物的“体”也就失去了存在的根据。能从发展、变化的角度阐述事物的本质规律,是僧肇最具特色的哲学观点。

万物的本源是“无”“静”“虚”,这与王弼等人的看法没有太大的区别,可这个“有”又作何解释?它与“无”处于一种什么关系?僧肇认为是“有无双遣”,即同时存在,而且还是一种辩证的存在。因这个“有”是以“无”为根据,这个“有”不是孤立、静止、不变的,而是“常而不住,去而不迁”,是发展变化的。所以“有”从本质上来说亦是“无”,而且这种发展变化是通过“动”和“静”的对立统一来实现的。应该说,僧肇与王弼解决了哲学上的几个问题:本体论、发展变化论、现象与本质论。但是,哲学上还有一个重要的问题没有解决,即思维与存在的关系问题,即赋予物质世界以各种规定性的人的思想与物质的关系如何这一问题没有解决。

所以,中国古典哲学正式形成理论体系的是宋代的理学,代表人物是朱熹。朱熹(1130—1200),字元晦,江西婺源人,著作有门人编的《朱子语类》。宋代理学之所以是中国古典哲学体系的完成时代,主要是在理论上解决了几个有关哲学的根本问题,而这些问题的解决,到朱熹时才完成。在本体论上,朱熹继承和总结了周敦颐和张载的“理”“气”思想,提出了“理”是世界本源的观点。较之先秦、魏晋的“玄学”,以“无”作为世界的本源,更具有哲学上的思辨性。他认为:“未有天地之先,毕竟也只是理。”(《朱子语类》卷一)这个“理”是至诚至圣的,“理”是一,散见于万物之中,叫作“殊”。人要成为“圣人”,就必须去认识体认这个“天理”,才能达到去“人欲”的目的。如何去“人欲”? 就是“格物”。这个“物”是以“圣人”经典为蓝本,“循序渐进”,每格一物,就得一物之“理”,等到格尽了天下之物,也就成了“圣人”了。因此,朱熹主张“先知后行”,只有先知道“理”,然后再去“格”,再去“行”,如此一来,一个完整哲学思想体系形成了:世界观(本体论“理在物先”)、认识论(“先知后行”“理一分殊”)、方法论(“格物致知”“正心诚意”等)。南宋以后,朱熹的思想就成了统治者的主流意识形态,朱熹做注的各种著作也成了士子们科举的必读书,朱熹本人也因此走上了神坛,此后历代知识分子也因此扎进纸堆而成了“书虫”。

奇怪的是,在几百年中,没有一人对这种理论提出质疑。一直到明中叶,作为学者的王阳明才对这种理论发出挑战。王阳明认为,朱熹的学问存在着重大的缺陷,就是把认识世界的主体排斥于认识论之外。在年轻的时候,王阳明立志“圣人之学”,对朱熹的理论深信不疑,认为只要认真格物,就可以得到“天理”,成为“圣贤”。他不仅这样思考,还这样行动,在自家院子里“格”竹子,想去寻找里面的“天理”,不幸的是,不仅没有找到“天理”,还

"格"出一身病。到这时,王阳明才开始反思自己是不是成"圣贤"的"料",同时,又反思是不是朱熹的理论出了问题。一直到龙场悟道,王阳明才恍然大悟:圣贤之学,"天理"原来存在于此心之内,别于此心去寻找"天理",想成为"圣人",无异于骑驴觅驴,于是得出"朱子倒学"的结论。这在当时,是要有很大的勇气的。

因为不把认识的主体作为认识的主要来源,那对世界万物做出的各种规定性就失去可寻的依据,是谁做出这样的概念、属性呢,它是如何产生的呢?过程如何?这些就没法回答。同时,离开这些规定性,又怎么去认识世界呢?所以,作为"天地我中央"的人在整个认识过程的诸多环节中,绝不是可有可无的,而是最重要的源头之一。没有人对万物做出规定性及各种解释、分析,一切都不存在。世界的存在不是所谓物质上的存在,而是"心"的存在,离开了"心",一切都是虚无和不可想象的。而在古代中国哲学中,是王阳明第一次那么明确、清晰和有系统性地把人在认识过程中的重要性提到哲学本体论的高度,因而具有划时代的革命意义。

尽管王阳明把人(即心)作为认识的主体,可他丝毫没有贬低客观存在的事物在认识过程中的作用。恰恰相反,正因为有了这个客观事物,也使人(即心)在认识过程中有着落处和参照物,客体和主体是个相互联系、密不可分的统一体:"外吾心而求物理,无物理矣;遗物理而求吾心,吾心又何物邪?"(《传习录》中)"故良知不滞于见闻,亦不离于见闻。""天地鬼神万物离却我的灵明,便没有天地鬼神万物了;我的灵明离却天地鬼神,亦没有我的灵明。"(《传习录》下)

"滞",即阻碍、束缚的意思,意为人认识事物之后的那个"物"已经不是原来那个事物了,而是更具有普遍性、深刻性和规律性。经过分析,由此可以得出:世界有个认识的本源,一个是"物"的本源,一个是"心"的本源。物的本源是被动的,待显现的,"心"的本源是主动的,二者相得益彰,组成密不可分的认识统一体。

进入 20 世纪以后,西方哲学思想输入进来,在有关世界本源的问题上,存在着两种观点:认为世界是客观存在的物质实在,主张物质是第一性,属于唯物主义阵营;认为世界的本源是精神则属于唯心主义阵营。事实上,这两种理论都存在着重大的理论缺陷:

第一，说物质是独立存在的客观实在，其实是一种思维的误区：人们开动“五官”，看到、听到、嗅到物质世界的各种形状、大小、长短等规定性，真的是独立存在的吗？在每个个体做出这种规定性之前，它存在吗？做出这种规定性的个体死亡后，这种规定性还存在吗？说明这种规定性具有很强的主体依附性，也说明脱离了认识的主体，就没有认识的客体。如此一来，物质的独立性因而也是不存在的。

第二，说精神是世界的本源的观点，也难以自圆其说。精神是什么？谁能对“精神”的内在规定性做出解释？说精神是物质的反映，只能说“精神”丧失了独立存在的属性，因而不能作为世界的本源。说精神就是精神，是毫无意义的同义反复。说精神是一种物质，又是一种什么样的物质呢？

首先，如果说世界的本源是物质的，是独立于主观的客观存在，那在主体没有认识、看到、听到、闻到、嗅到之前存在于何处？物质最初是怎么产生的？谁能做出解释？它的时空在哪里？如果是独立存在，应该是亘古不变，永恒地存在于某处，可问题是：谁去发现它的存在和亘古不变？因此，所谓物质的客观性是人们一种认识本能上的错觉。物质不是客观的，它是主观的，它不是永恒地存在于某处，它只存在于人的思维中。一旦人死去，世界是物质的认识也随之消失，所以说世界是物质的只不过是一种幻觉，一种幻象。其次，在思维与存在的关系问题上，一定要分个谁是第一性，谁是第二性，毫无意义，而且有悖常理。因为物质世界不是客观的，“精神”也只是一个内涵空洞的概念，因为存在于主体思维中的物质世界本身不是独立的，因为不能产生精神。所以，谁是第一性，谁是第二性呢？正确的认识是：作为存在于人心中的对世界的认识，本身就是“精神”。所以产生这种精神的只能是“人”，把人排除于认识过程之外，就解释不了精神与物质的关系问题。只有把“人”(即心)作为认识的主体，才能正确解释思维与存在的关系问题。这种关系正如王阳明所言：“遗物理而求吾心，吾心何物邪?”尽管外物是借“人”的感觉而“存在”，即使它是一种虚假的“存在”，也是一种“存在”。没有了这种“存在”，“心”就无所寄托，无处显示，也就失去存在的依据。所以，“心”与“物”是一种矛盾的两个方面，离开了一方，另一方就失去了存在条件和依据。

我们如果把“精神”换成“心”，也许问题就解决了：“精神”就是人们对世界的客观性做的规定和解释，是认识的主体，而人们解释的那个世界就是客体。主体和客体同处于一个统一体中，起主要的、决定性作用的是“人”，是人的“心”。天地没有我的“灵明”，谁去知道它的深和高呢？如此一来，把迷惑人们的问题解决了，直截了当，纤尘无染。

所以，王阳明的“心外无物，心外无理”的观点，从哲学的角度来说，解决了人们长期悬而未决的问题，在认识论领域注入一股永不干涸的活水；在社会学领域，把“人”作为认识的主体，突出了人为天地立法的历史性地位。人不是某种观念的附属物，人其实就是人本身，这也是一场思想上哥白尼式的革命，用朱熹的话来说就是“问渠那得清如许，为有源头活水来”。在认识论领域，谁是源头？人！同时，从道德、社会领域来说，如果以所谓的“物”作为统一世界的标准，从而否定人心有某种制约“物”的更深更远的“存在”，会使人失去某种制约其行动的信条，变成彻底的唯物主义者而无所畏惧。这就很容易使整个社会只局限于感性的物质世界，而放弃某种道德力量的约束，变得更加物质性、兽性化，社会就会进入无序状态。

二、纠谬升华一个古老的命题

在王阳明的心学理论体系里，第二个重要的内容就是“知行合一”。自从龙场悟道之后，他与自己的学生不仅畅谈“心外无物”“心外无理”的本体论，还提到“知行合一”的认识论。在《王阳明全集》中，有许多这样的论述：

> 今人学问，只因知行分作两件，故有一念发动，虽是不善，然却未曾行，便不去禁止。我今说个“知行合一”，正要人晓得一念发动处，便即是行了。发动处有不善，就将这不善的念克倒了，须要彻根彻底，不使那一念不善潜伏在胸中。（《传习录》）
>
> “知行合一”之说，专为近世学者分知行为两事，必欲先用知之之功而后行，遂致终身不行，故不得已而为此补偏救弊之言。学者不能著体履，而又牵制缠绕于言语之间，愈失而愈远矣，行之明觉精察处即是知，知之真切笃实处即是行。（《与道冲书》）
>
> 良知之外，更无知；致知之外，更无学。外良知以求知者，邪妄之知矣；外致知以为学者，异端之学矣。（《与马子华书》）

某尝说知是行之主意，行实知之功夫；知是行之始，行实知之成；已可理会矣。古人立言所以分知行为二者，缘世间有一种人，懵懵然任意去做，全不解思惟省察，是之为冥行妄作，所以必说知而后行无谬。又有一种人，茫茫然悬空去思索，全不肯着实躬行，是之为揣摸影响，所以必说行而后知始真。此是古人不得已之教。（《年谱》）

有关这样的言论，在有关王阳明的著述中，还可以列举许多，此处不再赘述。通过分析，可以知道王阳明所标举的“知”包括以下三个方面：(1)“知”就是“良知”，离开“良知”的任何“知”都是“邪妄”“异端”之“知”。(2)“知”是人们原有的本能的思想观念，如他曾以《大学》里的“如好好色，如恶恶臭”作例子，还有“孝悌”，这些道德思想都是人天生就有的，人只要发掘这些“良知”，扩而言之，就可以成为“圣人”。(3)王阳明的“知”，除了某些先天的道德之外，如“孝悌”，还包括后天实践的产物，如“好色”“恶臭”，尽管与人的先天之性有关，但很难说它不是社会实践的结果。所以王阳明的所谓“知”，其实是先天与后天相结合的产物。

什么是王阳明的“行”呢？“行”这一概念在王阳明的思想学术里有着丰富的内涵：(1)他所理解的“行”，不仅是我们日常去干某件事，通过身体力行的方式去躬践某件事，而是“一念发动便是行了”。“一念发动”属于人的主观思维活动，王阳明却把它归入“行”的范畴，即把人的主观思维活动列入实践的范畴，确有深刻的思想意义。(2)“行”是人们日常的实践活动，即百姓日用即为道，对这些活动在思想认识范畴中的意义，在王阳明的著作中，有许多论述。

人须在事上磨，方立得住。

除了人情事变，则无事矣……事变亦只在人情里，其要只在致中和。（《传习录》上）

我何尝教尔离了薄书讼狱，悬空去讲学？尔既有官司之事，便从官司的事上为学，才是真格物。（《传习录》下）

知得洒扫应对，便是精义入神也。（《与辰中诸生》）

郡务虽繁，然民入社稷，莫非实学。(《与黄勉之》)

在王阳明那里，“行”既有主观的思维活动，更重要的是人们平时的社会实践操作。“知”与“行”是人类认识活动中一个循环往复、互相联系、不可分割的整体：“知”，是人去学习、理解某种事物，在学习、理解的过程中，本身就已经“行”了。因人们在学习思考时要有理解、分析、综合、归纳等，这个思维过程，王阳明认为既是“知”的过程，同时又有“行”的因素在内。

可人类的认识学习过程并没有就此止步，还必须进一步深化，这个深化就是实践，把自己学到的“知”用到实践中去。这个实践不是漫无目的的懵懂，而是有目的地使主观力量对象化，在对象化的过程中，人们可以进一步理解和加深对“知”的认识。如果人们在实践之前，对事物的理解，即“知”得“明觉精察”，那“行”起来就更加“真切笃实”，又进一步加深对“知”的理解、掌握。在王阳明看来，“知”与“行”是绝对不能分作二途的。如果把“知”与“行”分开，“知”就不是真正的“知”，只能称是“懵知”；“行”也不是真正的“行”，只能称是“冥行”。因为，“知”的目的是什么？是“行”，是实践，是实现人的本质力量的对象化；而只有经过“行”这个环节，才能更进一步理解、认证、深化“知”的深度和不足，实现“知”的目的。“行”的目的是什么？是进一步认知“知”，所以“行”的目的也就是进一步“知”。“知”是“行”的准备阶段，“行”是“知”的深化阶段，二者都把对方包括在内，是一组矛盾的两面。世界上哪有没有内容的“知”呢？又哪有没有“知”指导下的“行”呢？它是人认识过程中不可分割的环节。

“知行合一”的学说路线可以是：“知”(学习)—“行”(实践)—再“知”(再学习)—再“行”(再实践)和“行”(实践)—“知”(学习)—再“行”(再实践)—“知”(再学习)。

而且“知行合一”还有一个重要的思想意义，就是把“知”引入“行”的范畴，人的主观思维活动本身就是“行”，“一念发动”便是“行”，这样“知”与“行”就不分开了。对于认识与改造世界及改造认识者本人，都是十分有价值的，促进人们去躬身实践，去深入思考。

因此，“知”与“行”是人类认识过程中的两个环节，只有真正懂得“知”“行”概念的人，才会觉得二者是不能分开的。世间只有那种懵懵懂懂的人，才把二者分开看待，认为"知"就是"知"，"行"就是"行"，二者是有分别的，所以终身只"知"不行，或只"行"不知。因为人认识任何一件事物都有"行"的因素在内，没有"行"的因素的"知"是不可能的。

举一通俗的例子：人们考驾照开汽车，为了方便，人们想买一辆车，这个"想"就包含有"行"的因素。买了车必须办驾照，需经过一个学习的过程，首先是理论知识。在学这些理论知识的过程中，就有"行"的成分在内，否则，你买车学习理论知识干什么？学习之后，然后是上路操作，也是"知"。这是一整个环节，尽管它分为理论考核和上路操作两个过程，其实它就是一个过程：想买车、想考驾照及理论学习，从表面上看是"知"，其实里面已包含有"行"的成分了。在路上学开车，操作，表面上看是"行"，实际上却包含有"知"的成分，使"知"得更加"真切笃实"，"行"得更加"明觉精察"。

所以说"知"与"行"是一个整体，就好像一组矛盾的两面：离开了对方，另一方就失去了存在的根据。"知"随时包含有"行"，"行"随时包含有"知"，只"知"不"行"，或只"行"不"知"是完全不可想象的。人们之所以把"知""行"分开，是一种习惯思维所致，其实二者是一体的：有"知"便有"行"，因思维活动本身就是"行"；有"行"便有"知"，躬行实践也是"知"。应该说，"知行合一"之说是对人类认识思维过程的概括和总结，是对人类思想认识的伟大贡献，具有革命性的意义。

从历史渊源看，"知行"学说不是王阳明的发明，最早出现"知""行"概念的是伪古文《尚书·高宗》篇。传言奴隶出身的传说和殷朝武丁谈了许多治国的理念，其中有一句叫"知之非艰，行之惟艰"，意为要去理解一个事物不难，难的是把这种理解即"知"应用于"行"之中，这就是"知易行难"的古训。之后孙中山根据自己的理解，又提出"知难行易"的观点，认为一个人要去行动，去干一件事情是容易的，难的是去了解一件事情。有关孙中山的"知难行易"的思想散见于《建国方略》等许多文章著作中。

如果从认识论的角度分析，无论是"知易行难"还是"知难行易"，都不是对人的认识思维过程的正确理解。既然"知"很容易，为什么"行"动起来就难了呢？这是很矛盾的说法，说明"知"并不容易，或"知"得不明不白，"知"得不深刻、不全面，所以行动起来就很难了。关于"知难行易"更是荒诞，既然"知"得很难，怎么"行动"起来就容易了呢？"行易"的根据、可能性在哪里？是建立在什么基础上？所以，无论是“知易行难”还是“知难行易”，都是把“知”与“行”分作两途，割裂了他们彼此不可分割的联系，因而不能得出正确的解释。只有王阳明的“知行合一”之说，把“知”与“行”作为完整的认识过程，彼此包含对方于己之内，才能给“知”与“行”提供正确的逻辑思维依据。“知”了就是有了“行”，“行”了才能更好地理解“知”，否则就会陷入矛盾的悖论之中，从“知难”中推不出“行易”的认识。

人类认识世界的目的就是改造世界，在改造世界的过程中，又加深对世界的理解，达到改造自身的目的。在改造世界之前，就有一个理解、认识世界的这方面的“知”，所以“知”就是一个已开始的“行”，是“行”的一部分。如把二者分开，实际上把人们的认识与行为分开、割裂，都不能正确理解和解说认识的全过程。有些人一生读书不少，似乎很有“知”，可在躬行实践方面没有下功夫，把“知”与“行”分作二途，这样的“知”不能称是“真知”，只能称是“懵知”。因为真正的“知”是必须“行”的，这个“行”既包括读书时的思维活动与目的指导，同时亦包括躬践于社会。如不包括这个过程，只能是终身不知，也终身不行。因此，只“知”不行，一事无成；只“行”不知，“冥行”乱碰。所以读书是学习，使用也是学习，二者都是更重要的学习。

三、“良知之外更无知”

王阳明心学思想体系的第三个内容就是建立了系统的“良知”学说。因为对于任何一个思想家或学术流派来说，要建立自己的思想体系，有一个前提或基础必须解决，那就是哲学本体论的建立。如魏晋六朝的思想文化以佛、道的“空”为本体论，宋代的理学以“理”为本体论，西方文化以“上帝”为本体论。那王阳明的心学思想体系的本体论是什么呢？那就是“心”以及在“心”的基础上产生的“良知”学说。

王阳明创立自己的思想学术经历了三个阶段：早期企图通过“格物致知”完成做“圣贤”使命的致圣之学；中年在龙场悟道后提倡“心外无物”的“知行合一”之说；到了晚年，王阳明在原有的基础上对自己的学说有了新的突破，那就是“致良知”。致此，王氏的“心”学思想体系从本体论到认识论、方法论才得以建构完成。《年谱》亦载：“是年（正德十六年，即 1521 年）先生始揭致良知之教。”说明“良知”之说在王阳明的思想体系中产生较晚，起着总结作用。而且,"良知"说的建立,标志着王阳明的"心学"作为一个体系,基本上完整了。所以他的学生陈九川说:"今先生拈出良知二字,此古今人人真面目,更复奚疑?"(《全集》,1278 页)说明"良知"之学在王氏心学思想中起着举足轻重的作用。王阳明自己也说几十年讲学"较来较去,只是'致良知'三字最好",是"圣门正法眼藏"。(《全集》,1278 页)

那什么是"良知"呢?查阅王阳明的有关著作,概而言之,有以下一些表述:

> 是非之心,知也。是非之心,人孰无有?但不能致此知耳。能致此知,即所谓充其是非之心,而知不可胜用矣。(《与道通书》)
>
> 但知轻傲处便是良知,致此良知,除却轻傲,便是格物。(《全集》,1291 页)
>
> 心之本体,即天理也。天理之昭明灵觉,所谓良知也。(《全集》,1291 页)
>
> 良知不因见闻而有,而见闻莫非良知之用。故良知不滞于见闻,而亦不离于见闻。(《全集》,1300 页)
>
> 天道之运,无一息之或停,吾心良知之运,亦无一息之或停。良知即天道……知良知之运一息之或停者,则知惜阴矣;知惜阴者,则知致其良知矣。(《全集》,1303 页)
>
> 四句宗旨:无善无恶心之体,有善有恶意之动,知善知恶是良知,为善去恶是格物。(《全集》,1307 页)
>
> 吾讲学亦尝误人,今较来较去,只是致良知三字无病;道一而已,学一而已,"良知"不由知识闻见而有,而知识闻见莫非"良知"之用,文辞者,道之华,才能者,道之干,虚寂者,道之原,群儒之言,道之委也,皆所谓"良知"之用也;岂知"良知"即"良心"之别名(王畿语)。(《全集》,1341 页)

根据对上述引文的理解,就可以认识到王阳明的所谓"良知"其实是人天生就具有的某种道德本源,这种本源不独存,必须通过某种"载体"才能体现。概而言之,他的"良知"说有以下几个方面的内涵:(1)"良知"是先验的,属于信仰范畴。(2)"良知"说就是孟子说的是非之心、恻隐之心。如小孩掉进井里时，人们都会施以援手，这种人类所具有的基本的同情、恻隐、怜悯等感情，而且这种感情是区分人与非人的重要分界线。(3)“良知”即是改过，就是“内省”的过程。如人有傲心，去掉了傲心就是“致良知”了。懂得什么是好，什么是坏，什么是善恶，就是“良知”所包含的“知善去恶”了。(4)惜时就是“良知”。天运一时不停，而“良知”也不会停止。在人的一生中，不断地去恶扬善，就要不断地珍惜光阴。少壮不努力，老大徒伤悲。从这一角度说，珍惜时光亦是“良知”。(5)“良知”是某种先天存在的超自然的道德本源，即“昭灵明觉”。这种“昭灵明觉”就是“心”的本体，所以说“良知不由知识闻见而有”，因为它是先天的道德律令。(6)虚灵的先天道德本身似乎不存在，其实它是存在的，主要是通过社会的各种礼仪、道德文化等知识表现出来，如“文辞”“才能”“虚寂”“群儒之言”等。离开良知，这些“见闻”“文辞”就失去了存在的价值，这些无不是“良知”。如从“用”的角度说，宇宙中的一切无不是“良知”的表现。(7)“良知”就是良心，这种“良心”通常就是人们日常所言的做人的一种“准则”。这种“良心”的内涵是什么，却因人因地因时而异，大概是一种将心比心、怜悯、同情等等的品质和恕道。

总之，在王阳明那里，“良知”是一个指称很宽的概念，是人的道德准则的出发点和归宿。可王阳明为什么要以“良知”作为自己学说的一项重要内容呢？晚年为什么要念念不忘地宣讲呢？这正是王氏“心学”的深意所在。

“良知”之说出自孟子。孟子认为，人天生就有某种良知、良能，如对父母行“孝”，对兄弟行“悌”，有人掉在井里施以援手，等等。而圣人就是这种良知、良能的扩充的实践者、躬行者而已。人如果不断地扩充这种先天的良知良能，普通人也可以成为“圣人”。人皆可以为“尧舜”，只不过在于道德扩充、个人修持多少而已。但孟子的理论缺少一点：如何去扩充这种良知。他的理论缺乏这一点，只有道德本体论，缺乏方法论。而王阳明把这一点给“补”上了。

王阳明的“心学”是道德哲学、行为哲学、实践哲学。他认为，如果仅仅从理论上、言辞上去解释世界的本源是什么，是物质的还是精神的，是“理”还是“气”，思维与存在的关系怎样，道德如何重要，等等，都只不过是“支离”。这种从理论上解释世界是如何构成的以及与道德的关系如何，有一个重要缺陷，就是解释世界的主体处于什么位置，在理解这些思想的过程中，主体承担什么角色。而且越是在言辞上解释越精细，人离主体道德的诉求就越远，加上世界的物质性特征和人类社会的功利性特色，人类在解释世界的同时，把人自己的行为弃于理论文本之外，与文本无关。也就是说人在解释世界时，仅是解释而已，从不联系自己的实践，自觉进行道德的自我改造。这就是为什么许多人高谈阔论，谈圣贤之学头头是道，但行为却是另外一回事，导致学问越高深，行为越堕落。因为人缺乏某种内在的道德学问的拷问，只会对外解释客体。结果是解释越多，假话也就越多；从外部认识世界越详细，人的思想上的“理障”就越大。所以把解释世界的主体置于认识之外，丝毫不利于人的改造，结果是世界越发展，文明程度越高，人越堕落。因此，人不仅要有解释、改造世界的学说，还要有解释、改造自身的学问，而这个学问从孔子、孟子就开始了，那就是道德哲学。他曾说：“致吾良知于事物，事物皆得其理，非所谓人能弘道乎？若在事物，则是道能弘人矣。”（《全集》，1545 页）

所以，王阳明之所以要在晚年到处宣讲“良知”之学，作为自己学说的一项重要内容，主要是想为人类建立一套以道德为中心的自我约束、改造的学说，以免人类误入反道德的深渊。

如果说“心外无物”是认识论，“知行合一”“格物致知”是方法论，那以“心”为载体的“致良知”则是本体论，一套以改造人为旨归的道德学说建立起来了。

“良知”学说虽然创自孟子，可经过王阳明一番改造之后，更具有实践可行的功能。“良知”是王阳明“心学”的主要内容，又是这种理论的行为归宿。可“良知”是一种虚寂灵觉的东西，它不可能单独存在，必须要有一个承载物或体现者，这个承载的平台就是“心”。没有“心”，“良知”就无从谈起，所以，“心”这一概念在王学里具有非常重要的地位，是认识的出发点与归宿。既然“良知”是先天存在的东西，人人皆有，那人只要把握、扩充自己的“良知”，以它作为评判事物的基础，就能达到“修齐治平”的社会效果。人要把握“良知”，首先要把握“心”，才能更好地落实“良知”，使之能时刻“惩恶扬善”。所以，王阳明的“心外无物”既有认识的思维功能，又有道德生成功能。因“良知”是先天的，就“不因见闻而有”，而人扩充“良知”就是为社会服务，移风易俗，收拾人心。没有了社会，“良知”的外在性功能就没个着处，所以“见闻莫非良知之用”,“用”的外在表现就是“良知”,就是“良知”社会功能的折射。因此,“良知”与社会的关系是“不滞于见闻”,“亦不离于见闻”,可最终还是落实在为社会服务上。“今不教他在良知上实用为善去恶功夫,只去悬空想个本体,一切事为,俱不着实,不过养成一个虚寂;此个病痛不是小小。”(《全集》,1307 页)

因此,可以看出,王阳明不是从概念方面去解释世界,而是通过行为去进行道德实践。他以“良知”为本体,以“心”为载体,叫人不必去外求道德训条,自己内心就存在。只要好好把握这个“心”里道德因素,扩充这种先天的道德“良知”,人也就一步步走向“圣贤”了。

那么,如何使这个“心”能更好地为“良知”的扩充服务呢?王阳明设计了三套方法:“静坐”“收心”以找回“良知”,“格物致知”和“知行合一”以实践“良知”,也是王学的认识方法论范畴。

首先是“静坐”收心。人之所变坏,主要是“心”变坏了,没有“良心”了,被“私欲”所蒙蔽了。要治理社会,首先必须收拾每个人的“心”。如何把人的“心”从纷繁复杂、喧嚣嘈乱的社会中拉回到“纯洁”的状态,从心猿意马的状态恢复到平静的样子,是治理社会的第一要素。不解决这个问题,其他都是空谈。

如何收拾人心,王阳明在《传习录》中教学生首先是“静坐”。“教之静坐,息思虑,久之,俟心意稍定”,然后再去寻找人心固有的“良知”原态,这一步是每个初学者必行的“省察克治”的入门功夫。在“静坐”时,摈除私欲杂念,什么都不想,进入混茫空寂状态,一门心思只是得一个“天理”,即进入“无我”“无欲”时的某种心理情感状态。一旦进入此种状态,人的心里就会出现某种清澈无滓的至真至纯的境界和感觉,然后又从此境界恢复到现实中,以此去应事、治学、接人、待物、治兵,就无不是另一番新天地。当然,“静坐”也有个“临界点”的问题,就是人一旦进入此种清澄纯净的境界,就要放弃“静坐”去应对世事。如一味地“坐”下去,人就很容易进入空寂枯槁的死灰境地,“灭绝种性”,放弃人伦日用,成为无益于社会的“废人”“多余”的人。这正是儒家“静坐”与释、老“静坐”的区别所在,也是王阳明之所以要反佛、老的主要原因。

其次是“格物致知”。此语原是朱熹的思想,可朱熹抛开认识的主体即人去求客观的真理，因此“格”得愈多而“理”愈散。“格”，至也，“物”犹事也，“致”，推至极也，“知”犹识也，就是从客观事物上去求得“识”。可王阳明根据自己的理解，对“格物致知”进行了新的解释：

格物者，格其心之物也，格其意之物也，格其知之物也；正心者，正其物之心也；诚意者，诚其物之意也；致知者，致其物之知也。

也就是说，“格物”就是“格心”，即格“心”里之物；“致知”就是致“心”里所具有的物之“知”。因此，要求得“知”，只要求之于心即“格心”就可以了。这样一来，王阳明把朱子的向外的“格物”转为向内的“格心”，尽管“格物致知”还是原来那四个字，可意思全变了。在王阳明那里，“格物致知”也好，“正心诚意”也好，都是一个意思，说的都是一个东西，都是以“心”求“天理”。“天理”不在别处，“天理”只在心中，“圣贤”不须外求，只求自心就可以了。因“理”“心”一也，只不过侧重点不同。

以其理之凝聚而言，则谓之性；以其凝聚之主宰而言，则谓之心；以其主宰之发动而言，则谓之意；以其发动之明觉而言，则谓之知；以其明觉之感应而言，则谓之物。故就物而言，谓之格；就知而言，谓之致；就意而言，谓之诚；就心而言，谓之正。（《全集》，1273—1274 页）

朱熹有名的“格物致知”的认识论到了王阳明这里，从分“格物”与“致知”为两途变为“一”而已，这个“一”就是“心”，就是“天理”。之所以有不同的叫法，是因为现实生活中人们囿于见闻而将其分割出来，便于理解和分析。实际上是人的“心”“意”“知”作用于物时，人们从不同角度认识而已。什么叫“知”？朱熹说“知者，识也”，只有“格物”才能产生“识”；可王阳明认为，“知”是“心”的“明觉发动”。为什么有“明觉发动”？是因为人“格”“致”或接触到“物”了，使“心”发动。如从“心”的角度说，又是“心”正确把握了对“物”的感知，正者，正此也。又从“物”而言，之所以有“物”，完全是“明觉”感应的结果，没有心的“感应”，就没有万物的存在。因世界只是意识的表象，而“明觉”赋予不同的理解就会产生“心”“意”“知”“诚”等精神方面的认识，而这些认识都与“心”有不可分割的联系。所以，王阳明认为“格物”其实就是“格心”，即人认识世界的先天的禀赋。而像朱熹那种格物之法，永远不可能对世界的本来面目或“天理”有正确的认识，因为所谓世界的本来面目或“天理”，一刻也未离开过人的“心”。

像王阳明这样认识世界的，可以说在中外思想史上是不多见的，尽管人们对他的思想嗤之以鼻，贴上唯心主义的标签，可所谓的唯物主义是根据什么而存在？离开人的主观判断力或“心”，世界又在何处？万物唯心，万法唯心，除此，一切都没有。

除了“格物致知”的认识方法之外，为了扩充内心的“良知”，王阳明还提出“知行合一”的方法论。在王阳明看来，“知”与“行”的关系，是一个“一”而“二”，“二”而“一”的关系。按通俗的理解是一个矛盾的两面，二者相互渗透，缺一不可：有知就必须有“行”，有行就更能“知”，因为“知”不仅是人类既成的文化成果，而且还包括“意念的发动”。也就是说人想学知识的动机以及学习过程，都包含了“行”的因素。而人在“躬行”时，更能检验已有的“知”是否正确、全面，即“真切笃实”，这个过程其实也是一个“知”的过程。

王阳明之所以要把“良知”说引入“知行合一”的方法论，目的是要告诉人们：行善去恶、扩充良知，不能只停留在口头阶段，必须躬行、实践，因为“知行”二者是一致的。你要真正地“致良知”，就必须去“行”，仅仅在口头上谈得头头是道还不行，还必须去实行，否则是“懵知”。同时，你只要想着、了解“良知”本身就有“行”的因素在里面，为了“知”得彻底，就要去实行这种“良知”。如果只说不做，就是知行不合一，本身就是不“知”的表现。实际上，他是在告诫人们：为善去恶、致良知，不是一个理论问题，而是一个实践问题。如果只要弄嘴皮，把“良知”学说谈得天花乱坠，而不去实行，仍然是无知的表现。他这样的说法是给读书人提了个醒：不要当语言的巨人，行动的矮子。

有一个问题是：王阳明为什么要把“良知”提高到“神圣”“天理”的高度呢？除了如何扩充、落实“良知”之外，王阳明还想给“良知”披上“神圣”的外衣：既然“良知”等同于“天理”，是“神圣”的，那谁违反了“良知”，谁就违反了“天理”。而违反“天理”的只有禽兽，因此，“致良知”是王阳明为社会树立的人之所以异于禽兽、人之所以为"人"的"道德圣碑"。

四、对释、老二氏的包含与反击

谈到王阳明的思想体系，除了如上所述的三个方面之外，人们往往还忽略了一个重要内容：对释、老二氏的反戈一击。因为他只有在反二氏之后，才能在所谓溯儒学正脉的理论大道上走出光明的前景来，所以反释老二氏亦是王阳明"心学"的重要组成部分。王阳明为什么要反佛、老？一个从小对佛、老有偏爱的人为何要对自己以前的行为来一个否定呢？原因是他真正体会到了二氏的反社会化倾向，同时，对二氏在思想文化中的优秀成分，他又在"内圣外王"的范围内进行了高度的统一。

应该说，王阳明与释、老有着很深的缘分。他还没有来到这个世界上，其祖母就梦见有神仙送一小男孩给她作孙子，所以人们把王阳明出生的那个楼称为"瑞云楼"。他长到五岁还不能说话，别人叫"云"，他总不答应，后经云游高僧点化，其祖父将他改名为"守仁"才说话。因此，王阳明与释、老二氏的这个缘分是很深的，还带有某种神秘的先天联系。

王阳明十七岁那一年大婚，新婚之夜，他竟然抛下新婚妻子在铁柱宫与道士们打坐，学习"吐纳"之术。日后，他又与道士相交甚深，其中如许璋、王舆、王琥是王阳明的道中好友。他不仅向他们学习了许多"行导引术"的道教之法，还学到了不少的兵法秘籍。而且每到人生处于低谷或对时局失望时，他总是在佛道文化中寻求精神上的慰藉。按理，像王阳明这样的人没有成为一代高僧或得道高人，确是不可思议。中年以后，他认为不尚功名，不建功立业、服务国家，流入佛道一途是"灭绝种性"的表现。从此，王阳明不仅不崇拜二氏，而且还不准自己的学生崇尚释、道。在平时的讲学中，他几乎不涉及二氏。有一次，有学生向他请教学习佛、道的体会、境界，他说，你为什么不问我非佛老，而问我崇佛老？现摘录几段有关这方面的言论，就知道王阳明为什么不遗余力地反对佛、老二氏了。

彼释氏之外人伦、遗物理，而坠于空寂者，固不得谓之明其心矣；若世儒之外务讲求考索，而不知本诸其心者，其亦可以谓穷理乎？（《全集》，179 页）

欲绝世故，屏思虑，偏于虚静，则恐既已养成空寂之性。（《全集》，191 页）

彼顽空虚静之徒，正惟不能随事随物精察此心之天理，以致其本然之良知，而遗弃伦理，寂灭虚无以为常，是以要之不可以治家国天下。孰谓圣人穷理尽性之学而亦有是弊哉？（《传习录》中）

仙家说到虚，圣人岂能虚上加得一毫实？佛氏说到无，圣人岂能无上加得一毫有？但仙家说虚从养生上来，佛氏说无从出离生死苦海上来……圣人只是还他良知的本色，更不着些子意在。良知之虚便是无之太虚，良知之无便是太虚之无形……吾儒养心，未尝离却事物，只顺其天则自然，就是功夫。释氏却要尽绝事物，把心看到幻相，渐入虚静去了，与世间若无些子交涉。（《传习录》下）

老庄之徒，外礼以言性，而谓礼为道德之衰，仁义之失，既已堕于空虚漭荡。而世儒之说，复外性以求礼，遂谓礼止于器数制度之间。（《全集》，244 页）

佛、老之空虚，遗弃其人伦事物之常，以求明其所谓吾心者，而不知物理即吾心，不可得而遗也……夫禅之说，弃人伦，遗物理，而要其归极，不可以为天下国家。（《全集》，245 页）

仙、佛到极处，与儒者略同，但有了上一截，遗了下一截，终不似圣人之全。然其上一截同者，不可诬。后世儒者，又只得圣人下一截，分裂失真，流而为记诵词章，功利训诂，亦卒不免为异端。（《全集》，245 页）

夫佛者，夷狄之圣人；圣人者，中国之佛也……夫西方之佛，以释迦为最；中国之圣人，以尧、舜为最。（《谏迎佛疏》）

吾闻浮屠氏以寂灭为宗，其教务抵于木槁灰死，影绝迹灭之境，以为空幻。（《全集》，1048 页）

吾幼时求圣学不得，亦尝笃志二氏。其后夷居三载，始见圣人端绪，悔错用功二十年。二氏之学，其妙与圣人只有毫厘之间，故不易辨，惟笃志圣学者始能究析其隐微，非测忆所及也。（《年谱》一）

圣人尽性至命，何物不具？何待兼取？二氏之用，皆我之用。

即吾尽性至命中完养此身，谓之仙；即吾尽性至命中不染世累，谓之佛……二氏自私其身，是之谓小道。（《年谱》三）

或者以释氏本心之说颇近于心学，不知儒释界限只一理字。释氏于天地万物之理，一切置之度外，更不复讲，而止守此明觉；世儒则不恃此明觉，而求理于天地万物之间。（《全集》，1544 页）

如仔细研读上述的言论，就发觉王阳明对儒、释、道三教有自己独到的见解：(1)释、道的特征是“外人伦，遗物理，而坠于空寂”，即释、道求摆脱苦难的方法是逃避社会现实，放弃人世间的人伦大政。“屏思虑，绝世故”，通过打坐等方式，摒除世间一切杂念，以此动心见性，使人达到槁枯死灰的程度，最后达到摆脱烦恼、苦难，以求长生的目的。所以，无论道家的虚还是佛氏的“无”都不是积极干涉世务，而是逃避世务，即“绝事物”，以坐禅的形式进入“虚寂”，使人成为没有任何感觉、意识的死灰。在王阳明看来，这种求仙求佛以求长生、逃避苦难的方式不是积极的，而是消极的，因为它与现实社会毫无关系，终不能治家国天下。(2)儒家的主要功能和最终目的是“还他良知本色”，既要修身、养性、正心、诚意，又要“人伦事物”，最后归结到人生日常事务上。前面的各种“正心”“诚意”的修治之功，都只是为此目的服务，王阳明认为这是儒与释、老的主要分歧所在。释、老教人静生以消除烦恼、苦难，这既是手段又是目的，最后使人达到“槁木”的程度。严格意义上说，这不是救人而是毁人。儒家为了“正心”“诚意”，获取“良知”，开始亦提倡“静坐”，这只是手段，最终要落实到修齐治平、为社会服务的目的上。所以，王阳明说“释、老”是最自私的学说，因为它丢弃人伦和社会责任，占据优美的山水风光，到深山绝谷去修炼。(3)儒、释、道三教的“同”在于修炼，在于“静生”，求得“放心”。而三教的“异”在于：儒家的修炼是为了百姓人伦日用，而释、老的修炼是为自己。所以王阳明说儒家学说是宇宙的“大道”，释、老的“道”只是“小道”，因为宇宙间哪有比社会、百姓日常的事更重要的呢？(4)何谓“仙”？就是使身心性命修炼到完美的“至人”境界。何谓“佛”？就是使人的身心不受尘世的污染。而儒家则把二氏为己所用：修身养性，穷理至性以至于命，以求“放心”，扩充良知、善行。同时又把修炼得来的“良知”“性命”之学、之理应用于社会。相比之下，释、老最自私，是“小道”而已，儒家才是至大至公。(5)检讨自己二十年之所学都是白费心思，是用错了方向，因只在“小道”里打转，于家于国丝毫无补。至于自己想出家修道，更是年轻时的幼稚行为，于圣贤所不容，是“灭绝种性”的表现。因此，他才决意与释老诀别，不是别的原因，只是因为无论是“释”还是“老”，都存在重大的人生理论和实践方面的缺陷，所以王阳明才与它们分道扬镳。

了解了王阳明的这些认识后，至少应该对我们有以下几方面的启迪：

(1)儒、释、道三教思想理论尽管在最终目的上，在客观效果上有云泥之别，但在理论思维上却有许多共同的地方，用王阳明的话来说，差异只在“毫厘之间”。这种一致性主要表现在对“心”的把持上，儒家也主张内省，主张“放心”，佛老二教也主张“静坐”求“放心”，更是不遗余力。实际上这三者就其过程、方法来说是完全相同的，“毫厘”的差别在于求“放心”之后的目的如何。因此，如果把三者统一起来，包融一致，求得“内圣外王”的完美统一，岂不更好？事实证明，王阳明就是对这三种理论在求“放心”方面的完美实践者。

(2)使人们对释、老二教有了更深刻的认识。他认为释、老是使人摆脱喧嚣尘世的唯一有效方法。可实际上，“二氏”这些远离人伦的修炼行为却是一种十分自私的行为。抛弃对社会的责任不说，就是在对山水的占用上，也显示“二氏”的小家心态：常言道，天下山水“佛”占其七，“道”占其三。绝世的秀美山水往往成了佛家的“宝刹”“寺庙”和道教的“道场”，让这些和尚、道士、尼姑远离尘世的烦恼、喧嚣，在山光水色中怡养情性，打坐、念经和做水陆道场，最后终老于此。作为他们的个体而言，确在此处得到充分的解脱，可于国家一事无补，总不能要天下百姓都遁入空门，在深山穷谷念经、打坐，以求摆脱烦恼、苦难，那谁来治理国家、社会，改造世界使之进步呢？历史上的南朝四百八十寺，对收拾人心又产生了什么效果呢？当今之世，佛寺、道观遍天下，可对于当今颓废淫靡的道德风尚的净化，除了浪费大量民脂之外，一无所获。然而王阳明在几百年前就清楚地认识到了佛、老学说的致命的软肋，就是远离社会尘世，只求个人的解脱。而人之所以为人，就是因为有其使命感、责任感，离此，人的价值何在？没有了人的价值，何来释、老的价值？王阳明认为佛、道不能济世，只能毁世，对于净化世间的思想文化和人的道德心灵，“二氏”所起的作用实在有限，同时又要花费多少财富去养这些出家“高人”。难怪历代出家、避世之人不绝如缕，有如过江之鲫，背后的原因却是令人深思的。

相反,儒家的正宗学说,一方面主张内省"静坐"以求"心"的"良知",同时又不拘泥于"静坐",不以"静坐"为目的,只以为手段,以"良知"济世天下苍生。所以,王阳明说儒家圣人之学,包括了"二氏"又不拘泥于"二氏",所以比二氏高明,应该说是很有道理的。

(3)崇儒但不贬释、老,实现"出世"与"入世"的完美统一。秦汉以后,佛、道的"出世"与儒家的"入世"形成水火。说到"出世",就是离开家庭、身边亲友,放弃自己的社会责任去深山修行;儒家的"入世",往往是功名利禄。王阳明认为,这是个很大认识误区:"入世"不仅仅是参加科举后得到什么高官俸禄,享受世俗的荣华富贵,而是把"良知""善行"扩大至天下百姓之中,以自己的"良知""良能"的实际行为,教诲、引导人们去努力创造、实现"圣贤"之境。"正心""诚意"为百姓谋利益。在王阳明看来,这才是孟子提倡"良知""良能"的最终目的,是社会化功能的最佳表现。舍此,再也没有什么"入世"了。说到"出世"也不是要人们放弃家庭与社会责任,去深山大川修行、避谷。而是从释、老二氏那里吸取"静坐"等收摄燥乱心智的"放心"之法,使"心"永远处于纯净、至大至公、廓然无体的佳境,达到主体身心的高度自由,从思想深处自觉摆脱世俗礼教、烦恼的束缚。放弃"二氏"的"绝世"的"小道"理想,做到人在庙堂之上,心在江湖之远,二者得到高度的统一。只有到这个状态,人才算达到了"此心光明"、无怨无悔的"内圣外王"的古代知识分子的理想境界,同时又放弃汉唐宋时期的以训诂、辞章为主流,以功名利禄为旨归的"支离"儒学,使人的思想和行动达到高度的统一、纯粹的境界。王阳明认为这才是真正的儒学正宗血脉,是古代知识分子修齐治平的不二法门。他的一生就是对这种理想的认真的实践,以致他临死前,学生问他还有什么要留下的,他回答:"此心光明,亦复何言。"人一旦把"良知"扩充至天下国家,那心地绝对是一片"光明""圣洁"的境界,而这恰恰是尧、舜、孔子、文王、周公等先圣贤哲追求的目标。

所以,从内至外,完成三教合一的不是别人,他们只提出这种理论,没有条件去践行,也不是汉唐诸儒,更不是朱熹,他只局限于辞章训诂的支离之学,放弃了儒学正宗。而在一生中真正实现"三教合一"的,战国以后,王阳明一人而已。

第三章 凿破古代尘封千年的处女地

王阳明死后，追悼他的各种诔文、祭词、挽联纷如雪片，在所有悼念他的文辞中，有几句话被人们反复提到："阐圣贤之绝学"，"倡绝学于将湮，振斯文于不坠"，"接千载圣贤之正脉"，"续往圣不传之宗，救末代已迷之失"，等等。说明王阳明开创的"心学"，是当时的人们公认的已失千年的"绝学"，超越两汉、魏晋及唐宋，直追孔孟。在秦汉以后一直到明代的一千七百多年的中国古代社会里，能得如此殊荣的只有王阳明一人，从而也巩固了他在中国古代思想史上作为赫赫宗师的地位。

第一节　真正的儒学原来是这样

一、先秦孔子是"心学"的祖师爷

谈到王阳明的"心学"或"致良知"的学问，要追源探本，就必须超越汉魏六朝，隋唐宋元，直接追溯到春秋战国时的孔子、孟子及《中庸》《大学》，而孔子则是这种学说的原始的、真正的创立者。

孔子是世界级的文化名人，也是华夏民族的文化标签。有关他的事迹，《史记・仲尼世家》《七十列传》及汉代的《韩诗外传》，产生于六朝的《孔子家语》与先秦诸子中都有记载。说孔子是儒家的创始人，这个提法其实并不准确。因在孔子之前，就有“儒”这个职业，是以“礼”“乐”“射”“御”“书”“数”，即“六艺”教人，是个养家糊口的技术活。如孔子年轻时就给人家当吹鼓手，在有人家办喜丧事时去吹吹打打。只有到孔子开始招学生讲学时，才开始废掉旧“六艺”，以思想文化去教人。这个思想文化就是新“六艺”，即《诗》《书》《礼》《乐》《易》《春秋》。所以，准确地说，孔子只能称得上是古代新儒学的创始人。

孔子一生的事迹如以其时间来划分，可以分为三个阶段：第一阶段，以四十岁左右为界。四十岁之前在鲁国求学，创办民间教育。为了求学，他不耻下问，传说他还向老子问过“礼”。因孔子是私生子，原来孔氏的“采邑”收入没有他的“份”，所以日子过得很苦。为了糊口、求学，孔子没少遭人奚落和白眼。有一次，鲁国的季孙氏大宴宾客，孔子也想凑上去分一杯羹，结果被季孙氏家臣阳虎给撵出来，并说：“季氏晌士，非晌子也”。意思是季孙氏是请有身份的“士”，并不包括你孔丘在内。

第二阶段是四十岁之后，孔子认为自己的政治观点已经定型、成熟，自己的生活经验、学识也积累得差不多了，应该出去闯荡一番了，就率领自己的学生开始游说诸侯，宣扬自己的政治主张，这就是屡见于史的孔子周游列国之举。可结果十分悲惨，不仅没有实现自己改造社会的政治抱负，还好几次差点饿死和被人杀死，只好退回故乡鲁国，再作打算，这一闯就是十四年。

第三阶段是孔子在公元前 490 年左右去楚国失败后返回鲁国以后的生活。经过几十年的折腾，孔子知道上苍交给自己的使命不是在政治上，而是思想学术上。他说的“五十而知天命”这句话就是对他自己人生经验、教训的总结。人到了五十岁，有没有出息，这一辈子适合干什么，基本上可以定型了。在孔子有关的言论中，许多带有概括性的人生警句，基本上都是他自己的经验之谈。如孔子说的“唯女子与小人为难养也”这句话，其中就有他妻子亓官氏的影子。

回鲁国后，孔子知道上苍留给自己的时间不多了，人生不能总是失败，也应该有成功的时候，就开始以新“六艺”教学生，并且开始整理古籍。孔子也许做梦都没有想到，他整理的这些书，日后会成为中国古代道德历史文化的源头，影响华夏民族达数千年之久。如果说孔子在政治上是失败者，但在教育、思想道德文化的传播方面却是最大的成功者。就凭他把“学在官府”的贵族专制文化垄断变成“学在四夷”的大众文化，把教育向民间转移这一点，中华民族数千年尊其为“孔圣人”，实属应当。

如果从思想文化的角度划分，孔子所创立的新儒学可以分为以复古为目的的政治制度即外在的“礼”文化和为达到这种复古目的而采取的内在的以道德修养为手段的“德”文化。

孔子所处的时代是春秋晚期，这是一个天翻地覆的礼崩乐坏的时代，相比他理想中的治世即周文王、周武王及周公“三代”，可以说是天壤之别。对比之下，他非常怀念或向往所谓的上古时代的“至治”之世。尽管我们在今天有充足的理由怀疑这些时代内容的真实性，但当时孔子对此却深信不疑。而且按照社会一般发展规律，时代越向后，社会会越发展、越进步，所以说孔子的社会政治观点是复古倒退、往后看的，应该说这种评价是有道理的。

如果说上古时代对于孔子来说太过遥远，然而由周文王、周武王以及周公旦所建立起来的周王朝，孔子是知之甚详的。即使夏、商不可知，“文献不可证”，那周也是有据可查、有目共睹的。而且西周时期的成康之治，国家四十年不置刑法，使之成为孔子心目中的治世典范、道德的标本。所以，在孔子的一生中，他对西周是非常向往的，认为是他当时那个时代的各诸侯国国君应该效仿、学习的榜样，文王、武王、周公也成了他心中的偶像。《论语》中有许多记载孔子对其学生的教诲，他说自己好久没有梦见周公了，并说：“吾从周。”

而周代的主要思想文化是它的制度，也就是“周礼”。“礼”在先秦既是一种法律、制度，同时又是指导人们行为规范的道德准则。在这个制度里，人们遵守“礼”法规定的条条框框，等级森严，还讲宗法血缘关系，人们不逾“矩”，社会很有序。所以孔子做梦都想恢复这种以宗法血缘为基础、以等级为构架、以尊卑次序为手段的“礼法”社会。他多次说要“复礼”，说“克己复礼为仁，一日克己复礼，天下归仁焉”(《论语·颜渊》)，即表明他对周代那种等级森严、尊卑观念十分牢固的文化是十分欣赏的，认为这是维系一个社会必不可少的手段。所以他与鲁哀公谈如何治国时反复强调要正名，要恢复君君、臣臣、父父、子子的纲常伦教。一句话，孔子在政治上是复古倒退，甚至是反动的，这也是他在20世纪遭人诟病的主要原因。对于这一点，无须讳言，只有这样才能看到真正的孔子。否则，抽掉了理解孔子的政治观点和社会背景，孔子就不是一个有血有肉的真实的人，只不过是挂在空中楼阁中的某种符号和标签。

孔子在政治上是尊周的，而以周礼为指导思想的西周社会是一个等级森严的社会。每个人刚生下来，社会就已经为他（她）做了“定格”，而这种“定格”是不能改变的，改变了就是违“礼”。如“策名委质”这种西周、春秋时的社会契约制度，一旦“委质”，终身为“奴”，而且在没有得到主人的“特赦”的情况下，世代为“奴”。这样一来，每个人要在社会给他规定的网格中有序地生活，就必须遵守社会强加给自己的各种既定的、不可更改的规矩、约束。如此一来，社会就安定了，有序了。可以这样认为，孔子之所以尊周礼，主要是想借周礼的道德文化功能恢复社会秩序。因为他所处的春秋时期早已是“弑君三十六，亡国五十二，诸侯奔走不得保其社稷者不可胜数”（《史记·太史公自序》）的礼乐崩坏的时代了，社会已经无序了。孔子在他那个时代找不到更好的恢复治理社会的理想模式，而在当时的时间坐标上，又没有横向对比的社会参照，只好把目光投向过去，这也许是孔子没有办法的办法。

问题是，社会的法律、制度、秩序等制度性的东西一旦制定出来以后，社会在相当长的时间内就处于固化状态，也就是说这种制度性的东西不是说改就能改，说变就能变的。而社会中的人却是十分活跃的，心里随时可能产生着非常冲动甚至非常革命性的想法，与已有的社会制度发生矛盾。所以，制度永远落后于社会实际是人类社会永远处于变革甚至革命过程中的主要原因。套用一句20世纪的政治经济学术语就是：人是社会生产中最活跃、最革命的因素。如何把人的这种活跃的心里冲动和情感反应控制在一定的范围之内，又不违反既定的社会秩序，是非常重要的。而且这种控制必须是自觉的、内在的、自律的，而不是他律的。否则，社会永远处于动荡不安甚至对立、破坏之中，社会秩序的恢复也就成为一句空话。

这样一来，就产生了孔子思想文化中的另一个非常重要的内容：为了社会的安宁和有序，必须使每个人循规蹈矩。要使每个人循规蹈矩，就必须实行道德自律或约束，以收拾那躁动不安的心。如何实行内在的道德自律以及有关这种自律的文化一般由两个方面组成：一是人必须在内心具有某种更高更远的道德境界追求，这对人来说是最重要的。没有这种追求，人就与动物没有差别了。其次是为了达到这种更高更远的理想道德境界所进行的内在的道德修养，或叫道德自律行为。在人平时的行为中，能以某种思想理论或某种道德境界时刻检查对照自己，哪些做得对，符合道德诉求，哪些做得不对，不符合道德诉求。而这种检查对照不是外部力量强迫的结果，它是人非常自觉的产物，自觉到人前人后一个样的“一日三省”的“慎独”状态。在孔子看来，人的思想只有到了这种状态，才真正达到了“仁”的境界。然而，人的思想一旦到了这种状态，怎么会产生要求实现变革或改变现状的革命性要求呢？

这是孔子思想体系中一个非常重要的内容，有关这种道德信仰的自律文化的产生，还是从一次“劫难”中“逼”出来的：

公元前493年左右，迎来了孔子一生中一次的关键时刻。十四年了，孔子率领学生在外闯荡，一事无成，可孔子的名声却声名遐迩，当时的诸侯国君都认为孔子是有德有学的“圣人”。加上当时就有“招聘”外来人才以富国强兵的社会氛围，所以有的诸侯国君就认为，如果把孔子“聘”来担当有权有职的职务，也许能振兴国家。像齐景公就想“聘”孔子为“相”，可没有实现，被大臣晏子所阻，认为一山难容二虎，孔子为“相”，他晏子往哪摆？找了个借口就把孔子“开缺”了。所以，孔子虽然名声在外，可各国对他往往是敬而远之。许多机会好像与孔子捉迷藏：说没有机会，机会随手可捞；说有机会，可一直没有一个真正的机会给孔子以施展才干，提供这方面的舞台，好像水中月、镜中花。当然，这也与孔子以“礼”为治世内容，以“复礼”为治世目的的政治观点有很大的关系，人们认为他“不合时宜”。

苍天不负有心人，机会终于来了。这个机会不是来自于所谓的有礼有文化的华夏之国，而是被排斥于礼义文化之外的、以有蛮夷著称的楚国。公元前504年，吴将伍子胥带兵攻破楚都郢并鞭平王尸三百，经此一击，楚国一直不振。平王之子昭王即位后，一心想恢复楚庄王时问鼎中原的气象，要达成此目的，唯有实施人才强国战略。孔子是当时的名人，又在游说诸侯各国，也希望有这样的国君重用他。楚昭王想把孔子“聘”引进来担任“令尹”（即宰相），治理楚国，所给的报酬是“书社七百里”封地，真可谓一个想“娶”，一个想“嫁”，二者一拍即合。

孔子一听，喜出望外，认为老天终于开眼了，于是满怀信心地率领自己二十来个得意弟子，向楚国进发，在他的行李包中，连与楚王签订协议（即策名委质）的木牌都准备好了，只待与昭王签订协议以后，自己就可以扎实、认真地干上一番事业了。要到达楚国，必须借道于陈（今河南濮阳一带）、蔡（今河南上蔡县一带）二国。这两个国家都是从中原进入楚国的门户，而当楚国聘用孔子为“令尹”的消息在陈、蔡传开后，两个国君就犯嘀咕了：陈、蔡与楚相邻，一旦孔子去楚国为“令尹”，使楚国强大，绝不是陈、蔡之福。与其等楚国强大了再想办法，不如现在就阻止孔子入楚，断了楚昭王的念头，这可是一劳永逸之策。二国君商量的结果是派兵把孔子师生团团包围起来，以阻止孔子去楚，既不杀他们，也不管饭，这一围就达七天之久。史书上说孔子师生受困陈、蔡七天之后，师生一个个“面目憔悴、黧黑，形容枯槁，无复人形”，几乎是奄奄一息了。这就是儒家思想史上有名的故事：孔子的“陈蔡之厄”。

孔子师生被困陈、蔡之时，孔子弟子中有名的直性子子路就开始对老师发问了。大意是说，老师您不是经常教导我们，说好人有好报吗？您应该是好人了吧，怎么您也走到了这步田地？实际上，子路不仅在挑战孔子本人，而且也对西周以来形成的“好人有好报”的道德价值观念提出了疑问。

面对学生的提问，孔子答非所问：“君子固穷，小人穷斯滥矣。”意思是说君子本来就穷，小人一穷就乱来。孔子的这个回答显然不能使学生满意，既然君子本来就穷，那又有谁愿意当君子呢？这显然与孔子平时对大家的教诲有云泥之别，于是他学生中最聪明的一个叫子贡的听了很不高兴，史书上说“子贡色作”。

孔子见子贡不高兴，也意识到自己刚才的回答有问题，于是，稍加思索，说了以下一段意味深长的话：

> 良农能稼而不能为穑，良工能巧而不能为顺。君子能修其道，纲而纪之，统而理之，而不能为容。（《史记·仲尼世家》）

孔子的意思是：手艺纯熟的农夫未必就能种什么收获什么，碰上收成不好的年头，有时会颗粒无收；良工巧匠能制造许多器皿，可并不能让每一个人都满意。作为一个道德君子，其一生的任务就是修“道”，进行道德修养，

“纲而纪之，统而理之”，从大的方面把握道德的信条，有时也会为人所不容。即便如此，也不能放弃对自己的道德信仰的追求。

这段话又告诉人们：道德信仰不是功利的计算器，不是你付出了多少道德，就有多少回报。道德是一个人内心必须要有的“纲纪”，这些“纲纪”有时为人所理解，有时又不为人所理解，难道不为人所理解就不进行道德修养了吗？如果这样，道德君子不就成了斤斤计较的商贾和势利小人了吗？也就失去了道德的本来意义。好像农夫一样，不能因年岁不好就不种庄稼，工匠也不因为不能使人人满意而停止制作，道德于人亦是这样。道德的需求是内在的，不是外力逼迫的，它与好心人有好报没有任何关系。

当然，陈、蔡之厄的结果是孔子没有饿死，陈、蔡二君主动撤了围。原因不是二君善心的发现，而是楚昭王毁约，使陈、蔡二君再围困孔子师生就失去了意义，同时又要背嫉贤妒能的恶名，所以就撤了围。

楚昭王为何要毁约？原因就出在楚国宗室子西的身上。当子西得知楚王要聘孔子当楚国令尹的消息后，就对楚王进言，认为昭王这样做的结果非但救不了楚，还会有毁灭楚国之虞。昭王问其故，子西说：“在你的大臣里，带兵打仗，勇猛无比，谁能赶上子路？忠心耿耿，做道德的楷模，谁能比得上颜回？智慧超群，游说诸侯，谁又是子贡的对手？”昭王回答：“不如也。”子西又道：“当年楚之先祖熊绎立国时，位不过子爵，地不过五十里，因他有一批忠心耿耿、敢作敢为又有智慧的大臣相助。筚路蓝缕，开启山林，只有几代人的工夫，就灭掉汉水姬姓诸侯数十，开辟一个幅员辽阔的楚国。如今聘请孔子为令尹，地有七百里，孔子又有一批有才有德的学生，谁能保证孔子不会让历史重演，像楚之先辈一样，拥有楚国？”昭王一听，就打消了聘请孔子的念头。

返回鲁国后，孔子从此断了“功名”的念头，认真整理古籍和教育学生。此时的孔子也几近花甲之年，就立志“终老父母之邦”。他主要教学生四科，德行、言语、政事、文学，即所谓的孔门“四教”。在这四科中，“德行”是主要的，所谓“自古皆有死，人无信不立”。教育学生要有道德自律和人格修养，这种修养不仅落实在个体的日常生活中、言引中，同时还表现在人与人之间的关系上，体现在对某种理想、信仰的执着与追求上。综观《论语》一书，通篇都是孔子与学生之间的有关道德修养的对话以及孔子对学生的道德训诚,如“己所不欲,勿施于人”“学而不厌,诲人不倦”“三人行,必有我师焉。择其善者而从之,其不善者而改之”“吾一日三省吾身,为人谋而不忠乎?与朋友交而不信乎?传不习乎”“士不可以不弘毅,任重而道远,以仁为己任,不亦重乎?死而后已,不亦远乎”等等。

这样的言论在有关孔子的著作中比比皆是。孔子之所以与学生反复地、不厌其烦地宣讲道德与信仰,就是要学生们在日常的生活中按这些道理去做。不论为政、为民,与人群处,个人独处,能时时、事事、处处用“德”来严格要求自己。在躬行道德修养的过程中,不管有没有人看见,都能自觉遵守。如此一来,个体的内心就有了道德自律,就能自觉地遵守社会上的“礼”以及心安理得地接受社会、家庭乃至历史强加于自己的某种社会“定位”和束缚了。哪怕这些“定位”有多么不合理、多么的荒谬,也要默默地接受,也要逆来顺受。这就是孔子希望的道德君子,也是他提倡自律道德、人生修养的最终目的所在,而且孔子还要学生把这些目的当成信仰去追求。

如此一来,“好犯上者,鲜矣”(《论语·学而》)。孔子其他的如“仁”“恕”“忠”“孝”“义”等思想,都是为这个目标服务的。以前,人们总说孔子的思想核心是“仁”字,这样看孔子是本末倒置。“仁”只是手段,不是目的。如果“仁”是目的,那“仁者爱人”就不好理解了,令人糊涂了。为什么要以“仁”为目的,出发点是什么,在逻辑上说不通。如果“仁”是目的,“爱人”又置于何处?所以,准确理解是,“仁”也好,“爱人”也好,都是为尊“礼”服务的,都是手段。“者”是助词,表示语气停顿并构成判断句的句式。

在孔子的学生中,真正能践履这种道德并以之要求、检束自己行为的只有两人:曾子和颜回。说明做一个真正的道德君子很难,同时也说明人类对于道德领域的实践是多么欠缺、空乏。

曾子名参,是中国历史上有名的孝子。相传他父亲有一次用一根粗的棒子打他,曾参不怨不逃,还说:“此身乃大人所赐,唯大人所欲。”意思是:我是你生的,想怎么打都可以。曾子把此事告诉孔子,以为会得到孔子的赞扬,结果反遭孔子痛批:儿生自父,打在儿身上,痛在父心里。正确的做法是:小则受,大则逃。意为父亲用小枝条抽几下,就挺过去不吱声算了;一旦父亲发怒,动真格地要使粗,就应该逃跑。因父在气头上把儿打伤,待气消之后,心里会十分难过和悲伤的,这才是最大的不孝。曾子是孔子道德信条的忠实践履者，同时还担任过一段时间的魏文侯的“相”。“一日三省吾身”就是他的创造，此思想在中国历史上影响很大。

孔子另一个实践自己道德哲学的学生是颜回，也是孔子学生中唯一一个被孔子称为“贤者”的人，连子贡这样的外交家都对他佩服之至。有一次，孔子问子贡能不能与颜回比，子贡曰：“赐也何敢望回？”意思是我子贡怎么能和颜回比，自己是举一反一，颜回是举一反三（见《论语·公冶长》）。颜回一生只活了二十七岁，死时满头白发，有关颜回的资料几乎都是出自孔子之口。有一次，鲁哀公问孔子，在他的学生中，谁最能得他的“衣钵”？孔子回答说是颜回，可惜短命死了。颜回的具体“德行”是“一箪食，一瓢饮，在陋巷，人不堪其忧，回也不改其乐，贤哉，回也”（《论语·雍也》）。就是说颜回住的是陋巷，吃的是用竹篮子装的简易的食品，渴了就以瓢舀河里的水喝，就是在这种极端困苦的生活条件下，颜回还过得其乐融融。为什么会如此？因为他心目中有深远的目标追求和道德自律，使他无论处于何种物质境地，都能矢志不渝，保持自己的理想追求和道德操守。以后宋代的理学家有个道德追求的目标，叫作“寻孔颜乐处”，就是探索是什么力量使孔子、颜回在一生中屡碰坎坷、生活如此艰难的情况下还能矢志不渝、其乐融融的。事实上，就是要寻回人类追求的道德理想、精神境界和信仰追求，而这些恰是一个民族不可或缺的。

孔子不仅要求自己的学生要有道德操守和自律，他本身也是这样要求自己的。他多次说过，“其身正，不令而行，其身不正，虽令不从”，就是为学生做表率。严格说来，孔子本身如果做得不好，不能为人师表，就不会有那么多学生终身跟着他，视之为泰山北斗。孔子死后，他的学生还在他的坟墓旁搭棚为他守孝，少则一年，多则三年，子贡就守了三年，说明孔子的道德操守还是令人景仰的，人格魅力是伟大的。他曾总结自己的人生经验是“一以贯之”，“七十而从心所欲不逾矩”（《论语·为政》）。这个“一”就是人们心中的某种最深远的道德诉求，叫“大一”，它远大于具体的事物，是一种精神寄托和信仰追求。人到七十，耳聋眼花，行事糊涂，可孔子能“从心所欲”，而且还“不逾矩”。能在人们普遍认可、遵守的规矩范围内行动，这是一种很不容易的处世哲学，要达到这个标准，没有很深厚的道德修养是做不到的。

综上所述，孔子的思想学说从所包含的内容及所产生的社会影响来说，可分为外内两个部分：外的方面是维护封建领主制社会那种以宗法血缘为基础的尊卑、等级森严的社会；内的方面则是为实现这一社会服务的，是为实现这种社会提供的措施、方法和手段的道德哲学。但是，任何思想文化的产生，一旦作为某种独立的社会意识形态存在以后，就会超越它所产生的时代。也就是说，这种思想文化的社会价值和思想意义就会超越时空和民族的界限，成为整个人类的共同财富。这正是孔子的道德学说从他的政治观点中剥离出来并被人们在几千年里信奉的重要原因，这也许是孔子始料不及的。

综上所述，追溯王阳明的“心学”的源头，最早应追到孔子那里。尽管孔子没有讲出“心学”两个字，但他的道德文化与信仰原则正是“心学”追求的目标，因为“心学”主要是讲道德自律的。所以，王阳明“心学”的老祖师就是孔子。

二、孟子对道德信仰学说的推波助澜

如果说孔子创立这种道德学说之后，没有后继者的推波助澜，这种思想也不可能产生如此大的影响。幸运的是，孔子死后，他的学生都不遗余力地宣传孔子的儒学思想。《韩非子·显学》篇里谈孔子死后，儒学一分为八，产生了独立的八个儒家学派。这些学派有的消失在历史的长河中而不为人所知，其中有两家对弘扬孔子的思想起着继往开来的作用，这两家就是思孟派和子夏派（有关子夏派，待后述）。

所谓“思”就是子思，孔子的孙子；所谓“孟”就是孟子，他是子思学生的学生。首先介绍孟子。

孟子（约前372—前289），名轲，邹国（今山东邹县）人。与鲁国比邻，孟氏一姓之先，无有显赫于世者，大概出自平民百姓。孟子从小就没有父亲，是母亲把他养大。用今天的话来说，是属于单亲家庭。其母为了这个儿子的进步，不受外界不良环境的影响，连续搬家三次，这就是历史上有名的“孟母三迁”的故事，孟子的母亲也成了中国古代伟大女性的代表、母亲的榜样。长大后的孟子没有正式进过学堂，只拜了子思的学生为师。论辈份，孟子是属于孔子的徒曾孙一辈。以往总说孟子受业于子思之门人，不是正式的孔门弟子，这种看法不对。“门人”既有“家臣”的意思，同时也是学生的代名词。孔子很多学生都自称为孔子之“门人”，如子路就是这样称呼自己的。所以，孟子一派，就“师承”关系而言，是孔门正宗嫡传之学。

孟子一生也分为前后两个时期。年轻时，他也想与孔子一样周游列国，游说诸侯，实现自己的“致君尧舜”的政治理想抱负。他到过赵国、魏国、滕国、邹国、齐国等地方，并在齐国做过有职无权的“闲职”大夫，专门与一些学者在齐国的稷下研究学问，与人切磋学术，并享有优惠的待遇，出入有“高车大马”，说明齐宣王对引进人才还是很重视的。可孟子最终在政治上没有太大的发展，尽管他说过“欲要平治天下，当今之世，舍我其谁也”的豪言壮语。然而他在齐国当了几年大夫之后，觉得生活太过单调，在学术上也没有突出的成就，同时被齐王解聘了，又成了一介布衣。孟子无奈，只好回到老家邹县，像他师太爷孔子一样，靠整理古籍和教学生过日子。与门人万章等人切磋学术，并留下了他与学生们讨论社会、人生、思想方面的记录，这就是我们今天看到的《孟子》一书。

《孟子》这部书称得上是先秦诸子里的一本奇书。因为它采取了一种漫谈的方式，故内容庞杂，气氛轻松，有政治、经济、历史、伦理等，而且文风犀利，大气磅礴，大有战国纵横家的气概。孟子的文章推理严密，论证严谨、缜密，可以说观点无懈可击。正因为如此，孟子的文章成为战国散文方面的范例。在《孟子》一书中，有很多孟子自己体悟出来的人生经验之谈，个性鲜明，很多已经成为指导后世人们如何生活、处世的座右铭。如“故天将降大任于斯人也，必先苦其心志，劳其筋骨，饿其体肤，空乏其身，行拂乱其所为，所以动心忍性，增益其所不能……”“五百年必有王者兴，其间必有能世者”“贫贱不能移，富贵不能淫，威武不能屈”“鱼，我所欲也，熊掌亦我所欲也……生亦我所欲也，义亦我所欲也，二者不可得兼，舍生而取义者也”“天时不如地利，地利不如人和”“不孝有三，无后为大”“老吾老，以及人之老，幼吾幼，以及人之幼”“民为贵，社稷次之，君为轻”等等，这些都成为我们民族文化传统中最精彩的部分之一，至今还在深深地影响着人们。

综观《孟子》一书，主要有两个方面历来引起人们的广泛注意：政治的德政层面和个人的内在道德修养。

关于政治层面，孔子曾告诫执政者，为政当以“德”为主。为政有德，老百姓对他的爱戴就如众星拱月，治理天下也就易如反掌了。可为政的具体内容，孔子没有细说。到了孟子，进一步把这种“德政”具体化为“仁政”。他在与梁惠王对话时说，“推恩足以保四海，不推恩无以保妻子”，“得道多助，失道寡助”，并提出“仁者无敌”的政治见解。那如何做才能称得上是为民服务的“仁政”“德政”呢？就是不让老百姓饿肚子，不使“斯民饥而死”。具体的做法体现在孟子为统治者描绘出来的那段有名的小农经济美好生活的构想蓝图中。

五亩之宅，树之以桑，五十者可以衣帛矣；鸡豚狗彘之畜，无失其时，七十者可以食肉矣；百亩之田，勿夺其时，数口之家可以无饥矣。谨庠序之教，申之以孝悌之义，颁白者不负戴于道路矣。七十者衣帛食肉，黎民不饥不寒，然而不王者，未之有也。（《孟子·梁惠王上》）

但是孟子这一小康生活理想模式在秦汉以后两千多年的社会里从来就没有实现过，仅是理想而已。也从另一侧面反映出在两千多年的专制社会里，统治者是没有德政的。没有“德”的统治者谓之“独夫”，人人可得而诛之。

《孟子》一书除此政治层面的构想，还有一个重要的理论构建，就是深化了孔子的道德学说，并提出人有天生的道德本能，即先验的道德学说，即“道德律令”。这种本能学说的出处在于“良知”“良能”，这就是“人性本善”的理论。孔子提出了人的内在道德的自省观点，孟子则在此基础上对孔子的理论进行完善、补充，使之更加理论化、系统化。人为什么能“内省”？因人有天生的“良知”“良能”。人为什么要“自省”？因为这是区分人与禽兽的重要标志，是克服人的不良思想的有力手段。人如遵此并不断“内修”，人就可以成为“尧舜”了。

尽其性者，知其性也，知其性，则知天矣。

人之所以不学而能者，其良能也；所不虑而知者，其良知也。孩提之童，无不知爱其亲者，及其长也，无不知敬其兄也。亲亲，仁也；敬长，义也。无他，达之天下也。（《孟子·尽心上》）

恻隐之心，人皆有之；羞恶之心，人皆有之；恭敬之心，人皆有之；是非之心，人皆有之。恻隐之心，仁也；羞恶之心，义也；恭敬之心，礼也；是非之心，智也。仁、义、礼、智，非由外铄我也，我固有之也，弗思耳矣。(《孟子·告子上》)

孟子曰："人皆有不忍人之心。先王有不忍人之心，斯有不忍之政矣。以不忍人之心，行不忍人之政，治天下可运之掌上……今人乍见孺子将入于井，皆有怵惕恻隐之心，非所以内交于孺子之父母也，非所以要誉于乡党朋友也，非恶其声而然也。由是观之，无恻隐之心，非人也；无羞恶之心，非人也；无辞让之心，非人也；无是非之心，非人也。恻隐之心，仁之端也；羞恶之心，义之端也；辞让之心，礼之端也；是非之心，智之端也。人之有是四端也，犹其有四体也。有是四端而自谓不能者，自贼者也；谓其君不能者，贼其君者也。凡有四端于我者，知皆扩而充之矣，若火之始然，泉之始达。苟能充之，足以保四海；苟不充之，不足以事父母。"(《孟子·公孙丑》)

仁，人心也；义，人路也。舍其路而弗由，放其心而不知求，哀哉！人有鸡犬放，则知求之；有放心，而不知求。学问之道无他，求其放心而已矣。(《孟子·告子上》)

人性之善也，犹水之就下也，人无有不善，水无有不下。(《孟子·告子下》)

仔细品味孟子的这些言辞，就觉得这些理论观点完全秉承孔子的内在道德修养的思想而扩充之，也为人们找到了人的道德修养之所以可能的重要的先天理论依据。孔子谈人要如何如何，孟子谈的则是人要怎样才能如何如何。

(1)"人性本善"命题的提出。人天生就有"不忍人之心"的"良知""良能"，而这种"良知""良能"是产生仁、义、礼、智的先天根据。所以，仁、义、礼、智也是先天所固有的，这就为人们的先天思想道德境界找到了信仰的内在依据，具有准宗教信仰情结。尽管孟子的证据不是十分充分和有说服力，但他至少触及到了一个根本性的问题：人类的道德境界、思想是人类的"先天律令”，是不容怀疑的。如果怀疑这种先天性的根据的话，那人类后天的道德修养就失去了存在、可能的前提，人类后天的努力从理论上来说就变得荒谬、不合理和不可理解了。正如万物的存在一样，正因为有一个先天的“理”和“道”的根据，万物的存在才有逻辑上的合理性。所以，孟子从性善的角度出发，为他的“良知”“良能”的存在，提供了先天的条件，为他的理论建构了一个承载的平台，也使孟子成了中国古代的柏拉图。

(2)在孟子的论述中，把“良知”“良能”“仁”“义”“礼”“智”与“心”联系起来，这大概是王阳明的“心学”二字最早的接力点。如果人性本善，“善”只是一种假定，是先天的某种形式，那“良知”“良能”则是对这种人性本“善”所进行的情感诠释。人性“善”无可见，其具体的物化形态就是如拯救落水儿童的勇敢之举。而且任何人天生就有这种勇敢之举的因素，不需要去启发，也不带有任何功利目的，也就为人可以成为“尧舜”准备了先天与后天的道德情感与物质基础。

(3)正因为人皆有“良知”“良能”，所谓的“是非之心”“恻隐之心”等都是从“良知”“良能”里生发出来的，有如先天的“良知”。如果一个人没有恻隐之心、是非之心、羞恶之心等等，就没有先天的“良知”。而人是先天就有“良知”的，没有“良知”的只有禽兽，所以，人如果没有道德就是与禽兽者“几希”，即与禽兽差不多了。这中间的道理就是这样一环扣一环地推出来的。

(4)人有了“良知”“良能”，还必须把这“良知”“良能”扩充，像火一样，光芒四射；像水一样，顺地而下，滋润人们，灌溉土地。而这种扩充就是服务于社会、事君、交友的，具体实施就要通过“四端”。这“四端”是“恻隐之心”“是非之心”“羞恶之心”“恭敬之心”。这“四端”就如人的“四肢”，人有了四肢，才能动弹，才能为社会服务。人如有“四端”，那说明人天生就有“良知”“良能”，并通过“四端”在事君、交友等社会活动方面表现出来。其实，“良知”“良能”也好，“四端”也好，都最终必须归结到一个东西——“心”。孟子说“心之官则思”，“心”在这些道德信条里才是最重要的。有了“心”，才能产生“良知”，扩充由此产生的“四端”。所以，孟子总结道：“学问之道无它，求其放心而已。”无论齐家、治国、平天下，只要抓住了“心”，天下之事就可“运之于掌”。说到底，孟子的道德学说尽管是继承孔子，但有他的显著特点，那就是把“心”作为道德的出发点，根本问题是在“心”上做文章。所以，孟子的学说可用八字概括："德由性生，性由心显。"

这样一来，孟子的"良知""良能"理论把孔子的道德自律学说在理论上完成了从盲目阶段向自觉阶段的转变，具有更高的理论思辨色彩和形而上的道德指导功能。孔子要求人们要"忠""恕""仁""义"，要"内省"，等等，可他没有解释这种"内省"的自律理念与人有何关系，人何以能自律，为何要进行这种自律。是孟子对此做了理论上的阐述，沟通了自己的"良知""良能"理论与孔子道德"自律"学说的天然内在联系，也使得孟子成了战国时期继孔子之后第二个重要的儒家思想家，根本点就在这里。

孟子之所以一个劲地鼓励人们去做"尧舜"，是想为人们树立一个远古的、无法证明的道德偶像，尽管这个偶像的内涵是什么，孟子也说不清。问题是一旦有了这个道德楷模，人们心中就有某种先天的道德戒尺，无形之中产生一种道德上的心理压力。

如果说孟子解决了人的道德自律的可行性问题，可他没有触及具体的道德自律的操作程序问题。人都有"良知""良能"，扩充这种"良知"就能促使人们达到道德自律，使之成为"尧舜"，那在具体方法上有何要求呢？也就是说"自律"是通过何种方法使人们的"良知""良能"扩充到主体以外的一切事物呢？这个问题，在《中庸》和《大学》里得到了完满的解决。

三、《中庸》《大学》的道德实践理论及其操作

关于《中庸》的作者，古今思想家都认为是孔子的孙子子思。子思名伋，是孔子的孙子，孔鲤的儿子。有关子思的事迹，在《左传·哀公二十五年》里出现过一次，是子思参加政治活动的记录。《中庸》一书出现后默默无闻，一直到北宋"二程"发现后，进行阐释。之后朱熹又把《中庸》与孔门其他三本书即《论语》《孟子》《大学》汇合在一起，并且做了注，并称"四书"，使之风靡天下，成为宋以后士子的必读书。

朱熹认为子思作《中庸》是"惧夫愈久而愈失其真也"，失其什么"真"呢？朱熹没有说。其实就是失其"人心惟危，道心惟微"的"虚灵知觉""惟心"之真，也就是孔子的道德哲学里的"惟思""心学"。何谓"中庸"？程颢认为："不偏谓之中，不易之谓庸，中者，天下之正道，庸者，天下之定理。"而朱熹的解释是："中者，不偏不倚，无过不及之名，庸，平常也。"(《四书集注·中庸章

句》)所谓的“不偏不倚”,做起来却是十分的难,只有天地宇宙通过自己的运行法则才能做到这一点,这才是所谓的“中”。“中”者,正也,多一分不可,少一分不行,因为化生万物,所以才“中”。“中”就是“诚”,就是“仁”。“庸”者,用也,平常也。日常之事看似简单,其实大有奥妙所在,懂得日常之用,则不可胜用。唯圣人才能懂得日常之用,一般的人是不可能懂得日常之用的。因此,“中庸”是一门十分高深的学问,非一般人所能达到,所以,孔子说“中庸不可能也”(《四书集注·中庸章句》)。

从道德哲学的角度认识,概括《中庸》全篇,实际上只讲了两点:“修身”“慎独”。

首先,子思把天下国家的大事分为九个方面,即“九经”。这“九经”是:“修身也,尊贤也,亲亲也,敬大臣也,体群臣也,子庶民也,来百工也,柔远人也,怀诸侯也。”在这“九经”中,最重要的是“修身”,是基础,也是为政者必须具备的道德。只有“修身才能道立”,即修自身了,才能经纶天下并为人所遵。修身了才能“尊贤则不惑”,别人才不会怀疑你的诚意,认为你不是作伪。修身了则“诸父昆弟不怨”,自己做了道德表率、榜样,至公无私,“昆弟诸父”这些家里人当然不会有意见了。只有修身了,“敬大臣则不眩”,眩者,暗也,不明也,即敬大臣时不糊涂。“体群臣”“则士之报礼重”,群臣见君“修身”,臣子则更加尽忠职守,百姓才能拥护,百工财用才能充足,远方之人才会归顺于你,天下诸侯才会对你敬畏臣服,等等。所以,天下国家的事情尽管有许多,纷繁复杂,其实又很简单:“行之者一也。”就是“修身”一途,这个问题解决了,就抓住了纲,“纲举目张”。

修身如此重要,那么,又如何“修身”呢?子思认为,就是一个“诚”字。“诚者,天之道也,诚之者,人之道也,诚者不勉而中,不思而得,从容中道,圣人也。诚之者,择善而固执之者。”子思认为,天地宇宙化生万物,不言不声,其实这就是诚的体现。人向天地的这种“诚”看齐,并把它应用于人类社会,那就是“诚之者”。第一个“诚”是名词,第二个“诚”是动词,就是以“诚”去对待世间事物。而这种“诚之者”其实就是两个字——中庸。像天地那样,不偏不倚地化生万物,不是最大的“诚”、最大的“仁”,又是什么呢?

有关“诚”的意义和必要性问题解决了,剩下的是如何去实施“诚”,即如何操作“诚”的问题。那就是认真学习、思考,学而不厌,不耻下问:

博学之，审问之，慎思之，明辨之，笃行之，有弗学，学之弗能，弗措也；有弗思，思之弗得，弗措也；有弗辨，辨之弗明，弗措也；有弗行，行之弗笃，弗措也。人一能之己百之，人十能之己千之，果能此道矣，虽愚必明，虽柔必强。

这就是中国古代思想史上著名的学、问、思、辨、笃五个有关学习方面的论述，说明古人不仅注重内在道德的自律，而且还十分注重人的后天学习和实践，通过这种学习和实践来强化内在的道德修养。古人认为，道德修养既属于内在功夫，又离不开外在的努力与监督。数千年之前能有此认识，确是难能可贵。

除了修身的外在功夫，《中庸》里还有一个重要的修身的内在功夫——慎独。

是故君子戒慎乎其所不闻，莫见乎隐，莫显乎微，故君子慎其独也。

这一段话告诉人们：要做一个道德君子，在行为上应该正大光明，磊落可为，要人前人后一个样，不能人前一套，人后又是一套。言行要一致，表里要一致，尤其是别人没有看见、没有发现时或者说个人独处时，更不要随心所欲，更要谨慎，按道德准则行事。这才是个体道德修养的重要的槛，人只有过了这个槛，思想灵魂才能“净化”，向更高的理想境界迈进重要的一步。如人前人后不一致，这就是“伪”。“伪”在个体道德修养方面乃大忌，人如“伪”，就不知“耻”，人不知“耻”，则万事敢为，道德底线就会荡然无存了，社会就会因失去公平和正义的心理情感基础而变得无序、没有廉耻和恐怖了。常言道：“举头三尺有神明。”就是从宗教戒律方面警告人们：要当个言行一致、人前人后都如一的道德君子。即使一时不为人所见，神明是知道的，从而给人增加一道道德防线，以某种宗教情感去约束人的行为。所以，在个体道德修养中，最重要、又是最难做到的功夫环节就是“慎独”了。

如果“慎独”这一环节过了，人就达到了“天下至诚”的境界，就能“尽其人之性”。如能“尽之人性”，则能尽物之性；能尽物之性，则可以赞天地之化育，就可以“与天地参矣”，意即能顶天立地，与天地一样伟岸、崇高。因为人的道德如果像天地一样诚实，就达到了如天地宇宙化生万物的这种标准，那人与天地就处于同一层次了。而“圣人”就具备这方面的条件和能力，因此，人要成为“圣人”，唯有经过“内省”和“慎独”功夫，使德行达到纯净的境界。

《中庸》解决了“修身”的一些问题，如对人则修“九经”，对内则修“慎独”功夫，但“慎独”什么呢？就是说“慎独”的具体内容是什么呢？不能说在“慎独”时，人的大脑一片空白，处于一种空寂灵虚的境界，它必须要有具体的内容，否则，“慎独”就失去了存在的价值与客观依据。但《中庸》本身没有回答这个问题，只有待之《大学》一书了。

《大学》一书出自战国，作者已不可考。为什么叫《大学》，产生的背景如何，朱熹认为是“古之大学所以教人之法也”，是年满十五岁的“天子之元子、众子，以至公卿大夫、元士之嫡子，与凡民之俊秀皆入大学，而教之以穷理、正心、修己、治人之道”。(《四书集注·大学章句》)因此，所谓“大学”即古代十五岁以上子弟必须要进的学府的总称。是否真如朱熹所言，《大学》是古代学府的教科书，值得怀疑，因西周以前乃至唐虞之世，史料奇缺，不足以支持朱熹的观点。然而在有社会国家这种组织形成之后，就必有教育，这是无疑的。教育之内容、形式如何，有待考证。然而《大学》一书确实是一本教人如何正己、修德的道德入门指导书，而且有明显的继承和发挥《中庸》思想的痕迹，是对《中庸》思想的进一步阐述，而且行文风格似出自战国纵横家之手笔。

如果说《中庸》是教人们如何“修身”，那《大学》就是教会人们如何“诚意”。因“修身”如不“诚意”，“身”也“修”不好。所以《大学》直接从“诚意”上教人们如何达到“修齐治平”的标准，具体的内容就是“三纲”“八目”：

> 大学之道，在明明德，在亲民，在止于至善。

这是《大学》的开头语，是古代思想文化中有名的“三纲”之说。“三纲”之首是“明明德”，前一个“明”乃动词，发挥、扩充之意。“明德”是指人先天就存在的某种道德素质，如“良知”“良能”之类，用朱熹的话是人得之于“天”

的“具众理而应万事”的功能。后天的任务就是把先天的这种“明德”进一步扩充、发展，使之更加光明。“明明德”以后如何？也就是说“明明德”的结果是什么，就是“亲民”的具体行动。如不“亲民”，人之“明德”也就失去意义。而人除了“亲民”外，还要进一步修炼，达到道德的最高境界“至善”。如果“亲民”是从政治层面上说，那“至善”就是从道德层面上立论，二者紧密相连。要“亲民”必须“至善”，要“至善”则必须体现为“亲民”。

“三纲”是《大学》的总纲，是目标，是境界。具体如何达到这个境界呢？就是按“八目”所含的规定去做。“八目”是“正心”“诚意”“格物”“致知”。

> 古之欲明明德于天下者，先治其国；欲治其国者，先齐其家；欲齐其家者，先修其身；欲修其身者，先正其心；欲正其心者，先诚其意；欲诚其意者，先致其知，致知在格物。物格而后知至，知至而后意诚，意诚而后心正，心正而后身修，身修而后家齐，家齐而后国治，国治而后天下平。

这就是《大学》反复宣讲的“八目”，即如何修身的八个方面。先是由己及物，再由物及己。实际上只有“四目”，即正心、诚意、格物、致知，因为在实践中反复了两次，故是“八目”。

《大学》在论述“八目”的过程中，采取的是一种由远及近、由近及远的思维推理方法。在“八目”中，最根本的是“诚意”。只有意“诚”了，心才会正，心正了才能修身，而要使意“诚”的方法就是“格物致知”。“致”者，获得之意；“知”犹识，格乃“至”也，接触、了解之意；“物”者，事也。这个“事”既有圣贤经典，又有客观日用生活、现实；既有“心”之事，也有“物”之事，包含有科学实证的成分。所以，“格物致知”在《大学》里是一种以因果关系为基础、以实证为依据的思维推理方法。

《大学》里有关人生修养的关键之点是“意”。《中庸》中所讲的如何修身，在《大学》里进行了解答，就是修“意”，即修身之“意”。只有“意”“诚”了，其心才会正，一切都好办了，最后就可以达到齐家治国平天下的客观效果。所以，《大学》里把道德内省的内容归结为一个“意”字，应该说是抓住了内省的核心。那么，“意”又是一种什么“意”呢？就是前面“三纲”的内容之一，即

“明明德”。那“明德”又是从哪里来的呢?《大学》《中庸》没有回答,只是笼统地说成是先天存在的,显然是有理论缺陷的。其实“明明德”的具体内容就是《中庸》里的“九经”,概而言之就是家事、国事、天下事。意诚了,心就正了,心正了,身就修了,身修了,家就齐了,家齐了就可以处理有关“九经”这些国事了,把国事收拾完毕,天下也就治理好了。

所以,儒家的治国理念是一种“德”文化,这种“德”文化主要是通过个体的道德操守,从而代替治理国家的根本大政——法。可人是会变的,人的道德操守也在变,道德的具体内容过分强调的所谓操守也在变。过分强调操守从而混淆了“法”与“德”这两个概念的界限,使治国理念一直停留在低级的情感层面,最后导致了国家的法、德都荡然无存。当然,强调个体的道德操守,对约束人的行为亦是有帮助的。而《大学》里也谈到了“正心”,即“心”在人的思想意识中的作用。

四、“穷理尽性以至于命”的《易传》

在谈到先秦时的道德“心性”之学时,除了孔子的原创“心学”及《孟子》《大学》《中庸》的诠释之外,还有一本非常重要的书,即先秦儒家正脉、嫡传里很有影响的作品,那就是解释《周易》的十篇文章即《易传》,亦称“十翼”。这十篇文章是《系辞》上下、《象》上下、《篆》上下、《说卦》、《序卦》、《杂卦》、《文言》。在《易传》中,最重要的是《系辞》。

《周易》是一本以卦画符号和象征性、模糊性很强的爻辞来解释事物、预测未来的书。因为不好懂,到了战国时候,有学者根据自己读《周易》的心得,写了如何学习《周易》的十篇文章。有学者认为“十翼”是孔子所作①,可笔者认为可信度不高。因《系辞》里文字全不像春秋风格,而是战国中期的排比复句文风。而且孔子也说过自己“述而不作”,没有创作什么东西,只是整理古籍而已。如果因《易传》是谈道德与信仰哲学的,把它归入孔子一派门下,还说得过去。如果要谈及“知识产权”,只能说此书是战国中期一个不知名的儒家学者所作。

《易传》是一本奇书,尤其是其中的《系辞》和《说卦》两篇,不仅是中国古

① 金景芳:《周易讲座》,吉林大学出版社 1987 年版,第 10 页。

代思想道德学的源头之一，同时又是古代哲学、美学的源头。《系辞》和《说卦》两篇，之所以成为中国古代文化的奠基之作，主要是把思想道德上升到了本体论的高度，上升到了信仰的高度，对后世影响深远。

圣人设卦观象焉，而明吉凶，刚柔相推而生变化；是故吉凶者，失得之象也。悔吝者，忧虞之象也。变化者，进退之象也。刚柔者，昼夜之象也。

易与天地准，故能弥纶天地之道。仰以观于天文，俯以察于地理，是故知幽明之故。原始反终，故知死生之说。精气为物，游魂为变，是故知鬼神之情状。

易有太极，是生两仪。两仪生四象，四象生八卦，八卦定吉凶，吉凶生大业。

一阴一阳之谓道。

易无思也，无为也，寂然不动，感而遂通天下之故。非天下之至神，其孰能与于此？

是故阖户谓之坤，辟户谓之乾，阖一辟谓之变，往来不穷谓之通。见乃谓之象，形乃谓之器。

形而上者谓之道，形而下者谓之器，化而裁之谓之变，推而行之谓之通，举而措之天下之民，谓之事业。

善不积不足以成名，恶不积不足以灭身。

是故君子安而不忘危，存而不忘亡，治而不忘乱，是以身安而国家可保也。

《易》之为书也不可远，为道也屡迁。变动不居，周流六虚，上下无常，刚柔相易，不可为典要，唯变所适。（以上《系辞》）

昔者圣人之作《易》也，幽赞于神明而生蓍，参天两地而倚数，观变于阴阳而立卦。发挥于刚柔而生爻，和顺于道德而理于义，穷理尽性，以至于命。

昔者圣人之作《易》也，将以顺性命之理。是以立天之道曰阴与阳，立地之道曰柔与刚，立人之道曰仁与义。（以上《说卦》）

上言所述，都是《周易》《易传》中深刻重要的思想，概而言之有：(1)回答了“易”是什么。作者回答，“易”是天地宇宙的浓缩，是万物的缩写。知道了“易”就知道了天地宇宙的法则，所以“易与天地准”，“能弥纶天地之道”。(2)“易”是宇宙万物的缩写，那它有什么特点呢？在《系辞》里，作者概括了“易”的特点是“屡迁”“变动不居”“唯变所适”。一句话，就是一个“变”字。(3)“易”是讲变化的，通过什么来体现呢？那就是通过“寒暑”“刚柔”“进退”“昼夜”等这些日常生活中事物所表现的特点反映出来。(4)“易”是天地宇宙的缩写，那它是怎样产生的呢？他的本体是什么呢？“易”的本体就是“太极”，是由“太极”产生的。由“太极”产生“阴阳”，“阴阳”产生四时(四象)，四时产生八卦(即万物的代称)，时空存在了，万物就产生了，万物就有了存在的依据。因“太极”不可见，是属于形而上的“道”，特点是“无为”“寂然不动”的，万物可见，属于形而下之器。(5)“易”是宇宙的缩写，那人在“易”中处于什么位置？人处于中间，上有天，下有地，中有人，天地人三才合为一体。在天地中，人的任务是顺“性命”之理。宇宙生于“太极”，“太极”乃先天的“理”，在天为“理”，在人为“性”，体“性”为命。人就是去体悟天地之“理”，通过仁义等道德修养，最终达到“穷理尽性”的终极目的。只有“穷理”了，理会到天地的大德即“生生不息”里的“诚”意了，才能“尽性”。不仅尽了天之性，地之性，还能尽人之性。只有尽了人性，才能达到与“天地参”的道德境界。具体操作是平时修炼仁义道德，积善、积德。

应该说，这些思想与《中庸》《大学》里的思想有许多相似之处，更重要的是它提出了“太极”“理”“命”“性”这些中国古代的哲学命题，直接把人的道德修养与哲学本体论联系起来，使之具有信仰的特点，对宋代理学的建立有不可估量的影响。如理学中的“理”“气”之说，“太极”“无极”及“龙图三变”等，都是从《易传》中受到了启发而创造出来的。可以这样说，中国古代的道德信仰之学在《易传》等有关解释《易》的著作中已经初步形成，并以之建构成哲学世界观的思想体系。

可这些“心性”之学，到战国末期就完全人为地失传了，被另一具有修正意义的学说所取代，那就是以董仲舒为代表的汉代经学。

第二节　汉魏六朝儒学发展的式微

一、董仲舒的儒学其实是“伪学”

秦以后，第一个修正先秦孔子儒家道德思想的是董仲舒。

从上一节的分析中可以得知，先秦时期的儒学是从孔子创立的道德自律之学出发的，后经《孟子》《中庸》《大学》《易传》等诸儒家经典的阐释，形成了先秦时期的儒家思想体系，这就是儒学的嫡传、正宗。这种正宗的儒学是以恢复人的某种先天的道德素质为目的，以“良知”“良能”为基础，以正心、诚意、慎独、格物致知为手段，以个体的内在道德修养为特征，讲求自觉、自律，丝毫没有外在的强制规范和利益诱惑，对儒家思想及万物进行“心”的体悟，是一种人进行自我改造的学问。所以，先秦儒家学说把它归之为道德学说，不是没有根据的。

可这一现象到西汉中叶就完全改变了，儒家思想也完全变味了。改变者非别人，乃是中国古代思想史上大名鼎鼎的董仲舒。

董仲舒是汉景帝时代的一个研究《春秋公羊传》的学者，学习勤奋，苦于钻研。史书上说他为了钻研《春秋公羊传》，“三年不窥菜园”(《汉书·董仲舒传》)。话虽有点夸张，但说明作为一个勤奋用功的学者这一点，得到了历史的充分肯定。有关董仲舒的事迹，《汉书·董仲舒传》上有载。

公元前206年，一个新的王朝诞生了。五十多年以后，新生的汉王朝已从废墟中慢慢地复兴、发展、壮大。在各种复兴措施中，有一项重要的举措就是文化复兴。汉景帝刘启当政后，号令天下百姓献书，尤其是儒家经典。因遭秦火，老百姓不敢藏书，只好把经典背熟，记在脑子里。他听说齐地有个叫伏生的老头，一百多岁了，会《尚书》，就命他的大夫姚错去齐地听伏生回忆、复述《尚书》的全文。其他儒家经典如《诗》《易》等，就是以这种方式重现于世的。汉景帝对这些儒家经典青睐有加，并为每经“立学官”，即“五经博士”，这就是“王官学”，也叫“经学”。同时，社会上还有许多民间学者主动研究儒家经典的其中一经，研究的成果被称为“百家学”，也叫“子学”。如研究《诗经》的就有齐、鲁、韩、毛四家，研究《易经》的有田王孙、费直、孟喜诸人。在这些“五经博士”的“王官学”中，研究《春秋公羊传》的有一家，其研究者就是汉初学者胡毋生的学生董仲舒。

有关《春秋》一书的来历，学者大多认为是孔子所作，这个看法有点牵强。《春秋》原是鲁国国家图书馆里的一部鲁国的编年史，与《诗》《书》《礼》《易》《乐》一样，都是鲁国图书馆现存的资料。孔子把它整理、删节后，以此作为教学生的教材。在春秋时，许多诸侯国有修史的制度，如晋国的史书名《乘》，楚国的史书名《梼杌》，鲁国的史书名《春秋》。所以，《春秋》是鲁国的一部编年史，这一点是无须怀疑的。而且孔子只是教学生，不是鲁国的史官，没有必要去修一部从鲁隐公元年开始的历史。可孔子对《春秋》做过重大改动、删编、修饰是无疑的，尤其是在遣词造句上更加严谨，爱憎分明，观点突出，以致使子夏之徒不能“置一辞”。否则，孔子在晚年就不会发出“知我者惟其春秋乎；罪我者惟其春秋乎”的感叹。

《春秋》严格说来称不上是一本“书”，是只有一万七千多字的一篇长文，记载了从鲁隐公元年(前722)至鲁哀公十六年(前479)泗上十二诸侯在二百多年里的一些大事。因太过简略，有些历史没有解释就完全无法理解。说《春秋》是历史，还不如说是历史提纲。如隐公元年的《春秋》经上的原文：“郑伯克段于鄢”，若没有《左传·隐公元年》的详细解说，我们对这段历史就不清楚了。对此，王安石曾说《春秋》是“断烂朝报”，就是因为其太过简略。

所以，有了《春秋》，还必须要有解释《春秋》的著作。到了战国时，随着“学在四夷”的文化下移，民间也开始有人对传统的“经”进行解释。当时就有五种解释《春秋》的书，因是解释“经”的，所以就叫“传”。这些解“经”的“传”有：《春秋左氏传》《春秋公羊传》《春秋谷梁传》《春秋邹氏传》《春秋夹氏传》。后两传已亡佚，只有前三传流传下来了，历史上对这“三传”称之为“春秋三传”，属于儒家十三经的范围。其中《左传》是从历史的角度解释《春秋》，而《公羊》和《谷梁》则是从思想即义理的角度解释《春秋》。

孔子死后，儒家学派一分为八，这八大儒家学派只有两家流传下来，并对中国产生了深远的影响。而这两支的一支是前文所述的以子思为代表的“思孟”学派，另一支则是以子夏为代表的公羊学派，其他都在历史的发展中泡沫化了。

子夏又名卜商，是孔子学生中年龄较小的一个，少孔子三十八岁，传闻他对《春秋》做了注释。子夏死后，解释《春秋》的书传给了他的学生公羊高，即《公羊传》，公羊高传给儿子公羊平，公羊平传给了公羊地，公羊地传给了公羊敢，公羊敢传给了公羊寿，公羊寿传给了胡毋子，胡毋子又传给董仲舒。很显然，这个传承是有漏洞的。子夏是公元前五世纪的人，董仲舒是公元前二世纪的人，中间相距三百多年。在三百多年的时间里，《公羊传》只传承了七代，显然是少了点。可有一点应该肯定的是：《公羊传》与孔子有师承关系，属儒家一脉。也幸好依靠这种师承关系，《春秋公羊传》才保存下来。像《邹氏传》和《夹氏传》就因没有这种关系而失传了。

那么，《春秋公羊传》所阐述的观点有哪一些呢？概而言之有：(1)大一统的政治观。如《春秋经·隐公元年》："元年春，王正月……王者孰谓？谓文王也……何言王正月，大一统也。"(2)国君权力继承原则。如《春秋经·隐公元年》："立嫡以长不以贤，立子以贵不以长……子以母贵，母以子贵。"(3)关于"五等爵"说。《秋经·隐公五年》："天子之公称公，王者之后称公，其余大国称侯，小国称伯、子、男。"(4)九世复仇说。《春秋经·庄公四年》："远祖乎？几世乎？九世矣，九世犹可以复仇乎？虽百世可也。"(5)"三讳"。《春秋经·闵公元年》："《春秋》为尊者讳，为亲者讳，为贤者讳。"(6)"尊王攘夷"。《春秋经·僖公四年》："南夷与北狄交，中国不绝若线，桓公救中国，而攘夷狄，卒帖荆，以此为王者之事也。"(7)以有道伐无道。《春秋经·宣公十一年》："上无天子，下无方伯，天下诸侯有为无道者，臣弑君，子弑父，力能讨之，则讨之可也。"(8)内外有别。《春秋经·成公十五年》："春秋内其国而外诸夏，内诸夏而外夷狄。"(9)父仇子报。《春秋经·定公四年》："父不受诛，子复仇可也；父受诛子复仇，推刃之道也，复仇不除害。"(10)"三异辞"。《春秋经·哀公十四年》："所见异辞，所闻异辞，所传闻异辞。""拨乱世，反之正，莫近诸《春秋》。"

以上所述，只是《春秋公羊传》里一些主要的思想观点，这些思想涉及的范围很广，从夷夏之际、君臣大义到社会等级、贵贱、伦理、义务等方面。可这些思想在《论语》及有关介绍孔子的著作里，大多数并不存在。就是说《公羊传》里所表述的这些思想，基本上不是孔子的原意，是子夏根据自己的理解，编撰、创造出来的。可就是这些思想，在汉以后，深深地影响了中国古代社会的方方面面。可以这样说，汉以后统治者所倡导的"独尊儒术"已经不是先秦孔子、孟子、子思及《大学》《中庸》所倡导的道德教化的原始儒学了，而是在《春秋公羊》的基础上改造过的另一种儒学，其有力推动者就是董仲舒。

作为研究《公羊传》的学者，董仲舒颇有心得，那就是我们今天见到的《春秋繁露》一书。在这本书中，董仲舒宣扬了以下一些思想：

(1)立“三科”之说，三科是“存三统”“张三世”“异内外”。《春秋公羊传·哀公十四年》有“拨乱世，反诸正”之语，公羊学者就认为孔子是周代思想文化的真实继承者，本应受命为王，但没有掌握政权，于是就“制《春秋》之义，以俟后世”，也使孔子一下从教书先生上升到了拨乱反正，托古改制的改革家的高度。对此，董仲舒在《春秋繁露·顺天》篇里说得很清楚，据此创立了“三统”说。“三统”即黑统、白统和赤统。夏是黑统，商是白统，周是赤统，这实际上就是一种“五德终始”说即社会发展循环理论。汉继周而兴，应改正朝，所以汉武帝太初年间，命司马迁等人制定《太初历》，以黄色为正色，遵夏历，就是以董仲舒的“三统历”思想为基础。“张三世”，就是把以往的朝代的运行轨迹分为升平世、太平世和乱世三种形式。孔子是处于乱世，所以要通过拨乱反正才能进入升平世和太平世，这种观点与《礼记·礼运》十分相似。所谓的“异内外”，就是“夷夏之防”，是文化上的一种华夏优越感。因夷族落后，华夏进步，所以在两个民族接触时应注意彼此的区别和界限。

(2)以“五行”相生相克的思想去解释宇宙的构成及万物的运动变化，形成“五行”宇宙论。

> 天有五行，木火土金水是也。木生火，火生土，土生金，金生水，水生木。水为冬，金为秋，土为季夏，火为夏，木为春。春主生，夏主长，季夏主养，秋主收，冬主藏。藏，冬之所以成也。(《春秋繁露·五行对》)
>
> 夫木者，农也；农者，民也，不顺如叛，则命司徒诛其率正矣，故曰金胜木。金者，司徒，司徒弱，不能使士众，则司马诛之，故曰火胜金。土者，君之官也，君大奢侈，过度失礼，民叛矣。其民叛，其君穷矣，故曰木胜土。(《春秋繁露·五行相胜》)
>
> 天地之气，合而为一，分为阴阳，判为四时，列为五行。(《春秋

繁露·五行相生》）

天有五行：一曰木，二曰火，三曰土，四曰金，五曰水。木，五行之始也；水，五行之终也；土，五行之中也。此其天次之序也。（《春秋繁露·五行之义》）

在董仲舒那里，天地宇宙由五行构成，彼此的关系是相生相克。人是五行中的一部分，也能用这种相生相克的原则进行解说。因此，宇宙万物及人世间的种种关系在五行的相生相克的原则规定里得到了统一。

(3)以"天人合一"去解释人与自然界的神秘关系，形成神学目的论。

人有三百六十节，偶天之数也；形体骨肉，偶地之厚也；上有耳目聪明，日月之象也；体有空窍理脉，川谷之象也；心有喜怒哀乐，神气之类也……天以终岁之数，成人之身，故小节三百六十六，副日数也；大节十二，分副月数也；内有五藏，副五行数也；外有四肢，副四时数也；乍视乍瞑，副昼夜也；乍刚乍柔，副冬夏也；乍哀乍乐，副阴阳也；心有计虑，副度数也；行有伦理，副天地也。（《春秋繁露·人副天数》）

在董仲舒看来，人是一浓缩了的宇宙，所以，人身上的种种器官都可以在自然界找到对应点，天人是一致的，也使得人世间有什么动静，也必在天地中预先得到感应。

(4)以"三纲五常"去解释和规定人与人之间的关系。

阴者阳之合，妻者夫之合，子者父之合，臣者君之合……君臣、父子、夫妇之义，皆取诸阴阳之道……王道之三纲，可求于天。（《春秋繁露·基义》）

(5)春秋大一统。

春秋大一统者，天地之常经，古今之通谊也。（《汉书·董仲舒

传》)

(6)读书可以做官及“独尊儒术”的文化专制政策。

> 今师异道,人异论,百家殊方,指意不同,是以上无以持一统;臣以为诸不在六艺之科,孔子之术者,皆绝其道,勿使并进,辟邪之说灭息,然后统纪可一而法度可明,民知所从矣;及仲舒对册,推明孔氏,抑黜百家,立学校之官,州郡举茂材、孝廉,皆自仲舒发之。(《汉书·董仲舒传》)

以上是董仲舒研究《春秋公羊传》所表达的主要思想。他把其中的一些看法向汉武帝上书,成了国家的制度,如读书可以做官,实行文化专制政策等。在汉以后的几千年的封建社会里,到处可以见到董仲舒这些思想对中华民族的影响。所以汉以后的儒学不是先秦的原始儒学,而是董仲舒创立的另一种儒学。

就其与《春秋公羊传》的关系而言,除了大一统的理论、夷夏之辨外,董仲舒的思想的主要理论渊源不是《春秋公羊传》。他的“三统说”源自战国中期齐国邹衍的“五行终始”说。邹衍是战国中期有名的阴阳家,他以五行相克理论解释朝代的更替。以黄帝为起点,属土,尚黄色;夏禹属木,尚青色,木克土;商汤属金,尚白色,金克木;周期属火,火克金。相传他曾有《主运》一书,现已失传。有关邹衍的事迹,《史记·孟子荀卿列传》及《吕氏春秋》上有载。而“五行”学说是董仲舒重要的理论基础,抽掉了“五行学说”,董仲舒建构的理论大厦就会崩塌。除了“五行”学说之外,如读书做官论、文化专制论、三纲五常论等都是他的独创,与《春秋公羊传》没有太多的内在联系。

可以这样推论,董仲舒的许多思想已不属于《春秋公羊传》,而《春秋公羊传》里的许多思想也不是孔子原意。如《春秋公羊传》里的大一统理论,《春秋经·隐公元年》上有句话:“元年春,王正月。”《春秋·公羊传》的作者一口咬定这就是孔子的大一统政治观,并依据自己的理解做出了解释:说“王者”是何意?是周文王。为何要言“王正月”?是“大一统也”。

其实这样理解“王正月”这句话是不对的。“王”指周文王没有错,可从

"王正月"一句话,绝对推不出"大一统"思想的结论。这句"王正月",主要是指"历法",即"周历"。告诉读者,这个"正月"不是夏历,也不是商历,而是周历。文王是周朝的创始人,以他代表周代历法是最适合不过的了。因在中国古代,华夏族共实行过四种历法:夏历、商历、周历和秦历,这四种历法的区别在于"正月"的月份不一样:夏以"寅"为正月,商以"丑"为正月,周以"子"为正月,秦以"亥"为正月。西周乃至春秋时期,是三种历法并用,如《诗经·邠风·七月》里的"一之日""二之日""三之日""四之日",指的就是"周历"。春秋各国所用的历法在当时都比较乱,所以研究《左传》等典籍首先必须解决"历法"问题,即这个国家实行的是什么"历",是夏历、商历还是周历。《春秋》是鲁国的编年史,鲁国又是周公的封国,实行的是"周历",所以,"王正月"三个字主要是谈历法而不是什么大一统的问题。

还有如《公羊传·隐公元年》里有"立嫡以长不以贤,立子以贵不以长……子以母贵,母以子贵"这几句话,也是《春秋经》里没有的;《公羊传·僖公四年》里有"南夷与北狄交,中国不绝若线,桓公救中国,而攘夷狄",这种"尊王攘夷""攘外必先安内"的思想也是《春秋》原文中没有的。凡此种种,不再一一列举。

所以严格说来,《春秋公羊传》不是在解释《春秋》,而是以孔子的名义创造的一套新的政治思想体系和社会制度学说。以后历朝历代都有学者在学习、借鉴《春秋公羊传》后,发起借古人的名义以兜售自己私货的复古改制运动。如历次政治改革,比方说王莽变法,戊戌变法等,都是"托古改制"运动,而这种"托古改制"最初的理论渊源就是《春秋公羊传》。

如果说《春秋公羊传》歪曲了孔子的原意,那么董仲舒又歪曲了《春秋公羊传》的原意。他研究《春秋公羊传》的目的不是为研究而研究,而是通过研究,借孔子及《春秋公羊传》的名义开创自己的思想体系,即以阴阳"五行"为基础而建构有益于汉王朝的巩固和强盛的神学宇宙观。而这些思想在《春秋公羊传》里根本就找不到半点踪迹,不仅"五行"说是如此,董仲舒的那些"天人感应"学说也与《春秋公羊传》是风马牛不相及。同时,董仲舒的"三纲五常"思想也是在《春秋公羊传》里找不到的。他不仅提出这种"三纲"思想,而且在理论上还把"三纲"上升到宇宙目的论的高度。纲常来自"天","天不变,道亦不变",纲常亦不能"变",这显然是与《春秋公羊传》及孔子的原意背道而驰。不错，孔子在与鲁哀公讨论如何治理天下时说到过要“正名”，要讲“君君、臣臣、父父、子子”，可孔子没有把这些关系上升到本体论的高度，没有认为君、父是臣、子的纲，更没有荒谬武断地把这种关系僵化、凝固，认为亘古不变，万古长存。

更有影响的是董仲舒向汉武帝提出的，箝制全国意识形态的文化专制主义，即“独尊儒术”政策。这种观点不要说《公羊传》里没有，就是孔子本人也从来没有说过自己的学说是最好的，应该“独尊”。这种只此一家，别无分店的做法严重阻碍了人们交流思想、学术的进程，扼制了人们思想的创造力和想象力。为了能“独尊儒术”，董仲舒还向汉武帝提出创办以儒学为教学内容的太学，招收优秀弟子入学，学几年以后分配到全国各地去做官。从此，“学而优则仕”成了知识分子的人生奋斗目标，也使之成为丧失独立人格的皮上之毛。皮之不存，毛将附焉？如果说秦始皇的“焚书坑儒”只不过杀了四百六十个知识分子，那汉武帝的“独尊儒术”的学术思想及教育做官的做法，则彻底摧毁了汉以后中国知识分子的人格和灵魂，较之秦始皇的肉体消灭，还要残忍千百倍。而具体提出这些政策的始作俑者就是董仲舒，尽管他自己也讲过“不谋其利”“不计其功”，可实际上，他向汉武帝提出的办学建议就是唆使知识分子赤裸裸地追求功名利禄。

所以，西汉大儒董仲舒的儒学不是《春秋公羊传》的儒学，更不是先秦孔子的原始儒学，而是杂以战国、秦汉功利主义、五行学说的一种儒学变种，是一种借古人的名义、兜售自己思想的“托古改制”的“伪儒学”。他把先秦孔子等人强调的自觉内省的道德自律儒学变成了荒诞的神秘主义，变为赤裸裸的利益诉求。从此，孔子创立的儒家学说就变成了人们可以随意解释、歪曲、宰割、装扮的历史婢女，变成了统治者压迫、钳制人们思想和行为的强制性的外在力量，也使得儒学成为统治者的工具。

二、儒学在六朝的发展危机

魏晋六朝是儒学思想发展过程中的一道“槛”，是儒学被边缘化的过程。

经过汉朝的思想理论实践，尽管汉武帝提倡“罢黜百家，独尊儒术”，可儒家思想并没有完全起到收拾人心的作用，相反，走向了神秘主义，其具体表现就是社会上大量谶纬之学的出现。加上两汉的经学研究采取的是一种烦琐考证的办法,使儒家思想失去了活力。所以,到了东汉末期,儒家思想只不过是人们装点门面的外衣,从它的意识形态所应发挥的效果来看,儒学被边缘化了。

严格来说,不管是先秦孔子的原始儒学,还是经过两汉董仲舒改造过的以阴阳五行为基础的神秘儒学,都只不过是一种社会学。即为求得社会的"有序",教导人们在社会中与人相处时如何去做,如何才能得到别人的理解、尊重和认同。孔子叫人自觉地进行道德修养,目的也是使在社会中的个人行为"不逾矩"。而董仲舒的儒学则是通过外在政治权力的介入,强迫人们去服从某种所谓的"天理",如"三纲五常",以达社会有序的目标。包括通过培养人们去做官,与统治者在思想和行为上保持一致,这其实也是通过一种强大的外在力量的制约,通过潜移默化,逐渐地化为个体的自觉认同。

然而治理社会,建构一种思想理论体系,仅有社会学方面的制度、准则去规定和制约人们的行为规范是远远不够的,还必须要有一种非常重要的本体论文化去支撑这种制度文化,而哲学本体论思想的缺乏正是先秦两汉儒学的重大理论缺陷。孔子的学生子贡曾说:"夫子之言性与天道,未可得而闻也。"就是说孔子从不对学生谈形而上的幽深玄远的理性思辨文化。没有本体论文化,人们就不能解释世界的本源是什么,万物从何而来,世界的现象和本质处于一种什么样的关系等。尽管这些思想十分"玄""虚",但对开拓人的思维,提高人的思辨能力,丰富人们对形而上思想的认识,都是十分必需的。而儒学思想就缺乏这些内容,所以,汉以前的儒学从理论思维的角度去认识,是十分肤浅的。它只规定人们应如何如何去做道德君子,而对这种关系背后的那种深远的理论思维文化则知之不多,使人们在思考时,缺乏理性深度。加上外在强大的物质诱惑力量,使人们的行为不自觉向这方面倾斜,从而造成人的内在道德修养力量的苍白、乏力,进而产生社会上虚伪的道德风气。明知人做不到道德君子这一层面,统治者却提倡强迫人们去做,最后只好说假话、做假事,也使得儒家制约人心的力量崩溃了。据《后汉书·赵蕃传》载,赵蕃在为其父守孝时,生了五个小孩,因为他能吹嘘自己,反而成了道德的楷模,因为人们不会追究他在实际中是不是这样的人。所以,在魏晋六朝,儒学的"式微",佛、道的升起乃是作为一种思想理论发展的必然结果。

从魏晋开始，外来的佛教文化与本地道教文化的结合，为中华文化补上了这一课，把中华民族的思辨水平提高到一个新的阶段。因这种文化首次启迪了人的主客体思辨水平，所以可以把它看作是一个思想的自觉时代。相比之下，儒家的纲常伦理文化，就显得过于现实而缺乏形而上的“玄”和“空”，同时又对人的约束过大，使之逐渐地淡出了人们的视野。代儒家学说而起的是“玄学”，这种谈“玄”说“空”的思想学术风气可以包括两个内容：一是从理论上去解释世界的各种关系，二是从行为上去实践这种理论。

魏晋时期，在理论上对“玄学”进行探讨的具体人物有：

何晏(？—249)，字平叔，南阳宛县人，东汉末年大将军何进之孙，魏国宗室贵族曹真的女婿、曹操的干儿子，后依附曹爽官至吏部尚书，在“正始之变”中被司马懿所杀。在政治上，何晏是个失败者，可在思想学术上却是一代大家。他与另一思想界的巨子王弼开辟的“说道谈玄”之风，扫荡了东汉以来披着儒学外衣、大行于世的“谶纬”之学。他们的以思辨为特征的学术思想给魏晋六朝开辟了新的思想风气。

他们谈的论题主要有：世界的本源是什么，世界上的万事万物与这种本源处于什么关系。何晏和王弼以当时流行的《老子》《庄子》《周易》“三书”(世称“三玄”)为依据，进行抽象的理性思辨推理。他们认为，老子说过，“道生一，一生二，二生三，三生万物”，这个“道”是不可言说的。既然不可言说，不可见，那就是一种“无”“虚”。《易传》也认为“易有太极，是生两仪”，这也是明显地告诉人们：世界产生于“阴阳”(两仪)，而阴阳产生于“太极”。“太极”是什么呢？就是老子所说的“无”，是万物产生的根据，是本源。结论是：世界是由“无”产生的，世界的本源就是“无”，是存在“有”的根据。如果说万物的存在、客观世界是“有”的话，那与“有”对立的是什么呢？好像上的对立面是下，光明的对立面是黑暗，大是小、长是短的对立面等等一样，这个对立面是事物存在的基本内容与条件。也就是说，事物是由对立又统一的矛盾两面所组成的。所以，作为万物的“有”的对立面就是“无”，这一观点是从理论思维上推出来的。“无”是世界的本源，是“本”，万物的“有”只是“末”，因为“有”只是“无”的派生物，是“用”，是现象。而“无”则是“体”，“有”不能“自有”，必须要有一个东西生出“有”来，那就是“无”。“有”是由“无”生成，“无”成了“本”，“有”成了“末”。所以，魏晋时期的所谓“有无”之辨，“虚实”之辨，

“本末”之辨，都是对这一思辨过程的形象总结，为古代哲学的建立打下了坚实的基础。对此，《晋书·王衍传》上有载：“魏正始中，何晏、王弼等祖述老、庄，立论以为天地万物皆以无为为本。无也者，万物恃以成形。”王弼在《老子注》上说：“万物万形，其归一也；何由致一？由于无也。”“万物虽贵，以无为用，不能舍无以为体也。”他在《周易·复卦注》中亦云：“天地虽大，富有万物。雷动风行，运化万变，寂然至无，是其本矣。”“无”不可见，以“有”见之，“有”体现“无”就成了绝对的独立，这就是自然。人崇尚自然，就要追求自己的独立和自由，就要摆脱一切束缚，用嵇康的话来说就是“越名教而任自然”。所以，谈“玄”的直接后果就是导致人的自觉意识的觉醒，对儒家思想制约人行为的各种规定性进行了否定。也就是说，儒家思想和世界观到了魏晋就基本上处于“闲置”的地位。

何晏、王弼的“贵无”哲学到了裴頠(267—300)那里，就变成了“崇有论”。他在《崇有论》中认为，“无”怎么能产生“有”呢？那“有”又是如何生成的呢？裴頠认为是“物自生”，而非“生于无”，也就是说“有”是由“有”生成的。换个思维角度，“光明”之所以是“光明”，是因为有“黑暗”与自己对立；“上”之所以名为“上”，是因为有一个“下”与之对立而存在。如果说“有”生于“有”，等于说“光明”是由“光明”生成，“上”是由“上”构成，显然违背了逻辑常识，打破了“因果律”这个宇宙事物的普遍法则，一切都变得不可思议了。如果“物自生”，是由“有”生成的，那万物的产生有没有一个时间上的起点？何晏、王弼提倡“贵无”，只不过是想给万物的存在找逻辑依据，如给庙里安个菩萨，在思想领域启发理性思辨，丰富和扩大人们的思维想象空间。所以，裴頠的观点从思维水平来说，比何、王退步了。

至于僧肇的思想，谈的主要是偏重物质的运动方式，前面已述，此处不赘。应该承认，这些思想对丰富中国古代哲学思维起到了添砖加瓦的作用。

正是何晏、王弼开创的这种以“贵无”为内容的谈玄论道的思维方式，既开启了人们的理性思辨之风，同时也开启了新的生活方式，那就是人们常说的“魏晋风度”。如果说“玄”只是在理论上去探讨思维与存在的关系，那如何在行动上去实践这种思想，如何去体验自然？这导致了世俗礼教的大崩坏和人性的苏醒解放。

东汉末年，纲常名教衰败了，究其缘由是只注重名教的形式，而放弃了人们对道德的内在规律的讲求和自律。所以，就造成越是讲仁义的人，往往越是赤裸裸地追求虚名和物质利益。如“崇仁义，愈致斯伪”（王弼《志子指略》），“察孝廉，不知书，察考孝，别父居”（《南北朝民歌》）。

何晏、王弼倡“贵无”之说，导致整个社会风气为之一变。既然“无”是“有”之体，是“本”，“有”是“末”，这个“有”即包括了自然在内的政治人伦和纲常名教等，都是“末”，而产生这种名教的是“母”，是“无”。所以，人就要“崇本以举其末”，就要顺其自然，不要为名教所累，不要看重名教的外在形式，不要过分追求外在的功名利禄。因“自然”是“无”的体现，崇尚自然就是崇尚“无”，就是崇“本”。活得比较洒脱，有时在常人眼里又是怪怪的，这就产生了魏晋时期许多知识分子“崇名教而尚自然”的生活目标和行为规范，如竹林七贤及东晋许多的名士。深究这种生活方式的背后，是有着深刻的文化背景和理论思维的。

最能表现“魏晋风度”的魏晋学者是三个人：嵇康、阮籍和陶渊明。关于他们三人的事迹，《三国志・魏书》《晋书》及《世说新语》中都有生动的描述。

关于嵇康，史传他“家世儒学，少有俊才，旷迈不群，高亮任性，不修名誉，宽简有大量。学不师授，博洽多闻，长而好老、庄之业，恬静无欲，性好服食，尝采御上药。善属文论，弹琴咏诗，自足于怀抱之中”（《三国志・嵇康传》引《魏氏春秋》）。说明嵇康是一个有情趣、有才学、有个性、有抱负的世中高人。有一次，嵇康与向秀在林间打铁，贵族子弟钟会抱着《才性四本论》造访嵇康，求得指点。可嵇康“不为礼”，只顾自己打铁，把钟会晾在一边。久之，钟会自知没趣，就起身告辞。这时，嵇康开言了：“何所闻而来，何所见而去？”钟会话中有话：“闻所闻而来，见所见而去。”也因为这一次“非礼”之见，使后来嵇康因在与山涛的信中有“每非汤武而薄周礼”之句而被钟会进谗言害死，死前弹了一曲《广陵散》，并著有《声无哀乐论》等著作。

嵇康如此，阮籍更是不为常人所理解。《世说新语・任诞》篇载：有一次，阮籍登广武，叹“世无英雄，竖子成名”。他在与人下棋时，人告其母死，他听后不为所动，继续下棋，下完棋回家之后，长啸一声，吐血数斗，形销骨立，无复人形。邻居有一兵家女死了，与他无亲无故，他却哭得极为哀伤。邻居卖酒的老板娘美艳，阮籍醉了就睡在老板娘身边，其主人亦不疑。外放诞而内坦荡，纯正如此。司马昭要和他结亲家，他为了拒绝，就大醉七天，媒人不得言，只好作罢。司马昭又问他有何要求，阮籍听他们说步兵校尉管辖的仓库里有许多好酒，就要求得到这个职位，为的是求酒喝。所以《魏书》上说他是："才藻艳逸，而倜傥放荡，行己寡欲，以庄周模则。"

以今人的目光观之，阮籍这些人的行为也许比较好理解，可在近两千年前的封建社会，嵇康、阮籍的行为被誉为"怪诞"，实际上是"疯子""神经病"的另一种说法。其实，他们心里清如明镜。之所以要做出与当时社会价值规范不一样的举动，就是想摆脱"名教"的条条框框对自己的"桎梏"，以求得身心的自由和解放。在理论上是崇本舍末，而身心的解放就是崇尚自然的表现。他们的行动在本质上不是反对情感内化的儒家观念，而只是反对儒家外在的、琐碎的、窒息人的各种形式，是一种内心痛苦的发泄。所以魏晋风度从另一角度看是人们想挣脱身上的锁链，挣一回做人的资格。

在《世说新语》里，这样有独特生活习惯的人比比皆是。如王子猷在月光之夜乘船去看友，到友家门前就掉头回返。人问其故，王子猷说："乘兴而来，兴尽而返。"桓温来到金城（今甘肃兰州），看到十年前自己种的柳树已长成大树，于是抱着树不断地流泪、叹气："树犹如此，人何以堪！"充满着玄远幽深的人生哲学思考。

魏晋六朝之人的活法既不同于秦汉以前，又不同于秦汉以后的任何一个朝代的人。仔细分析应是受赐于玄学的讨论，得益于对玄理的研究和对宇宙人生的深刻思考。表现出来的是追求摆脱名教的身心自由，想得玄远，感情丰富，谈吐睿智。不为天，不为地，不为人，不为功名利禄所累。因此，魏晋风度所表现出来的其实是一种很高的生活追求与思想境界，非一般人所及。真可谓魏晋之前无魏晋，魏晋之后亦无魏晋。后世之人不理解它，以为行为怪诞，与"疯"无异，如果真这样看，那后世之人不是真"疯"了，就是真"傻"了。

在六朝中，真正把"魏晋风度"这种生活哲学演绎得淋漓尽致的是陶渊明。陶渊明，名潜，字元亮，又号五柳先生，东晋太尉陶侃之曾孙。一生只做过时间不长的江西彭泽县的县令，后因不为五斗米折腰，就辞官归乡，在家靠耕耘种植养活自己。以山水为伴，悠闲自在，在田畔与老农聊聊天，有酒就自得其乐，没有酒就去赊，一点也不觉得难为情，心境自然、奇趣、童贞。所以朱熹说陶渊明是晋宋第一高士，"高于晋宋人物"。更重要的是他把这种与山水为伴的境界、归趣写进诗文中，如《归去来辞》《饮酒》都是历史上的名篇。他在诗文中表现出来的那种"心安理得"，不为尘俗喧嚣所扰的心境，不仅为古代知识分子找寻人生避难所提供了榜样，而且也为中国古代哲学、美学提供了最高的物化标准，后人很难企及。有关陶渊明的事迹，《晋书·陶潜传》上有简略的记载。

因为要寻找人生的真趣，追求思想的自由，魏晋人力争摆脱儒家思想束缚也就在情理之中了，儒家思想在魏晋六朝被边缘化也就不难理解了。同时，魏晋时期人们对儒学不重视，还有一个原因，就是佛教的输入。佛教深刻的思辨哲学和对彼岸世界的追求，也使得只顾此岸世界的人际关系与伦理等级以及"不语怪、力、乱、神"的世间浅俗文化的儒家思想，相形见绌，自惭形秽。

自从汉明帝永平十年(67)派大臣蔡愔从西域请来僧人叶迦摩腾、竺法兰两僧并得到佛像、佛经，以白马驭入洛阳并建立白马寺之后，佛教在中国文化中开始生根了。就佛教在中国的发展规律来看，可以分为佛教理论与佛教实践。所谓的佛教理论主要指佛教经典在中国的翻译与传播阶段，这中间有许多有名的佛教翻译家和注释家，如鸠摩罗什、道安、竺道生、慧远、僧肇、玄奘等人。他们的主要任务是把深奥的佛教理论中国化，以佛教深刻的哲学思辨去阐述万物的现象与本质、事物之间的各种关系等等。尤其是僧肇的《物不迁论》《不真空论》《般若无知论》等著作，更是佛教哲学中国化的奠基之作。还有慧远的因果报应说，竺道生的涅槃佛性说，在中国古代哲学思想史上都是有很大的影响的。

除了佛教理论之外，还有佛教宗派，即佛教实践。在这四百多年的时间里，佛教宗派有所谓的"六家七宗"，及隋、唐时期华严宗、天台宗等流派。"六家"是指"本无宗""即色宗""识含宗""幻化宗""心无宗""缘会宗"。后来，从"本无宗"中又分化出"本无异宗"，是为"七宗"。对于这"六家七宗"，汤用彤的《汉魏两晋南北朝佛教史》中有详细的阐述。

这些宗教流别，其实都是在理论上探讨"法"(物质现象)的产生，"色"与"空"(即现象与本质)、"心"与"色"(主体与客体)的关系。如道安创立的"本无宗"认为："一切诸法，本性空寂，故云本无。"认为"无"是万物的本源。如支道林开创的"即色宗"认为："夫色之性也，不自有色。色不自有，虽色而空。故曰'色即为空，色复异空'。"即万物无自性，故"空"，是"假有"，但认识"色"即"空"，还必须通过人心的分析，借人心而存在，所以，"色复异空"。"识含宗"由东晋名僧于法兰的弟子于法开创立，此宗认为"三界如梦幻""万物唯心识所含"等等。

总之，这些宗教流派谈来谈去不外乎是"现象"与"本质""现象"之间以及"现象"的自性等问题。归根到底，谈的是哲学问题，都是般若学的"色不异空，空不异色，色即是空，空即是色"的哲学思想解释的一种碎片化。

既然全社会都去谈玄论佛，不仅从理论上深入讨论抽象思辨的哲学问题，而且还从行为上实践这些深刻的佛教哲学，产生了宗教流派，那谁又会去理会儒家的君君、臣臣、父父、子子呢？所以，道安曾说过，学了佛法以后，儒家经典"如食糠粃"，不是没有道理的。

儒学在魏晋六朝之所以被边缘化，除了上述原因之外，还有一点就是熟读儒家经典已经不能干禄了。官员选拔制度世袭化、固化，人们对儒家学说就提不起兴趣了。魏国时期为乱世，人们建功立业，不讲门第。魏国以后，从魏文帝采纳陈群的建议，实行"九品中正制"以后，就变成"上品无寒门，下品无世族"了。人们只要有世袭背景，不用科举考试，就能有功名。有的刚生下来，朝中诏封爵位的"公文"就下来了。如王羲之，还在襁褓之中，就享受"右军将军"的爵位和俸禄。既然如此，谁还会头悬梁、锥刺股地发奋去钻研儒家学说呢？当然，这时的儒家并不是消亡了，还是有人对他感兴趣。如三国的韦昭注《国语》，西晋王肃注《论语》等。东晋扬州太守梅赜献《古文尚书》，尽管此书有"伪书"之嫌，却包含了许多古代的重要思想和文献。同时，还有儒家学者如荀爽、虞翻、宋忠、韩康伯等，只是在这几百年中，这种思想认识不占主流。

第三节　唐宋儒学只是科举的工具和权贵的婢女

经过四百多年的战乱和分裂，长江、黄河两岸及珠江流域又重新组合成一个新的大一统的国家，这个国家的名字叫"隋"，几十年以后又改名叫"唐"。有趣的是，重新统一中国的不是正宗的汉民族，而是异族：隋文帝杨坚和以后的唐高祖李渊。从民族学的角度分析，他们都不是汉族。杨坚的父亲杨忠属鲜卑族，李世民的曾祖父李虎属突厥族，杨忠和李虎曾都是关西后周宇文泰的部下，官拜“柱国大将军”，是世袭大贵族。所以历史上的后周、北齐都是异族入主中原，而真正的所谓华夏“正朔”所在的宋、齐、梁、陈都被先后消灭了，取而代之的是异族所建的隋唐。这种“异化”现象确是值得研究，以前没有引起人们的充分注意。有关隋、唐的真实情况，《隋书》，新、旧《唐书》及陈寅恪的《唐代政治制度论稿》有详细的论述。

作为一个统一的多民族国家，靠什么来凝聚全国老百姓的心呢？这两个中原的异族统治者，在立国后确实有一番作为。如在文化上，隋、唐统治者以犹如大海般的胸襟，主张“三教合一”，即释、道、儒都可以毫无顾忌地自由发展，可以正大光明地宣扬自己的主张。道教可以在各明山秀水建立道场，如湘省的南岳衡山的道场就是唐代道士司马承祯所建；佛教的各宗各派以小归大，争奇斗艳，有天台宗、法相唯识宗、华严宗，禅宗里有北派和南派之分等。宽松开放的政治与思想文化环境所产生的直接后果是把国势推向了顶峰。作为文化复兴之一的儒家，因其本身的内部思想结构以及对人与人之间的礼教道德思想的要求，在新的国家环境里，重新发挥了它的价值，因为统治者需要它，儒家学说又吃香了。如唐太宗命孔家后裔孔颖达修《五经正义》，作为士子的必读书。说明儒家思想经过四百多年的沉寂之后，重新在政治舞台上大放光彩。而作为隋、唐儒学复兴的一个显著标志是科举这种有划时代历史意义的制度的建立，儒家经典再一次成为“干禄”的手段和工具。知识分子尤其是社会底层的人又一次得到研究儒家学说可以捞取功名富贵的大好机会，那就是科举考试。

通过考试的形式选拔人才，在春秋战国时期就已具雏形。这种人才选拔形式，史称“乡选”。具体内容有“德行与道艺”两门。“德行”是指“知、仁、圣、义、忠、和”的“六德”和“孝、友、睦、姻、任、恤”的“六行”，就是对一个人在平时与左邻右舍、乡里的人相处时的道德品质的总考核。这些能入选的人才必须“发闻于乡里”，在当地稍有名气。“道艺”指的是“礼、乐、射、御、书、数”的传统的“六艺”。具体如何操作，可参阅《周礼・地官・乡大夫》。

到了两汉，考试已成为朝廷选拔人才的重要举措，与“察举”“征辟”形成当时三种选拔人才的制度。在推选时设立了许多的科目内容，其中以“孝廉”“茂才”和“贤良方正文学”三种科目为主。“孝廉”即孝子廉吏，是两汉入仕的正途，被举荐之人一般是州郡的属吏和经学儒士，在当地都是口碑比较好的孝子和为人正直的清廉的人。举“孝廉”之后，这些人就可以去地方上做令、长、丞以至州郡一级的太守、刺史和中央政府里的郎官。“茂才”即秀才，选的人数有限，俸禄也较“孝廉”多。而“贤良方正文学”科是每当国家碰上各种天灾时，朝廷放榜天下，要求天下的读书人广开言路，为朝廷献计献策。如董仲舒的“天人三策”就是这种背景下的产物，其他还有明经、明法等。在汉代，一个人的出身只要没有所谓的反对朝廷的政治问题，都可以凭上述三项人才选拔中的任何一项进入上流社会，以改变自己的命运，这就是“察举”制度。

所谓的“征辟”，就是古代的所谓“举逸民”，也即孔子说过的“兴灭国，继绝世，举逸民”。有些人出于各种原因隐居民间，这些人同时又很有学问，时间长了，在社会上产生了一定的影响，于是政府就请他出来做官，授予一定的职位，这种请人“出山”做官的方法就叫“征辟”。在历史上，有些人就是靠这种办法服务国家、名扬后世的。如西周初年的姜尚，有着经天纬地之才，为了有朝一日出人头地，就别出心裁地表演了一出吸引人眼球的“滑稽剧”：在渭水河上，用一直针在水面上晃来晃去，别人问他干什么，他说钓鱼。结果，“直钩垂钓”的行为产生了轰动效应，最后连西伯昌（即周文王）也知道了，就请他出山，拜为太师。所以，古代的“征辟”之法还是有历史传统的。汉代的“征辟”主要是皇帝、三公府及地方州郡的三级“征辟”，而唐以后，古代的“征辟”之法就演化成了“终南捷径”。

所谓考试，在汉代是与察举相配套的，即察举出来的人还必须经过考试。其形式种类有皇帝策试、公府考试及博士弟子课试，后世科举考试的“三级”形式即乡试、会试和殿试盖源于此。

通过考试以选拔人才在隋唐时代正式成为国家非常重要的政治制度之后，它废除了汉代的征辟、察举和魏晋时期的“九品中正”制的官员选拔标准，不预设门槛地从社会上的各类人中选拔各种能为国家所用的人才。通过考试（主要是笔试）之后，成为国家强大的官员后备力量，这就是在中国实行了一千多年的科举制。中国古代的科举考试始于何时，一般认为是隋炀帝大业三年（607）。据《隋书·炀帝纪》载，隋炀帝杨广曾放言高论，说他不靠父荫当上太子、皇帝，就凭科举考试，凭聪明才智，也能高中头筹，领袖群英。所以说科举始于炀帝杨广初年应该还是有根据的。公元1906年是中国古代科举考试的结束时,最后一个状元叫刘春霖,是慈禧钦点的。当时,久旱不雨,慈禧心烦,问主考官,考前十名的人叫什么名字,主考官报到了“刘春霖”的名字。“春霖”者,意味着天降甘露,为图好兆头,慈禧大笔一挥,刘春霖成了“三甲”第一名即“状元”。到20世纪初,古代的科举考试在中国已存在将近1400年。

唐代的科举制较之先秦及两汉的人才选拔制度,有以下几个方面的特点:(1)参试者可以自由报名应试,家庭出身、社会地位、家业等外在因素不受限制,也不必由官员举荐。(2)考试的日期由礼部统一规定,作为制度定下来,不得随意更改,也不必由皇帝批准。如一般是秋季是乡试。(3)考试的内容是历史上的儒家经典。(4)考试及评卷的纪律很严格,录取与否以考试成绩为准,声名家世已不再是录取的主要依据。评卷也采取匿名(即糊名制)的方式,最后评分由评卷官员集体决定。这种面向社会各阶层的、轻门第、重才学的招才方式是对古代人才制度的重大改革,也是对世袭门阀制度的毁灭性的打击,是一个历史性的创举和进步。

考试的内容各朝虽稍有差异,但大同小异。唐代的考试主要设常科,包括秀才、明经、进士、明法、明书、明算六科,其中以进士科和明经科为主。进士科除了考时务策,即对当时时局及发展趋势做出战略性的分析和评判外,还要考帖经和杂文。帖经即默写经书的能力,杂文主要考写作水平和技巧。除此,还要考诗赋的能力。明经科主要是考考生掌握“五经”“三礼”“三传”①这些儒家经典的熟练程度。

宋代的科举考试制度大体沿袭唐代,又稍有改变。主要有常科、诸科,有武举,常选之外有制科。常科即常设的科目,如进士、学究、明经、明法等。制科不常设,是临时决定,根据需要而设。在宋代,除进士科外,凡经、传、礼、史、法等科目多种,统称为“诸科”。一看就知道,在宋代的科举项目中,加重了儒家经典的考试内容,这些内容就是科举中的“论”(从经史中出题进行议论,作一篇论说文)。所以,一诗一赋一论是北宋早期的考试内容。宋

① “五经”即:《诗》《书》《礼》《易》《春秋》,“三礼”即:《周礼》《仪礼》《礼记》,“三传”即:《春秋左氏传》《春秋公羊传》《春秋谷梁传》。

初的考试科目有进士科、九经科、五经科、开元礼科、三礼科、三史科、三传科、学究科、明法科等。王安石变法期间，对科举制度又进行了改革，只设进士一科，废除诗赋、帖经、墨义等考试内容，改为经义、论、策，表现了对经义考试即儒家经典的重视。

据学者研究，宋仁宗嘉祐二年(1057)，皇帝下诏对明经科的考试内容进行了规定："明经科并试三经，谓大经、中经、小经各一也。以《礼记》《春秋左氏传》为大经；《毛诗》《周礼》《仪礼》为中经；《周易》《尚书》《谷梁传》《公羊传》为小经……每经试墨义、大义各十道，仍贴《论语》《孝经》十道，分八场，以六道为合格；又试时务策三道，以文词典雅者为通。其出身与进士同。"① "帖"即"帖经"，不是全经，只考其中的一个方面。杜佑《通典》之《选举三》云："掩其两端，中间推开一行"，有点类似于今天考试的填空。"墨义"即抽背经书里的某一段，考的是记忆力。

据《宋会要辑稿选举》载，宋神宗元祐三年的考试内容有：

> 今后令应新科明法，许习《刑统》，仍于《易》《诗》《书》《春秋》《周礼》《礼记》内各专一经，兼《论语》《孝经》。发解及省试，分为三场，第一场试《刑统》义五道，第二场试本经义五道，第三场试《论语》《孝经》义各二道，以三场通定高下，及以诸科额十分为率，留一分解本科旧人，一分解新科明法。②

据上引述的史料，就可了解唐、宋两朝科举考试的一些基本知识。这种做法对宋以后的明清两朝的科举制度影响深远，明清两朝的科举考试大体沿袭宋代。

这种科举考试制度对于出身平民又睿智的布衣之士来说，无疑是命运给自己送的大礼。只要把儒家经典的思想弄懂，有些警句能背熟，在考场上好好发挥，就不愁功名富贵。朝为寒士布衣，暮为天子门生，为统治者阶层源源不断地输送新的血液。

---

① 祝尚书：《宋代科举与文学》，中华书局2008年版，第68页。
② 祝尚书：《宋代科举与文学》，中华书局2008年版，第71页。

可他们这样做是否真正掌握了儒家学说呢？儒家的精髓仅仅通过解释、背诵就能理解和掌握了吗？这是正宗的儒家思想吗？是孔子的原意吗？恰恰相反，士子心目中原本神圣的儒家学说，此时成了敲开权贵之门的敲门砖，成了“干禄”的工具，成了统治者的婢女和装饰品。因为孔子的原始儒学不是要人们去解释儒家经典是什么意思，而是要人们依照经典指示的路径去进行道德的自省，进行自我思想改造，去掉私欲，一心“亲民”。而科举考试中的儒家思想除了一些经典条文供应试者去解说外，什么都没有，儒学改造人心的功能也就荡然无存，认识儒家思想的主体成了“黑洞”。这样一来，道德操守的讲求从儒家经典中被剔除出去，科举考试者的道德防线也不复存在。为了“高中”，应试者不惜奔走于权贵、豪门之间，尽卑躬屈膝之能事。唐代诗人的许多“温卷”“行卷”就是奔走“后门”之作，本应由儒家学者躬行实践的道德准则就变成了对道德的解释。于是，虚伪的做作、卖弄代替了真实的道德素质、操守。只要说得天花乱坠，让评卷者满意就达到了目的，至于儒家学说中的道德诉求是可有可无的。所以，中国古代的政治、文学、伦理等思想文化中，始终贯穿一个东西——假。这种假思想、假道德、假感情的产生与科举考试有很大的关系。明代的李贽说儒家的“六经”是“假人之渊薮”，确是一针见血之论，满腹经纶的学者满嘴道德仁义，其实“形若狗屁”。(《童心说》)

对于这种科举制度所产生的副作用，在宋代就有人提出质疑。真宗元年，有个叫王垚的大臣在《诸科问经义奏状》中就提出科举考试有弊病：“兹诚国家推广教道，将令士者悉以明六经大法之归，固不专于记诵之功也。”①认识到国家设“教道”，是要“明六经大法之归”，即要懂得儒家的真正精髓、“大法”，那就是先秦儒家提倡的理性人格和信仰道德，而不是“专于记诵”，以应付考试，以求“中选”“干禄”。就连与王安石变法对着干的史学家司马光在《论诸科试官状》中亦认为“国家本设诸科，以求通经之士，有司专以上文下注为问，已为弊法”②，认为专靠文章训诂、字句解释，是考试之弊，因为任何应试都只能培养学术工具，而不能培养道德君子，只能“己意穿凿，不合

---

① 祝尚书:《宋代科举与文学》，中华书局2008年版，第70页。

② 祝尚书:《宋代科举与文学》，中华书局2008年版，第70页。

正道，虽文辞辨给，亦降为不通”[1]。

所以，古代科举制度所产生的悖论是：一边是科举的勃兴，人们入仕之列如过江之鲫；一边是人格、操守、道德的坠落，他们高举孔子儒家的旗帜，可与孔子的真实目的早已南辕北辙。这就是为什么一千多年间所产生的文学作品充满乡学、乡愿，这与科举制度有很大的关系。所以后来就产生一种思想观念：谁对孔孟儒学解释得天花乱坠，左右逢源，谁就是儒学权威、泰斗。所以，科举制下的儒家学说早已被证明并非儒学正宗，不是先秦孔子的原始儒学，只是儒学的一个变种，即“伪儒学”。

王阳明总结这段历史时，认为：“自科举之业盛，士皆驰骛于记诵词章，而功利得丧分惑其心，于是师之所教，弟子之所学者，遂不复知有明伦之意矣。”士子们不懂得儒学的旨归就是“明伦”即道德，如果见“驱于声利辞章之习”，羁摩于“似是而非”之学“挟有小欲速之私”，最后都是“终身不得出头”。(《全集》，252 页)对此，明清许多学者都同意王阳明的看法。刘宗周在《重刻王阳明先生传习录序》中说：“孔、孟既没，心学不传，浸淫而为佛、老、荀、杨之说……而其后复束于训诂，转入支离……而去道愈远，圣学遂为绝德。”(《全集》，611 页)邹守益在《王阳明先生文录序》中云：“秦汉以来，专以训诂，杂以佛老、侈以词章……其后剖析愈精，考拟愈繁，著述愈富，而支离愈甚。”(《全集》，1569 页)19 世纪下半叶的学者严复对此亦有同感：“自晚周、秦、汉以来，大经不离言词文字而已……乃专以是为学，故极其弊，为支离，为逐末，既拘于墟而束于教矣。”(《全集》，1626 页)从隋唐时代开始的科举考试，对收拾人心、净化社会风气、纯净人们的道德操守，所产生的副作用是很大的。天下之所以不可收拾，人心日坏，“宁独科举为然乎”(《全集》，1611 页)，即全是科举惹的祸。应该说，这种观点是很有见地的。

如果要总结一下的话，自从科举制度兴起之后，如从政治、国家政权的层面上理解，确是为朝廷源源不断地提供了大量的后备官员，同时也使社会上的精英，通过考试这种方式能为朝廷所用，增强了政权的稳定性和社会秩序的有序性。可要从对儒家思想的继承来认识，唐、宋以后的历朝历代的科举制度尽管口不离“三礼”“三传”“四书”，可从实际效果看，完全背离了孔孟

---

[1] 祝尚书：《宋代科举与文学》，中华书局 2008 年版，第 71 页。

儒家的初衷，走上了一条研究儒家思想的“邪路”：不是让每个读儒家经典的人以此进行自我道德修养，“正心”“诚意”最后达到“亲民”“至善”的境界。而是嘴讲仁义道德，行为男盗女娼，卑鄙、邪恶。而且，越是到封建制度后期，科举制度愈完善，社会风尚就愈坠落、愈庸鄙。因为它鼓励人们去说假话、做假事、为假人。

所以，北宋理学的建立，从理论上说是想矫正科举给人们的心灵造成的弊端：天地的产生是由于“太极”，“太极”产生阴阳，阴阳化生万物，这中间的规律寂无声息，却无时不体现天地宇宙的大恩大德。这种“太极”也好，“理”也好，虽然玄远深奥，神秘莫测，可实际上人的思想完全可以达到这种“理”“诚”的境界。这种人既可是圣人，又可是普通人，到达了这种境界的是“圣人”，没有达到这种境界的是普通人。普通人要如何才能达到“圣人”的境界呢？就是通过道德修养，把人心与天理结合起来。人心不断地去追求“天理”，最终达到“诚”的境界，这样，天人就合一了。实际上，北宋理学就是教导人们通过自我内在的道德修养，去追求某种终极目的，或终极关怀，这就是“信仰”吧！信仰既是一个人的灵魂，同时也是一个民族的灵魂。有了信仰的人才是“至善”的顶天立地的人，有了信仰的民族才是自觉的民族。有了信仰，每个人才会自觉地走向自律，去“亲民”，去追求“至善”。如此，社会就大治了，人心就至纯了。

如周敦颐在《太极图说》里继承了《易大传》里的“穷理尽性”的思想，认为世界是由“太极”衍生的，“太极”的特征是“诚”“神”“几”。要理解它，只有通过人的心去“感而遂通”，去“穷理尽性”。“理”即天的“理”，“性”即人的“性”。在“穷理尽性”的过程中，达到“性”即“理”的境界，即“天人合一”的层面。到了程颢那里，又提出“仁者，以天地万物为一体”，“浑然与物体同”。（《遗书》上）即“仁”者之心与天地是处在同一个层次，认为“穷理”就是靠“心”去“穷索”，才能“天地皆为我所用”。这就与孔子、孟子的先秦原始儒学靠近了。最后发展到要“寻孔颜乐处”，要去追求某种精神、信仰和抱负，追求某种“大道”。正因心中有了信仰、追求，孔子才能做到颠沛流离、穷困潦倒仍矢志不移。颜回身处陋巷，吃的是粗粮，喝的是脏水，生活极其简陋，但他仍然很开心。如果心中没有信仰和追求，怎么可能做到这一点呢？张载在《西铭》里也言“民胞物与”的道德境界。“民，吾同胞，物，吾与也”，人到了这个境界，社会就有序了，人的私欲没有了，世界大同了。张载还有句名言，“为天地立心，为生民请命，为往圣继绝学，为万世升太平”(《张子语录》)，就是从天理与人性、个体与圣体的道德角度立论的。

所以说，北宋的理学既是一种思辨哲学，同时也是一种道德哲学。在天为“理”，在人为“诚”，体“诚”为“德”，念“诚”为“意”，教导人们要像天地里的“理”一样，做一个“诚”的道德君子和有某种精神信仰追求与自觉的个体。

北宋理学的出发点是对的，可方法就出了偏差。主要是朱熹的“格物致知”把人们对道德的内心体验、自律，变成了一个个地去探索事物中存在的“理”。这样就把只存在于人心里的某种精神、信仰、认识变成了一种独立的客观实在，引导人们不断追求这种认为存于万物之中的、实际上只存在于人心里的所谓“理”。这就等于人离开自己本身去找本身的影子，或者叫骑驴觅驴。这样的追求，当然一万年也不会有结果。作为认识方法的“格物致知”本身没有错，不“格物”怎么能产生“知”呢？如果把“格物致知”比作火车在轨道上行驶，本来应该往这个方向，即“心”的轨道，可朱熹错了道，把它扳于“物”的方向，结果是“格物”愈多，其弊愈甚愈远，因方向错了。原因很简单：“格物”也好，“致知”也好，如果不与认识的主体即“心”结合起来，你靠什么“格物”？你“格”了“物”之后产生的“知”落于何处？可惜的是，这个看似简单的问题，却蒙蔽了人类的思想达数千年之久，包括朱熹这样的大儒也不例外。

因此，对朱熹的“格物致知”的认识论，与他同时代的哲学家陆九渊就颇有微词。他认为朱熹的学问是“支离”，因为今天格一物，明天格一物，人生有涯，万物无穷，何时能“格”完？还不如直追“本心”来得痛快，“直截简易”。“支”就是拆散、分解、割裂的意思，“离”就是背离。而王阳明更认为朱熹的观点不仅“支离”，而且是“倒学”了。孔子主张靠人的内心去实行道德自律，靠人的自觉去体验道德精神。在这过程中，有一个关键的词“心”，没有“心”如何去评判山之高，海之深？在这个过程中，如果把“心”与“理”分为二，除了在哲学上导致认识源泉的不可知之外，也导致把道德当作外在于主体的条文，也就把思想与行为完全割裂了。以为只要把道德条文解释清楚而不管行为如何，就是对道德思想的理解和掌握。如果只做些辞章，何以化民善俗？从而为社会道德风气的坠落和庸鄙提供了理论上的根据。对此，王阳明十分反感。

> 六经之实，则具于吾心……不明于世，非一朝一夕之故矣，尚功利，崇邪说，是谓乱经；习训诂，传记诵，没溺于浅闻小见以涂天下之耳目，是谓侮经；侈淫辞，竞诡辩，饰奸心盗行，逐世垄断，而犹自以为通经，是谓贼经。（《传习录》下）

所以，严格说来，真正继承北宋五子的理学思想精髓的不是朱熹，而是王阳明；真正继承先秦孔子、孟子的原始儒学思想的也是王阳明。自从孔子、孟子开辟了这一块思想界的土地，在荒芜、沉寂一千年之后，由王阳明再次把这块处女地重新进行了开垦。因为从两汉一直到宋代，孔子创立的以收拾人心为旨归的内在道德自律学说，一直没有得到人们的正确认识与理解，被人们当作“谋其利”“计其功”的工具。为什么说王阳明的“致良知”的“心学”是继孔、孟之后的“千年绝学”，根据即在此。

第四章 躬行『良知』 只为民

第一节 唯有“良知”可救人心

作为一代宗师的王阳明，绝不是一个只会在书斋里讨生活的学究，而是有一定深度的思想家。这种深度表现在八个字：提倡良知，收拾人心。

王阳明所处的时代正值明中叶，各种社会问题层出不穷。西北边陲有外族的侵犯，南方有土著民族的暴动，中部有王室贵族的造反，朝中宦官专权，党争不已，腐败贪污，民怨沸腾。对于这些不断出现的社会问题，在王阳明看来，主要是人心坏了的缘故。人的“良心”没有了，人不知耻了，人如不知耻，何事不可为？现从王阳明与友人的通信中，摘录几段，就可以看出明中叶的人心是何等模样，从而见出王阳明深深的忧世情怀：

> 后世大患，全是士夫以虚文相诳，略不知有诚心实意。流积成风，虽有忠信之质，亦且迷溺其间，不自知觉……今欲救之，惟有返朴还淳是对症之剂。(《全集》,204 页)
>
> 今之习技艺者则有师，习举业求声利者则有师，彼诚知技艺之可以得衣食，举业之可以得声利，而希美官爵也。(《全集》,814 页)

今风俗之患，在于务流通而薄忠信，贵进取而贱廉洁，重行狡而轻朴直，议文法而略道义，论形迹而遗心术，尚和同而鄙狷介；若是者，其浸淫习染既非一日，则天下之人固已相忘于其间而不觉，骤而语之，若不足以为患，而天下之患终必自此而起。（《全集》，866 页）

自古纪纲之不振，由于为君者垂拱宴安于上，而为臣者玩习懈驰于下……当今之务，莫大于振肃纪纲，先进纪纲之说。（《全集》，868 页）

今世士夫计逐功名甚于市井刀锥之较，稍有患害可相连及，辄设机阱，立党援，以巧脱幸免。一不遂其私，嗔目攘臂以相抵捍钩摘，公然为之，曾不以为耻，而人亦莫有非之者。盖士风之衰薄，至于此而亦极矣……士风之衰薄，由于学术之不明；学术之不明，由于无豪杰之士者为之倡焉耳。（《全集》，884 页）

对上述引文稍加分析，就清楚地知道了明中叶的“世风”是颓废的，人心是卑劣的。为了一己之私，无事不可为。人变得无耻了，不仅政府日懈，士大夫日偷，就连普通老百姓也为了衣食而放弃了世之美德，变得日益“行狡”了。

社会糜烂到如此地步，就没有办法救治了吗？王阳明认为，办法是有：那就是由豪杰倡导“学术”。因“学术”不明，“世风”才日偷、日庸，只有“学术”明则世风才会淳。当然，把世风日下归于“学术”不明，似乎把社会看得过于简单化。其实，世风淫颓是有其深刻的制度原因的。倡什么“学术”呢，王阳明认为就是“良知”。社会是由一个个的个体组合而成，像人身体内的细胞、器官，只有细胞、器官健康，人的身体才健康。社会中的每个人如果都有了道德本性，古厚淳朴，那社会就有救了。有了个体的道德，就会有家的道德；有一家的道德，就可以扩大、影响一国的道德，最后到达平治天下的目的。套用一句 20 世纪 80 年代的话，叫“从我做起”。如从这一社会学角度分析，王阳明的看法不是没有道理：没有个体的内在自律，仅有制度、社会的外因，或没有社会制度的因素，仅有个体的因素，都是不能挽救世之颓风的。当然，在一定的时候，先倡个体的内在道德和良知的恢复也未尝不可。具体方法有：

一、“找回”良知

“良知”“良能”之说虽出自孟子，可王阳明却把它变成无所不包、内涵庞杂的概念：(1)“良知”是“天理”。“吾心之良知，即所谓天理”，“道心者，良知之谓也”。(《传习录》上)(2)“良知”是一个能辨别善恶的道德判断，“知善知恶是良知”。(《传习录》上)(3)“良知”是只属于个体的内在情感。所谓的“良知却是独知时”，“自家痛痒自家知”，“天理之昭明灵觉，所谓良知”。(《全集》，791 页)(4)能惜时即“良知”。“知惜阴者，则知致其良知矣”。(《全集》，1303 页)(5)“良知”即“良心”，即人区别于动物的某种将心比心的情感。(6)“良知”是某种处变不惊的心理素质。“若人真肯在良知上用功……自能临事不动”。(《全集》，1473 页)(7)“良知”是日用生活。“良知在日用，非阔迂虚远之谓”，“良知皆实理”。(《全集》，1594 页)(8)“良知”就是“明德”，是“德性”，即人天生的“性善”。所以，“良知”在王阳明那里是个外延很宽泛的概念，修齐治平的所有大道理都包含在里面。仔细分析，其倾向性还是很明显的：“良知”是“天理”，其他有关“良知”的内涵，都是由此发出。天理不能单独存在，必须体现于人心。把天理这种虚无缥缈的东西，拉回人间，放在现实生活中，而在人世间的“天理”就是“良知”，就是“明德”“德性”。人如果能“明明德”就是尊天理，否则就是违反天理，是要遭报应和惩罚的。

既然“良知”人人天生而有，为什么后天就没有了呢？不是没有了，而是被私欲遮蔽了，于是就要把它找回来。方法是“主静”“主敬”。“静”就是“静坐”，“主敬”就是“静坐”时的态度。在《年谱》中，王阳明多次讲到“静坐”，尤其是人刚开始静坐时，心不聚，神不安，不经过静坐这个环节是不行的。对此，王阳明有自己的一套说明，解释“静坐”时的一些基本方法和要求：

> 故且教之静坐息思虑。久之，俟心意稍定，只悬空静守，如槁木死灰，亦无用，须教他省察克治……初学必须思省察克治，即是思诚，只思一个天理。(《传习录》上)
>
> 修身惟在于主敬；诚使内志静专，而罔有错杂之念，中心明洁，而不以人欲自蔽，则内极其精一矣；冠冕佩玉，而穆然容止之端严，

垂绅正笏，而俨然威仪之整肃，则外极其检束矣。又必克己私以复礼，而所行皆中夫节，不但存之于静也；遏人欲于方萌，而所由不睽于礼。(《全集》,842 页)

王阳明的意思是：在静修时，要专心致志，思想不走“谱”，精神不跑“调”，不心猿意马，排除内在的私心杂念，尤其是私心方萌时，就要把它克服掉。排除掉的这些私欲主要是“好色”“好名”“好利”之类。久之，则“中心”自然“明洁”，“极其精一”，即达到某种虚明灵觉的境界。此时即使身处“庙堂”，“冠冕佩玉”，“垂绅正芴”也能不逾矩，即“检束矣”。然而又进一步克己之私，以至大至公之“理”充之，则所行无不符合道德规范，举动得体，成为内能修身，外能齐家，进而治国平天下的“君子”。所以，王阳明认为：“不一其内，则无以制其外，不齐其外，则无以养其中，则修身之道未备。”(《全集》,842 页)意思是不通过“静坐”这个环节，不以某种虚明灵觉的“精一”统一其内在的思想，就不可以束约自己外在的行动。外在的行为不约束，反过来不能促进内在的修养，即“无以养其中”。所以根本功夫是“静坐”，不“静坐”，“无以立其本”。不通过“克己”这一“门槛”，则“无以胜其私”。所以，“圣学之要，以敬为先”。总结王阳明的这种“静坐”功夫，主要是达到两个目的：主敬以使静能明觉，收回杂乱的“心”；主静即要克服己私，达到一种“心中明洁”的“精一”的“至大至公”的境界。

要找回“良知”，除了通过“静坐”以胜其“私”之外，还要通过“动”，以“动”这一环节固其“良知”。这个“动”就是日用生活，通过实践这个环节去应用、检验“良知”的多少、深浅以及“诚”“伪”。不通过“动”，无以显示其“静”，这是一种彼此依存的统一关系。在王阳明的言论中，尽管他谈了许多虚灵明觉的概念，但谈得更多的是许多百姓日用生活、纷繁复杂的世界，这个世界就是“道”，就是“良知”。这样一来，“良知”这个纯粹的“虚灵”概念从缥缈的状态回到了现实生活中，从生活中找“良知”，实现了与现实的紧密结合。

除了人情事变，则无事矣……事变亦只在人情里，其要只在致中和。(《传习录》上)

民人社稷，莫非实学。(《全集》,69 页)

百姓日用皆是道，宁有二乎？(《全集》,206 页)

将人情物理与良知看作两事，此诚不可以不察也。(《全集》,217 页)

郡县之职，以亲民也，亲民之学不明，而天下无善治矣。(《全集》,1024 页)

文辞者，道之华；才能者，道之干；虚寂者，道之原；群儒之言，道之委也，皆所谓"良知"之用。(《全集》,1360 页)

如果说"良知"于人心时表现为某种"虚寂"，为不可言说的状态，是"良知"之"体"的话，而一切见闻莫不是良知之"用"，"体"不可见，于"用"见之。于是一来，"良知"的道德之学就不是"虚寂"而是"实学"了，所以他说"明明德，而不说亲民，便似佛老"。佛老之"理"本属"空"，"明明德"却不"空"，而是"实"，这个"实"就是要"亲民"。在实际生活中落实"良知"，这才是王阳明"良知"学说的最后落处，真可谓用心良苦。所以他死后，人们认为他"上欲以其学辅吾君，下欲以其学淑吾民，倦倦欲人同归于善，欲以仁覆天下苍生"(《全集》,1429 页)，应该说，这个评价是客观公允的。

二、"扩充"良知

所谓"扩充良知"，就是告诫官员，在执政为民时要多想想老百姓，要为老百姓办实事，凭"良心"办事。

人天生就有某种"良知""良能"，只是由于后天的某些社会因素，把"良知"遮蔽了，使人变得日益寡廉鲜耻，狼心狗肺。可一旦这种"良知"通过"静坐""内省"等方式寻找回来后，就要进一步巩固这种"良知"、扩充这种"良知"。寻找"良知"的目的一方面为自己，使自己成为一个有益于社会的道德君子，言行做人表率，不为物欲横流所惑。但仅这样还不够，改造自身、主体只是"因"，只完成了改造的一半，还不是十分重要的一半，而改造社会、造福苍生才是"果"，这样才完成了改造的全部。读书是学习，使用也是学习，而且还是更重要的学习，学岂止文辞而已？非也。学习、改造自身的目的就是去实践，去为社会服务，这就是王阳明创立的"致良知"的"心学"学说的终极目的：改造自身、改造社会。

寻找回了“良知”后，如何改造服务于社会苍生呢？在王阳明死后，他的学生、后官至内阁大学士的李春芳写了一篇《重修王阳明先生祠堂记》，原文是：

> 阳明先生……致良知，则好善恶恶之意诚，推其极，家国天下可坐而理矣。公笃信先生之学，而日以体之身心，施之政事。秉钧之初，即发私馈，屏贪墨，示以好恶，四海向风。不数年，而人心吏治翕然丕变。此岂有异术哉？好善恶恶的意诚于中也。故学非不明之患，患不诚耳。知善知恶，良知具存，譬之大明当天，无微不照，当好当恶，当赏当罚，当进当退，锱铢不爽，各当天则。循其则而应之，则平平荡荡，天下平矣。（《全集》，1352 页）

上述所言，大概是李春芳以“致良知”的思想实践于平时执政治国过程中的体会，自己也因此服膺王学，成了王阳明的信徒。他认为只要找回了“良知”，就应去实践这种“良知”。如何实践呢？就是在执政为民的过程中，“发私馈，屏贪墨”，即不贪赃枉法，盘剥百姓；“示以好恶”，即惩恶扬善，为老百姓做出表率，起一个良好的“人心”“道德”的导向作用。见执政者如此，老百姓就会心向“影从”，个个以此激励对照，检查自己，像执政者一样，一心向善向德。这样实行下去，只要几年的工夫，“人心吏治翕然丕变”，就能收到良好的治理效果。

所以，体认了“致良知”，治家国天下就易如反掌，因治国为政说到底就是一个扶正祛邪、除暴安良、扬善去恶的过程，是“心”的物化过程。执政者只要践履了这个过程，心里想着老百姓，办事时将心比心，良心发现，社会就会公平，就有了正义，老百姓就满意了。因此，在执政治国的过程中，说到底就是执政者去识别自己的良知水平如何，德行如何，说到底就是一个“心”的问题。心好了，身也就正了，身正了，也就印证了孔子那句话：“其身正，不令而行，其身不正，虽令不从。为政以德，譬如北辰，居其所而众星拱之。”

如何才能“致良知”呢？李春芳的体会就是“内省”，去掉自己内心的好色、好名、好利的杂念邪思，使内心坦荡平易。一旦应用于实际生活，对外界的是非标准，全然站在至大至公的立场，丝毫没有半点为我之念，也就“无微不照”，“当好当恶”，全了然于心。“该赏当罚，当进当退”，不差半分，这就是“亲民”，就是“良知”之说为社会服务的最好注释和最终目的。因此，王阳明一直坚持认为，“明明德”不逐步进入“亲民”这个阶段，那“明明德”又有什么用呢？要治理好天下并不难，主要在于“修身”。修身的内容是“诚意”“至善”，如此一来，身“修”好了，家也“齐”了，那天下国家也就不难治理了，这才是真正的《大学》之道啊！

有一次，浙江诸暨有名叫朱子礼的县吏（宰），向王阳明请教“为政”之道。王阳明只与他谈学问、谈“良知”之学，不谈政事，子礼“退而省其身”，以为王阳明要他修身以惩己之私、己之利、己之忿，因而知道了“民之所恶、民之所好、民之所趋、民之所忽、民之所患也”。也就是说懂得了老百姓厌恶什么、反对什么、赞成什么、需要什么，然后“明己之性，而因以得民之所同也”。即是说“急民之所急，好民之所好，利民之所利，惩民之所恶”，结果“三月而政举”，取得了意想不到的效果。于是，这个朱子礼大发感叹：“吾乃今知学之可以为政也已！”

又过了些日子，朱子礼又向王阳明请教为学之道，王阳明只与他言政而不及学。于是朱子礼“退而修其职”，即通过执政的工作实践来改造、克服自己的缺点，弥补自己的不足。“平民之所恶，而因此惩己之忿”，在惩治百姓当中的恶行、恶人的同时，也对照检查自己是否也有如此“忿”；“从民之所好，而因以窒己之欲”，通过满足老百姓的要求来克服自己的“欲”；“顺民之所趋，而因此舍己之利也”，根据老百姓的需求、爱好而满足之，进一步克服自己的利欲之心；“警民之所忽，而因以惕己易也”，老百姓有些方面忽视了，自己提醒他们，在提醒的过程中，进一步加强警惕之心；“拯民之所患，而因以去已之蠹”，拯救老百姓于患难之中，克服自己幸灾乐祸、想趁火打劫的心理。这样做的结果是“期年而化行”，只有几年的时间，辖区内移风易俗，风化大治，于是朱子礼又感叹：“吾乃今知政之可以为学也！”

如果这段史料的真实性没有疑问的话，那么王阳明为中国古代的社会改造、个体改造在理论和实践上进行了有益的尝试与探索，并取得了一定的收效。在中国古代，对于统治者来说，有两个最头痛的问题：一是如何收拾人心，二是如何约束各级官吏的贪虐之心。从孔子开始，就在探索这个问题，数千年间并没有太大的结果。而王阳明从思想理论上，接过孔、孟的衣钵，把这种理论与社会实践、个体改造结合起来，开启了古代政治学、社会学、道德学新的一页，为后世为政治国者、社会改革家提供了有益的思想理论遗产。

按照王阳明的理论，人只要扩充了"良知"，并能"知得精察明觉"，就能很好地应用于社会；在体验这种"良知"的社会化过程中，只要体会"行得真切笃实"，就能进一步认识到"知"，就能"知"得更深刻、透亮。对于这种理论，李春芳、朱子礼都进行实践过，并大有所获，他们的话应该是可信的，说明应用"良知"于日常生活的方方面面，应用于执政者的治理过程，也许是一道值得探索或有远大前景的课题。如果王阳明再晚死二十年，是否能在这方面做出更大的尝试呢？是否能取得更大的收获呢？答案只能是假设，因为任何一种改造社会的政治思想理论所产生的效果，绝不是一朝一夕之功，会有多次的反复。可惜天不假年，作为一个政治家、思想家、导师，王阳明在五十七岁的壮年就辞世，似乎有点遗憾，所以他临死时感叹：在学问研究上刚稍有成绩，本想与本党同志再认真努力，可惜没有这个可能了。他的临终遗言是否包含有这方面的意思呢？从中国古代的政治家、思想家如从张载、王安石开始，就有为政当从经界始的探索，即在自己治理的辖区内进行改革的实验。王阳明身为封疆大吏，当过江西巡抚、广西巡抚，总督两广、江西、湖广军事的显职，完全有这个条件，可上天没有给他这么一个机会。尽管如此，王阳明还是利用在当军政长官的有限的时间内，尤其是军务倥偬、战争频仍的情况下，在自己的辖区内，做了许多为民所想、为民所急、为民所利、为民所化的"功德"之事，移风易俗，改造人心。说明王阳明确是有一番要将他自己的理论应用于改造社会和人心的雄心壮志。对此，后文有详述。

但我们从另一个角度来加以讨论，即使历史给了王阳明这么一个机会，他又有多大的成功系数呢？也就是说他的这种理论真能实现改造社会、收拾人心的预期效果吗？问题的症结不是这种理论本身，而是与理论相对应的社会存在。改造一个人的道德品质，仅仅只有"道德"的"自律"一途，对官员是否能为政清廉、是否能为民请命，认为只要通过"自律"的道德诉求或静坐，扩充了"良知"就可以达到，未免有点不合情理，有点迂腐。如有人不想"自律"，只想与世沉浮，为物欲所惑，那又当如何呢？

人们的社会存在，决定着人们的思想。所谓的社会存在指的是深深影响人们生存的具体生存环境和与这种存在相对应的、独立于这种存在并又有很大的力量反作用于这种存在的政治、法律等各种制度，这才是制约、决定人们思想走向的最重要的因素。因为社会中的人不是某种观念的抽象物，它是社会关系的总和。人们不可能超越自己生存的环境去追求与这种环境有很大距离的某种道德诉求，仅靠可怜的道德“自律”“内省”“静坐”，根本无法抵御外界强大的物质利益的诱惑。在世俗的物质利益面前，一切抽象的道德说教都显得十分苍白和空乏，尤其是当社会制度在客观鼓励、支持这种诱惑时，一切道德的说教只能成为人们的笑柄或骗人的鬼话。几千年来，研究儒家学说的人不胜枚举，历朝历代高中状元的科举魁星数不胜数，可从有文字记载以来，真正意义上的道德楷模又有几人？有几个官员能抵挡这种制度带给自己的诱惑呢？几乎一个也没有。究其原因，还是一个制度问题。制度不仅要有某种强制的外在力量，同时还要有积极的、健康的、先进于时代的思想道德文化和贯彻这种文化的社会氛围与社会力量。

可问题是：一个社会一旦彻底糜烂了，那改造旧的制度、建立新的制度的力量又从何而来呢？也就是说，当外在的制度不足以成为健康的、能正确引领老百姓“向善”的因素，而且又没有横向的先进力量可以与之参照时，改造社会、收拾人心就只能靠每个人的那点起码的“良心”“良知”了。王阳明的“心学”就是这种环境下的产物，是防止社会从人的层面向兽的层面坠落的没有办法的办法，是垂死的社会制度即将死亡时的“救世之方”和“强心”之药。

社会道德没有了，糜烂了，主要是人的心坏了，说明王阳明看问题看得很准。如何治理已坏的这颗人“心”呢？看来王阳明也没有更好的救世良方，只好要求每个人通过“静坐”去找回“良知”，各级官吏再把这颗久违的“良心”再扩充到执政为民的实践中。如果每个官员都这样做了，社会就纯厚了。这种想法有多大的可行性，另当别论。但认为改造社会当从改造个体的“心”，扩充个体的“心”开始，这个理论还是很有价值的：如果有了先进的、文明民主的社会制度，又加以与这种制度相配套的思想文化的引导，应该说，中国古人一直梦寐以求的如“尧、舜”时代的致治之世的出现，应该是不难的。

如何收拾人心，提振“良知”，王阳明认为还有一途，那就是办教育，通过学习圣贤留下来的经典，从中去寻找“良知”。他有句名言：“破山中贼易，破心中贼难。”如要找回、扩充良知，破除心中贼，当从思想、教育入手，然而这是一个潜移默化的长期过程，焦急、烦躁不得。他认为，“古之善治天下者，未尝不以风俗为首务”，风俗能移人心，而能移风俗者，当在人，当在教育。他一辈子至死时都在讲学、教学生。他的学生曾恭维他立德、立功、立言都可垂范后世，王阳明笑言道：没有立德、立功，仅凭立言教人亦足以不朽，其自负如此！他在江西平山民之乱，在南昌平宸濠之叛，在广西镇八寨、断藤峡之反以及抚思恩、田州瑶、僮之民，无不以教育为收拾人心第一要务。每到一处，首先做的第一件事，就是创办学校，对老百姓实行教育，使子弟有书可读，认为教育是扩充人的“良知”的最好手段。他在给皇帝的奏疏中，如《立崇义县治疏》《再议崇义县疏》，以及在广西时的《处置平复地方以图久安疏》《告谕父老子弟》《案行广西提学道兴举思、田学校》《批立社学师耆老名呈》等文中，多次谈到要立学校易人心。兴了学校，用何种教材，具体如何操作，都有详细规定和要求。他在《训蒙大意示教读刘伯颂等》中云：

> 今教童子，惟当以孝弟忠信、礼义廉耻为专务，其栽涵养之方，则宜诱之歌诗以发其志意；导之习礼以肃其威仪；讽之读书以开其知觉。今人往往以歌诗习礼为不切时务，此皆末俗庸鄙之见，乌足以知古人立教之意哉？大抵童子之情，乐嬉戏而惮拘检，如草木之始萌芽，舒畅之则条达，摧挠之则衰萎……故凡诱之歌诗者，非但发其志意而已，亦以泄其跳号呼啸于咏歌，宣其幽抑结滞于音节也。导之习礼者，非但肃其威仪而已，亦所以周旋揖让，而动荡其血脉，拜起屈伸，而固束其筋骸也。讽之读书者，非但开其知觉而已，亦所以沉潜反复而存其心，抑扬讽诵以宣其志也。
>
> 若近世之训蒙稚者，日惟督以句读课仿，责其检束，而不知导之以礼，求其聪明，而不知养之以善……彼视学舍如囹狱而不肯入，视师长如寇仇而不欲见……是盖驱之于恶而求其为善也，何可得乎？（《全集》，87 页）

这是有关王阳明教育思想的一篇重要的文章。在这篇文章里，王阳明表达了一个中心主旨：要收拾人心，寻找、扩充良知，破除心中贼，当从小孩子抓起。儒家经典不是拿去装门面的、“干禄”的，而是拿来指导人们的行为实践的。如对小孩的教育，因为小孩如草木之初生，日后是否成才，成长得如何，全在于培植功夫：如“舒畅之”就“条达”，长得顺畅；如“摧挠”之，就“衰萎”。所以，让小孩子接受教育，不仅仅是让其有“知觉”，即识事理，而是要“反复存其心”，“宣其志”，能为“善”，有“良知”。其具体方法就是对儒家经典反复背诵，道之礼义，以发其志，以导其威仪，这样，“善”“良知”就自然产生了。否则，见学校如“囹狱”，视师长如“寇仇”，想要他们产生“善”“良知”是完全不可能的。而导向小孩以“善”的教材就是宣扬“孝悌忠信、礼义廉耻”的儒家经典。在王阳明看来，儒家经典是“圣人”所作，“天理”之所在。只要识得了“六经”，就识得了“天理”，而“天理”就是“命”，就是“性”“理”，也是“明德”和“良知”。

这种以移“心”为目的的教育方法，王阳明认为不仅适用于汉族，同时亦适用于瑶、苗、僮等别的民族。夷夏之别不在肤色、毛发、血液，而在于“礼义”，要变“夷”为“夏”，“宜有学校”。思、田之乱刚刚平息，王阳明就写出了《案行广西提学道兴举思田学校》的公文，要求在思、田二州的瑶、僮、苗等民族之中，速建学校，“风化之原终不可缓”。战乱刚平，条件较差，可暂选“教官一员”，因地制宜，“暂领学事，相与讲肄游息，或兴起孝弟，或倡行乡约，随事开引”，待过了一年半载，就能逐渐走上正轨。如此一来，“下民焉有不披其泽，风俗焉有不归于厚者乎？”从而达到了以夏变夷，收拾人心、移风易俗的改造社会、人心的长远目的。

第二节　王氏“心学”乃新时代的第一声号角

20 世纪，中国处在一个思想解放、天翻地覆的时代，有关这种解放与变化的具体表现就是打碎偶像、否定权威，天上地下，唯我独尊。

从秦汉以后所形成的统治中国两千多年的政治、经济、文化在 19 世纪遭到了革命性的清算，其具体表现及其起因就是 19 世纪下半叶的洋务运动的失败。在失败的氛围中，导致国人不仅从器物的层面同时还从思想、文化及制度的层面去思考中国落后的原因，从而导致西方多元化的文化思潮洪水一般地涌入中国，民主、自由、人权、理性等思想观念深入人心。一句话，是作为个体的人重新认识自我价值的时代，这对于几千年来以纲常伦教为绳索去束缚人们思想的儒家学说来说，无疑是革命性的打击、毁灭性的摧毁。以往的学者、思想家们都把这种变化归之于“西学东渐”的结果，实际上，这种观点是不全面的。中国人寻求思想的解放、个性的自由，严格地说，不是始于19世纪末，而是在16世纪的明朝中叶，代表人物就是王阳明。

所谓的“心学”的“心”，其实包含两个层面：一是物质的层面，一是思想的层面。物质的层面是指“心”并非一种概念的抽象物，而是现实生活中的客观实在，是有血、有肉、有情、有欲的东西。这就导致对南宋以来理学家张扬的“存天理、灭人欲”的直接否定：没有人，何来的“心”？没有“心”，就没有各种欲望的载体，哪有“理”的存在？“天理”皆在人欲中，没有了“人欲”也就没有了人心，何来的“天理”？因天理是赖“心”而存在，没有了物质层面的“心”，天理也就不存在了。

所谓思想的层面，主要是指认识、评判事物的标准不是外在强加的，而是内在滋生的。就是说，评判事物标准的“心”不是客观的，而是主观的，没有了这个认识事物、评判事物的标准、载体“心”，如何去认识事物？没有了“我的这个心”，如何产生、评判世界的思想文化和道德？所以，“心外无物，心外无理”就直接导致对权威的否定，对偶像的批评。既然我的“心”是评判一切的标准，天上地下，唯我独尊了，哪有权威和偶像？如此一来，几千年来戴着“至圣先师”桂冠的孔子及一切历史人物与思想权威也顺理成章地在扫荡之列，这也许是王阳明创立自己学问时始料未及的。同时，对外在偶像的否定，也必然导致对个体理性诉求的弘扬与肯定，一切思想解放都是从此开始的，古今中外，概莫能外。

还在王阳明在世时，他创立的“心学”就遭到人的攻击。他的学生曾问他如何看待别人的议论，王阳明回答说，哪怕天塌了，地陷了，他也坚持自己的观点。他死后，尸骨未寒，“心学”就立刻遭人诋毁为“邪说”，说他“师不事古，言不称师，欲立异以为高”。（《明史·王守仁传》）就是说王阳明反对和否定权威，自己另搞一套，尤其是攻击王阳明非朱熹的格物致知之说，喜欢“标异儒先”，建议朝廷禁止。从明世宗嘉靖八年至明穆宗隆庆元年，王阳明的学说成了“禁区”“邪说”，王阳明本人也遭“遂削世袭伯爵，并当行恤典”的处分。

为什么在明中叶以后，统治者如此憎恶王学呢？明代学者高攀龙在《王文成公年谱》一文中露出冰山一角：

> 学者则已有流入空虚，为脱落新奇之论，而文成亦悔之矣。至于今，而盖以虚见为实悟，任情为率性，易简之途误认，而义利之界渐夷，其弊也滋甚。(《全集》，1610 页)

就是说王学在当时产生的社会作用是很大的，“流入空虚”，以“虚见为实悟”，即放弃客观世界，作虚玄之冥想。“以任情为率性”，放弃道德标准与道德底线。“义利之界渐夷”，人们放弃“天理”，追求物质利益等，这些都是封建统治者所不能容的。如此下去，就动摇了封建统治大厦的思想基础，与理学之教背道而驰，这是封建统治者绝对不能容忍的。

其实，王阳明的“心学”对后世的影响不仅仅是使“义利”之界“渐夷”或“任情”“率性”那么简单。事实上，王阳明的思想学术深深影响于后世的是他的“狂者”之论、人格独立之说，以及在此基础上形成的“心外无物”“知行合一”的思想观点。

在王阳明的言论中有许多有关“狂者”“人格独立”的论述（详见第五章），应该说，这是王阳明思想中最有价值、最闪光之处。“我今做得个狂者的胸次，使天下之人都说我行不掩言也罢。”“我的灵明，便是天地鬼神的主宰。”“学贵得之于心，求之于心而非也，虽其言之出于孔子，不敢以为是也。”等等。像这种敢于向千年传统尤其是向作为思想文化偶像的孔子提出挑战的人，在中国数千年的思想史中可谓寥若晨星，也真够“狂”的。实际上，“狂者”之说，“独立”之论，就是强调人要有“自我”，要有“理性”，自己不是任何人的奴隶、工具，恰恰相反，是世界的主宰；不要人云亦云，不要拾人牙慧，更不要拜倒在权威、偶像的脚下自甘堕落。这不是民主、自由之论又是什么呢？而且这种人格独立的精神是任何人、任何思想也不能剥夺和否定的，既然“心外无物”“心外无理”，那世界上除了“我”之外，还有何物？人（我）为天地立法，人（我）成了万物的主宰，此种思想放到西方 17、18 世纪有关自由思想家的著作中，也是毫不逊色。所以，“狂者”之说、“独立”之论导致的直接后果就是要砸碎一切权威和偶像，还包括对君权的否定。

在王阳明对后世有影响的思想中，除如上所说之外，还有一个重要的思想就是“知行合一”。在他看来，“知”不能“行”是非知，是“懵知”，“行”而不“知”是“冥行”，强调“知是行的主意，行是知的功夫”。把“知”和“行”这两个人类思维中的认知阶段紧密结合起来，就能为人类在实践中减少弯路，在认知中减少偏差，使“知”更好地与“行”有机结合。它告诫人们的是：你要知得真彻、行得笃实，就必须言行一致、表里一致、学用一致，必须把自己原先的“知”付诸“行”，即社会实际生活中。只有经过“行”这个环节，你的“知”才更有意义，更有利于社会，才能“知”得更彻底。因此，读书、学习，“知”的目的就是“行”，就是实践、服务、有用于社会。如不利于社会，不为社会所用，都不是真“知”或“知”得不彻底。如果把“知”和“行”这个认知过程中的两个阶段分开看的话，人永远不可能获得认识层次中的高级理性知识，只能停留在感性认知阶段。有关这一点，王阳明的好友、学生、亲家黄绾看得十分清楚、透彻：所谓“知行合一，欲人言行相顾，勿事空言以为学也”。(《年谱》)

可以这样认定，王阳明的这些重要的理论观点直接导致明末清初民主思想的升起和“经世致用”学风的产生。第一个当这方面先锋的是明末三大儒即黄宗羲、顾炎武和王夫之，其中以黄宗羲为代表。

黄宗羲(1610—1695)，字太冲，又称梨州先生，是王阳明的再传弟子刘宗周的学生。19岁为报父仇，袖中藏锥寻杀凶手。他曾领导复社进行反对宦官权贵的斗争，因深受阳明学说的影响，又碰上山河改色的巨变，黄宗羲俨然成了在明末清初乃至封建社会第一个向封建君权开“火”的人。他的名著《明夷待访录》被誉为17世纪的中国“人权宣言”。在这一书中，他对程朱理学的批判比王阳明还要激烈、大胆，直接指向被道学家称为“居天下之至中”“有天下之纯德”“至极之标准”(朱熹《皇极辩》)的封建帝王。全书分为《原君》《原臣》《原法》《学校》《田制》《财计》等，涉及的范围有政治、法律、经济等方面，是一部划时代的民主思想的启蒙著作，不仅有对封建君权的批判，还有具体的民主主义思想的改革方案。19世纪末，康、梁变法时，梁启超、谭嗣同诸人，将其书“印数万本”，广为散发，宣传变法，是对当时的青年产生“刺激的最有力之兴奋剂”(《清代学术概论》)，录几段如下：

为天下之大害者，君而已矣。（《原君》）

为人君者……以为天下利害之权皆出于我，我以天下之利尽归于己，以天下之害尽归于人，亦无不可；使天下之人，不敢自私，不敢自利，以我之大私为天下之大公。屠天下之肝脑，离散天下之子女，以博我一人之产业……以奉我一人之淫乐，视为当然。古者以天下为主，君为客，凡君之所毕世而经营者，为天下也今也以君为主，天下为客，凡天下之无地而得安宁者，为君也。（《原君》）

为臣的目的“不在一姓之兴亡，而在万民之忧乐”（《原臣》）；君主专制的法律是“一家之法而非天下之法”，“有治法而后有治人”（《原法》）；为君者须“不以一己之私为利，而使天下受其利；不以一己之害为害，而使天下释其害；此其人之勤劳必千万于天下人”（《原君》）。

如果把这些思想观点与西方 17、18 世纪的民主启蒙思想家如卢梭、洛克、伏尔泰的有关个人自由、权力、法律、君与民的关系的著作相比较，也丝毫不逊色。而且这些思想在当时的中国应该是振聋发聩的惊世之声。如果没有人的意识的觉醒，没有人的自我意识、独立、理性人格的出现，很难想象这种思想能产生于以程朱理学为主流意识形态的 17 世纪的中国封建社会。追本溯源，这是和王阳明“心学”的传播分不开的。

所以，严格说来，民主、自由、独立、理性的思想认识并非 20 世纪才由西方输入，这种思想文化也并非西方所独有，早在 16、17 世纪的明代社会就已经形成并产生了深刻的影响。如果不是满族入关，为求政权的巩固，以残忍、野蛮的原始手段，人为地压制了王学的传播，提倡程朱理学和文物训诂，那中国古代的民主思想的出现并普及就不需要待到 20 世纪了。

作为新时代的第一声号角，王阳明思想学术的第二个惊世之功就在于他创立的“知行合一”的思想，导致产生于明末清初的“经世学风”一直延续到 19 世纪，前后达两百多年。代表人物有：明末“三大儒”及以后的颜元、李塨、傅山、李颙、朱之瑜、龚自珍、魏源、贺熙岭、曾国藩、左宗棠、胡林翼等人。

如顾炎武强调要用“修己治人之实学”去取代“明心见性之空言”（《日知录》卷七）；王夫之要求“尽废古今虚妙之说而返之实”（王敔《姜斋公行述》）；

黄宗羲认为"学贵适用,奈何今之人执一以为道,使学道与事功判为两途"(《姜定庵先生小传》)。真正的儒学必须是为民族国家做实事的,一句话,就是务实,不务"虚",要匡济时艰,关心社会现实,"为学当有实功,有实用"(《朱舜水集》卷十一)。到了晚清时期,叹朝中无才相,军中无才将,民间无才士,甚至连才商也没有的龚自珍,极力要求变法,认为善言古者必变于今。龚自珍的好友魏源更是中国19世纪主张"经世致用"的巨子,他主编的《皇朝经世文编》及《海国图志》,是近代史上指导人们变法图强、经世致用的不朽之作。他在《海国图志》中提出的"师夷长技以制夷"之言更是成为19世纪变法图强的响亮口号,此书在日本被尊为经典,对日本的明治维新、富国强兵产生了巨大影响。后来继承魏源这一学风的则是湖南岳麓书院一派,"经世致用"成为岳麓书院的学风,培养出了一大批像曾国藩、左宗棠、胡林翼、贺熙岭兄弟这样出类拔萃以宣传经世致用以达富国强兵为目的湘省学子,直接带动了晚清社会的巨变。清末民初,以"再造共和"名世的蔡锷将军更是20世纪"经世致用"学风的殿军。

任何改造社会的思想理论都有它的哲学基础,晚清"经世致用"学风的哲学基础就是王阳明倡导的"狂者"气魄、独立人格及"心外无物""知行合一"的学术思想。这种思想经过三百多年的传播、发酵,终于在19世纪末、20世纪初开出灿烂之花,继而结出丰硕之果。

第五章 诲人不倦是良师

王阳明是教书先生，一生以讲学、教学生为乐事，他的许多思想就是在与学生的切磋、讲授中表达出来的。如前所述的“知行合一”“致良知”“心外无物”之类，都是在与学生讲课时和平时的讨论中发表的高论，这些思想自成体系，如前述。还有一些思想，虽然散碎，冲口而出，不成系统，但也显示出王阳明对社会、人生的敏锐的观察力和理解力。这些思想都是在平时与学生的漫谈中产生的，显得更有亲和力、更随和，对人的影响不可小觑。就是在近500年后的今天，观王阳明所言，恰如昨日之事，令人如沐春风，回味、深思无穷。

笔者对王阳明平时有关这方面的言论进行了归纳，共有以下几个方面的见解和认识。

第一节 做人要有“狂者”气象

王阳明的思想如果要以一句话来概括，就是“狂者”之言，包括他的哲学思想，无不存在这方面的气息。对做了几千年奴隶、跪在地上达几千年之久的中国老百姓来说，这种思想有如当头棒喝。王阳明多次对人言，人要有“狂者”气象，就是告诉人们：人要有点反叛精神，要多点反骨。没有反叛精神，有如一汪死水的社会永远也不会掀起涟漪，更谈不上进步。他对学生是这样说的，同时也是对他本人平时的言行的最好的概括。王阳明打从一来到人间，好像就与这个世界格格不入，天生就是这个世界的叛逆者：生下来有几岁了，该说话了，他就是不说；结婚大喜之夜，他跑去道宫与道士打坐；几次科举都名落孙山，就想落发为僧；遭刘瑾逼迫，走投无路了，就想逃离国境；朱宸濠造反，王阳明就敢"矫"君命，以皇帝的名义到处发告示；擒获朱宸濠了，皇帝要他把叛王交给自己，他抗命不从；在平定广西叛乱之后，不待君命，就擅离职守，跑回浙江老家；等等。总之一句话：在王阳明的一生中，干了许多"出格"的事。尽管他没有如黄巢、黄巾那样，起兵造反，可他是任何一个造反领袖都不能比拟的：他以自己的思想动摇了几千年的君权基础，造了中国封建社会思想方面的反。

如此个性鲜明的封疆大吏，在中国历史上可以说是绝无仅有，也因为他这一点，成就了他的一世英名，同时也遭受了不少非议，甚至诽谤。他死后不久，宰相桂萼就攻击他"擅离职役"，擒朱宸濠是"军功冒滥"，学术思想是"事不师古，言不称师，欲立异以为高"等（《全集》，1509 页）。在中国封建社会里，一个学者"事不师古，言不称师"乃大逆不道之罪。所以，清代史学家张廷玉在《明史·王守仁传》里也站在攻击者一边，说王阳明"矜其创获，标异儒先，卒为学者讥"。对于大学士桂萼的攻击，尽管不免"流弊所然"，但并非毫无根据，同时也不能因王阳明之勋绩而掩盖其缺陷，"固不能以功多为讳矣"。

所以，王阳明就是这样一个有着"狂者"气象的"我行我素"、绝世独立的人。每当他谈自己在这方面的体会时，那种"狂者"的气象、个性鲜明的人格、狂睨一切的精神，力透纸背，使人受到极大的震撼。现摘录几段，以飨读者：

> 我在南都以前，尚有些子乡愿的意思在。我今信得这良知真是真非，信手行去，更不着些覆藏。我今才做得个狂者的胸次，使天下之人都说我行不掩言也罢。（《传习录》下）
>
> 狂者，志存古人，一切纷嚣俗染不足以累其心，真有凤凰千千仞之意。（《全集》，1168 页）

昔孔门求中行之士不可得，苟求其次，其惟狂者乎？狂者志存古人，一切声利纷华之染，无所累其衷。(《全集》,1288 页)

狂狷不与俗谐……三代以下，士之取盛名于时者，不过得乡愿之似而已。(《全集》,1288 页)

昔孔子在陈，思鲁之狂士，世之学者，没溺于富贵声利之场，如拘如囚，而莫之省脱，及闻孔子之教，始知一切俗缘皆非性体，乃豁然脱落。(《年谱》)

就是身在流放之地，王阳明也“狂气”十足，这在他留下的许多诗文中有充分的表现，如《龙冈漫兴五首》之一：“归与吾道在沧浪，颜氏何曾击析忙？枉尺已非贤者事，所轮徒有古人方。白云晚忙归岩洞，苍藓春应遍石床。寄语峰头双白鹤，野夫终不久龙场。”《山中懒睡》之一：“竹里藤床识懒人，脱巾山麓任吾真。病夫已久逃方外，不受人间礼数嗔。”“独坐秋庭月色新，乾坤何处更闲人。高歌度与清风去，幽意自随流水春。千圣本无心外诀，《六经》须拂镜中尘。却怜扰扰周公梦，未及惺惺陋巷贫。”(《全集》,703—1292 页)

由此看来，王阳明的所谓“狂者”，实际上是一些不受虚伪礼教束缚，看轻人世间声色名利，个性鲜明、自由奔放的有识之士。这些有识之士不与卑污的社会合流，心里仰慕古代那些廉洁清纯之士，不做恋栈的家雀，而要像“凤凰”一样腾跃于千尺之上，像鸿鹄一样凌云于海天之中。尤其是那些富贵名利，简直就是“囚笼”，把人像犯人一样拘束了。王阳明多次表示仕途于人就是“囚笼”，人一旦入了这个“囚笼”，要想摆脱并不容易。“人在仕途，如马行淖田中，纵复驰逸，足起足陷，其在驽下，坐见沦没耳。”(《全集》,166 页)他与其友黄绾信中谈起人要得自由不容易：“人在仕途，比之退处山林时，其工夫之难十倍，非得良友时时警发砥砺，则其平日之所志向，鲜有不潜移默夺，弛然日就于颓靡者。”(《全集》,1304 页)意为社会、仕途、功名就像一张巨大的网，使自己窒息。所以，他思念、向往“狂者”做派、气象，同时也表现出他无可奈何的一种心态。而他一生就是这样走过来的，即使有人说三道四也没关系，只有这样，才能给自己的思想空间留下一小缝供自己自由呼吸。所以说，历史上任何“狂者”都是社会的不协调者，是旧思想的改造者和新文化的开创者；任何“狂者”言行都是对社会一针见血的评判，是清醒、理智地解析社会的乾坤经纶手，只有他们才能道出社会末世的病源在哪里！

人要在生活、思想方面做一个“狂者”，有两个方面要加以注意：

一是要尽量避免有“乡愿”之举。所谓的“乡学”“乡愿”原是孔子、孟子创造的名词，也是他们极力反对的一种思维方式和行为模式。孔子说：“乡愿，德之贼。”（《论语·阳货》）孟子也说：“同乎流俗，合乎污世，居之似忠信，行之似廉洁，众皆悦之，自以为是，不可以入尧舜之道。”（《孟子·尽心》）所谓的“乡愿”就是指社会上有些人在生活中表现得光亮圆滑，八面玲珑，做人没有特点、个性，说话谁也不得罪。你要追究他，又没有什么明显的缺点，又觉得此种人不可靠，但此种人在社会中又吃得开，能讨人喜欢，这就是“乡愿”。对于此种人，历朝历代都有，可对于一个要建立不世之功的人来说，对于一个愿以“狂者”名世的人来说，“乡愿”却是人生的大忌。此种人不求有功，但求无过，明哲保身，丧失操守、原则，如墙上之草，风来两边倒，不希望伟大的事业，但愿随大流以此了却一生，这种观念想法、习性往往能磨损一个人的斗志，使他变成苟延残喘之人。因此，一个人要真正想有所为，就必须不能沾有“乡愿”的习气，“乡愿”乃“德”之贼，也是“狂者”之贼。所以王阳明多次教诲自己的学生，要克服身上的“乡愿”习气，做一个顶天立地的“狂者”。

乡愿以忠信廉洁见取于君子，以同流合污无忤于小人，故非之无举，刺之无刺。然究其心，乃知忠信廉洁所以媚君子也，同流合污所以媚小人也。其心已破坏矣，故不可与入尧舜之道。（《传习录》中）

有“乡愿”习气之人，见到君子说冠冕堂皇的道德圣洁之言，见到小人又说一些卑污言语，你又不能说他的这种行为有错。其实这种人的内心丝毫没有任何忠信廉洁的主见，以世间人的爱好、取舍作为自己的认知标准。因此有“乡愿”习俗的人是不可深交的，是不可付以大事的，因为他缺乏那种顶天立地的“狂者”胸次，“狂者”是个大写的“人”。

在世间，有“乡愿”习气之人无世无之，有时连英雄豪杰亦所不免。但豪杰能改过知非，能不断在自己的心中洗涤污秽之物，自省内心，使自己日臻完善，最后到达人生功业与道德的最高境界。对于这一点，王阳明也不讳言，人不是生下来就可入“尧、舜”，而是经过一番痛苦的磨炼，改过自新。他对学生说的“我在南都以前，尚有些子乡愿的意思在”，就是告诉学生，他也是逐渐脱胎换骨的。所谓“些子”就是有一些的意思，“南都”指南京，是朱棣夺取帝位后设立的“二都”制：北京和南京，南京亦保留京城的地位。“南都以前”指的是王阳明发配贵阳之前这段时间，指的是在京城里，为建立人脉关系，与一些文士交往密切。以今天的话来说是拉关系，建立人际网络，与社会习俗还能同流合污，不忤世人之见，也不被人攻讦。放逐贵州之后，他改掉了这种习气，特立独行，锋芒毕露，个性鲜明，不想以世人之是非为是非，要活出点气象来。在这种情况下，鱼与熊掌不可兼得，不能做有“乡愿”的“德”之贼，而要做一个遭人非议的“狂者”，活出自己的个性和品格来，即活出“彩”来。

要做一个“狂者”，除了要去掉“乡愿”习气之外，还有一个重要的方面必须要做到，那就是要有独立的人格和自由理性的思想，否则“狂者”与“癫狂”无异，就是人世间所称的“疯子”或神智有问题的人。在这方面，王阳明有许多精彩的论述：

> 夫学贵得之于心，求之于心而非也，虽其言出于孔子，不敢以为是也。（《传习录》）
>
> 凡看经书，要在致吾之良知，取其有益于学而已。则千经万典，颠倒纵横，皆为我之所用。一涉拘执比拟，则反为所缚……人者，天地万物之心也；心者，天地万物之主也。（《答季明德》）
>
> 世俗之见，岂足与论，君子惟求其是而已。（《寄闻人邦英邦正》）
>
> 可见学贵乎自得也，古人谓“得意忘言”，学苟自得，何以言为乎？（《答杨仕鸣书》）
>
> 昔之君子，盖有举世非之而不顾，千百世非之而不顾者，亦求其是而已。（《与陆原静》其二）
>
> 君子不祈人之信也，自信而已；不祈人之知也，自知而已。（《答舒国用》）

外面是非毁誉，亦好资之以为警切砥砺之地，却不得以此稍动其心，便将流于心劳日拙而不自知矣。(《答刘内重》)

若夫闻誉而喜，闻毁而戚，则将惶惶于外，惟日之不足矣，其何以为君子。

君子不求天下之信己，自信而已。吾方求以自信之不暇，而暇求人之信己乎？(《答友人》)

像上述之言论，在王阳明的著作中俯拾皆是。在秦汉以后的中国思想史上，能说出不以孔子之是非为是非之人，真可谓没有几个。西晋的嵇康在《与山巨源绝交书》中，仅仅说了一句“每非汤武而薄周孔”的话，就被砍了头。尽管嵇康是被钟会诬陷，但说明孔子这个偶像是不能被污名化的，更不能对孔子说长道短。可王阳明不管这一些，毫不含糊地能在孔子这个“至圣先师”的牌位面前理直气壮地站起来，可说是第一人。他是站在孔子的肩膀上，或是直立地站在孔子面前，而不是躺在孔子的怀里或站在地上仰头看着孔子，他不是说自己的学识是孔门正脉吗？为何这样看待孔子，与之平起平坐？这正是王阳明的过人之处，在真理面前坚持己见，这才是对这位“先师”的爱护，也充分显示了王阳明的独立人格和自由、理性的精神。在王阳明那里，儒学六经，皆是为我所用，不可“拘泥比拟”，不必听外界所谓的是非标准，这些标准都是“他的”，不是“我的”，没有经过“我”的评判。不尊天，不尊地，一切在一个“我”字。“我”即“心”，是非标准由我“心”而立，不在世俗之见，求其自信而已。如果因外界之誉而喜，因外界之毁而戚，那你的心日夜不息也不足以应付，日夜“惶惶于外”，“心劳日拙而不自知”，纯属自己苦自己，也没法在这个世界生存了。因以外界之是非为是非，从理论上来说，就失去了“自我”生存的基础。所以，君子不求别人信己，只要自信就可以了，同时，又可把外界的毁誉当成磨炼自己身心的极好机会。只是经过我的“心”的，是好就是好，是坏就是坏，我之“心”乃天地万物之主，那我为何要去弃这个“主”而求人乎？对此，他有一段自信、独立、理性、自由的惊天动地的言论：

我的灵明，便是天地鬼神的主宰。天没有我的灵明，谁去仰他高？地没有我的灵明，谁去俯他深？鬼神没有我的灵明，谁去辩它吉凶？天地鬼神万物没有我的灵明，便没有天地鬼神万物了。（《传习录》下）

在王阳明那里，“灵明”“心”与“自信”“独立”，可作同义语，这与佛祖的入世宣言“天上地下，唯我独尊”有何区别？在这里，“独尊”绝没有“自大”“狂妄”之意，乃是自由、自尊、独立的另一种说法。所以，说到对人格的独立，对自由、理性的追求所表现出来的这种“狂者”胸次，在秦汉以后的思想家中，王阳明一人而已。

第二节　人在苦难中磨炼才能立得住

王阳明一生的成就有一个非常明显的时间分水岭：40岁之前，他的生活是平淡的，安稳的，事业上虽没有大的成就，也算小有收获。在思想上总是摇摆于儒、释、道三教之间，没有形成自己清晰的奋斗目标。一句话：他没有很好地给自己定位。40岁之后，他的人生进入事业的巅峰，在学术上成为一代宗师，在事业上成了明王朝以为“重镇”的擎天玉柱，列入古代军事家的行列。之所以出现这种变化，完全得益于生活对他的磨炼，那就是在贵州龙场驿被贬的三年。

在贵州的崇山峻岭中与瘴疠之气及毒虫鬼魅相伴三年，生死悬于一线，最后王阳明克服了生活、命运强加于自己的困难，不仅悟出了学问，同时也悟出了人生要成才的重要因素：须经生活的磨难、历练。日后，他多次与学生谈起事业上的成就时，心有感触地认为完全是拜那三年之“赐”：“人须在事上磨，方能立得住，方能静亦定，动亦定。”（《传习录》上）“若只好静，遇事变乱，终无长进。”（《传习录》下）“及谪贵州三年，百难备尝，然后能有所见，始信孟氏生于忧患之言非欺我也。”（《与仁甫书》）“患难忧苦，莫非实学。”（《寄希渊书》）“患难困苦之余，所以动心忍性，增益其所不能者，宜必日有所进，养之以福，正在此时，不得空放过。”（《与陈惟睿书》）“某于良知之说，从百死千难中得来。”（《年谱》）

分析这些言论，可见贵州的经历对王阳明是刻骨铭心的，也是大有收获的。这些收获除了他体会到孟子“生于忧患”的古训的真义及良知之说外，再通过研究王阳明其他的文章、信札就可知道，王阳明之所以反复强调人生要历经磨难，才能对人生有帮助，主要是从两个方面说的：立志与立心，是人生成就事业的两道铁门槛。

首先谈立志。

王阳明在与友人的信札中，有许多次谈到人生之志有如在大海中航行的“舵柄”一样：“立志者，其本也。有有志而无成者矣，未有无志而能有成者也。”“志立而学半……圣人之学备矣。”“夫学，莫先于立志。志之不立，犹不种根而徒事培拥灌溉，劳苦无成矣。世之所以因循苟且，随俗习非，而卒归于污下者，凡以志之弗立也。”

“自俗儒之说行，学者惟事口耳讲习，不复知有反身克己之道。善念者，本性也；本性为习气所汩者，由于志之不立也。故凡学者为习所移，气所胜，则惟务痛惩其志……志立而习气渐消，学本于立志，志立而学问之功已过半矣。”（《全集》，259 页）

分析上述这些文字可以得出，王阳明谈到了一个有关立志、事功的重要问题：人生之所以有成就者，原因在于它有“志”，有了“志”，就有了奋斗的目标，就不会朝三暮四，就会心意专一。人生有涯，精力、体力都有限，如不专一，伸开巴掌，就会什么也抓不住。什么都想学，结果什么都学不会、学不精。尽管王阳明没有在这方面展开论述，实际上已包含了这方面的内容和意思。也许人有了志可能没有成就，可有成就的人一定有志，自古就没有未有“志”而有成就者。可这个“志”是什么呢？从孔子至王阳明都没有详述，也许是这个“志”实在太宽泛，说不完全，不好做出定论的缘故。孔子说“三十而立”，这个“立”不是立“业”而是立“志”。只有“志”立了，人生的事业有了主观基础，如树有了根，才会去努力灌溉，方能有效果。从“而立”到“知天命”这二十年中才是事业上有成就的时候，有了“志”才会竞业不倦，所以这个“志”大概是一个人适合于自己的奋斗目标吧！所以，无“志”是睁眼的“盲人”，永远找不到自己的定位，就会“因循苟且”，“随俗习非”，最后与世沉浮，一事无成，“归于污下”，终其一生。

知道了立“志”重要，可“志”又是如何“立”起来的呢？不可能早上一觉醒来就立了“志”了，那不叫“志”，叫临时的一些想法。朝三暮四，奋斗目标一日三变,有始无终,这些都不是立"志"。要立"志",必须先去"习俗"。王阳明一直认为,"习俗移人,如油渍面,虽贤者不免,况尔曹初学小子能无溺乎"(《全集》,787页)。就是说社会中各种陈规陋习往往能遮蔽人的心志,蒙蔽其双眼,使对自己、对社会及周围的人没有正确的认识,自己随"习所移,气所胜",与之沉浮,所以往往是"志"一日三立,亦一日三变。王阳明认为要去掉此习所染,唯有一法,就是经过生活的磨难。只有经过生活的历练,又不为艰难困苦所折倒,这时才能真实地认识到自己的优劣。人不患无功,但患不自知,正是此意。只有正确地认识自己,才能有效地行动,"知"与"行"才能有机地统一。自古雄才多磨难,从来纨绔少豪杰,就是这个道理。也只有到这时,才能发现自己平时的所谓"志"只不过如水上的浮萍,随时会飘散。因为它根本就不适合自己,自己也没有立此"志"的特质,对周围的情况,对自己以前形成的观念就会有一番新的认识。

因此,磨难是一块试金石,是否有"志",是否真能立"志",一目了然。只有在患难中立的"志",才能永远属于自己,这就是王阳明说出的"百死千难"中得来的认识和体会。始知"圣人之道,吾性自足,向之求理于事物者,误也"(《年谱》),这也是王阳明从心志中求得的"良知",他的"学"也从此涌出,一切事功从此"流出"。所以,他反复告诫朋友:人要在事上磨,方能立得住。他自己经过磨难,心闲气定,遇事有良知,故能在千军万马中如闲庭信步,此是后话。否则,一旦社会出现什么情况就会没有主见,并对自己原先之"志"发生动摇,"遇事便乱"。因此,一旦碰上此磨难之机会,千万不要放过,"养之以福,正在此时"。因此,"立志"不是随便说立就能"立",立志对于人是一门槛,不是容易的事。

其次谈立心。

"心"在王阳明的思想体系中,是一个指称比较宽泛的概念,既是"良知"的承载者,又是认知的出发点和归宿,还是善恶的仲裁者。既是精神层面上的"心",同时又是物质的"心"。在与立志结合在一起分析时,"心"表现为意志、胆识、沉毅等品质,它与"志"是一对矛盾的两个方面:"志"因磨难、事上有所"立",也因事上而有成;人之"心"只有在事上磨,人才能遇事不慌,才能使"志"日有所进,所谓"静亦是,动亦是"。因此,所谓的立"心"指的就是通过"事"去磨炼人的意识、胆识与精神,使"心"能承载常人所不能承载的忧患，类似于人们常说的极稳的心理素质。只有“心”有所“立”，才能使智慧“光明灵觉”，于事事物物方能有所取舍、决断，才能日积月累地不懈地去实现自己的“志”。哪怕历经“百死千难”，这个“心”也能把握好生命之“舵”，不会迷失航向。这样，方能在别人领略不到的时间、地点、环境方面创造出属于自己的天地来，这就是成就。这个成就前无古人，后无来者，哪怕天塌了，地陷了，也永远属于你的。

孟子曾说过：“天将降大任于斯人也，必先苦其心志，劳其筋骨，饿其体肤，空乏其身，行拂乱其所为，所以动心忍性，增益其所不能。”（《告子下》）这就是立“心”的过程，唯有经历这个阶段，人才有所成就、有所担当。所谓的“动心忍性”，就是把“心”放到事上历练，而且历练的程度甚是于人所不能受。从“筋骨”到“心志”，即从肉体到精神、思想，都要像经历炼狱一样进行煎熬，然后能经过这一人生的艰难历程，“心”能承载从身到心的磨炼，人就立住了，就能得到新面目。自古以来有志者多，可成就者少，这是重要原因。也说明从古至今，为什么成就大事业者基本上都是来自生活的底层，是因为血与火的苦坑历练了其常人所不具有的“心”“志”。

人虽在事上磨方能立得住，那这些“事”具体指哪一些呢？在王阳明看来，百姓日用，无不是历练之处。所谓“世事洞明皆学问”，“知得洒扫应对，便是精义入神”。（《全集》，144 页）“区区格致诚正之说，是就学者本心日用事为问，体究践履，实地用功，是多少次第，多少积累在，正与空虚顿悟之说相反。”（《全集》，41 页）“我何尝教尔离了簿书讼狱悬空去讲学？尔既有官司之事，便从官司的事上为学，才是真格物。”（《全集》，92 页）“修己治人，本无二道，政事虽剧，亦皆学问之地。”（《全集》，145 页）“大抵功夫须实落做去，始能有见，料想臆度，未有不自误误人者矣。”（《全集》，170 页）“民人社稷，莫非实学。”（《全集》，192 页）“穷居独处，无朋友相砥切，最是一大患也。”（《全集》，216 页）“将人情物理与良知看作两事，此诚不可以不察也。”（《全集》，217 页）

因此，在王阳明的眼里，所谓的“事”囊括了世间的所有事情：家庭日常的琐碎杂事、监狱的诉讼官司、社会上的各种政务事、国计民生，还有与朋友切磋学术也是人生的历练“事”；甚至包括命悬一线的生死考验，如他被刘瑾追杀，在龙场与瘴气、毒虫为伍等，这些都是“劳筋骨”“饿体肤”“乏心志”的人生铁门槛。只有经过了这些“事”的历练，才能“增益其所不能”，才能经风浪、长见识、益精神、广心志。否则，人再有志向，也是空中楼阁，遇事便慌，如室内之花，见光便萎。只有遇过这些“事”，才能“动亦静”，“静亦定”，游刃有余。

所以，王阳明教人要在事上磨炼，实是有价值的人生经验之谈。他自己也曾在这方面有过认真的历练：在贵阳放逐，磨打自己的筋骨和心志。在庐陵当知县，尽管言贱位卑，却认真为老百姓办实事，虽只有短短的八个月，却做了许多便民措施。如为政不事威刑，以开导人心为本，清理囹圄、冤案，绝横征暴敛，立保甲以保治安，建立驿站、客栈以方便南来北往的旅客，建立城市规划，预防火灾，等等。在江西平乱时，政策宽大，只办首恶，胁从不问，建兴学校，正本清源。在广西镇乱时，政治招抚与军事围剿相结合，实行土流结合的民族政策，建立县治、关隘、要塞，兴建学校，“以夏变夷”，等等。正因为有如此的人生体验，王阳明的人生事业最终才有完满的结局。

第三节　生活中的“警世箴言”

王阳明教诲学生的内容是多方面的，除了上述几个方面，还有许多他平时与学生聊谈时说到的为人处世之道。

一、论做学问

王阳明是有事功的学问家，与一般的只为学问而学问的读书人不同，谈这方面的体会可谓匠心独运：

> 学者惟当反之于心，不必苟求其同，亦不必故求其异，要在于是而已。
>
> 牵制文义，自宋儒已然。何处非道？何处非学？美质难得而易坏，至道难闻而易失，盛年难遇而易过，习俗难革而易流。

这些文字告诉人们：对于学问的功夫，最要紧的是发明本心，是你如何理解，而不是人云亦云。要“反之于心”，经过自己头脑的周密思考，是否合乎实际，是否真有道理，拾人牙慧是没有学问的。而且做学问是大头脑，不能尽在书斋里，“何处非学”？人世间大至宇宙，小至草木以及世间生活琐事，只要用心观察，用心去体会，用脑去思考，用心胸去扩张，都可以发现许多以前所不曾知道或知之不多的道理、思想。

凡人之学，不日进者必日退，譬诸草木，生意日滋，则日益畅茂；苟生意日息，则亦日就衰落矣。孔子云：“德之不修，学之不讲，是吾忧也。”圣人之学，不能无积累之渐。

学贵专……学贵精……学贵正。

学问是一项独特的事业，亦是一长久之事，只有不断积累，不断精进，才能有所收获。常言道：读书不在迅进，最怕一日曝十日寒。一步一个脚印，才能日积月累。读书不在多寡，只要“专”，只要“精”，只要“正”。能“专”，就能渊深，能“精”就能独得，能“正”就能弘扬学之大道，摒弃旁门小经。同时，还有一重要问题：做学问但求“精”“专”“正”，如何才能“精”“专”“正”呢？王阳明认为在于修“德”。以往做学问的只注意文物、训诂、考音、释义，而不注意学问中包含的“德”这门大学问，认为学者的道德操守、修养与书中的内容无关，因此，训诂愈详，则学问愈浮，则人格愈卑，德行愈污。因此王阳明提出一个“正”字，正什么？正心。只有“心”正才有“良知”，才有“德行”。所以，把做学问与人的思想道德的内省、自修结合起来，是王阳明关于做学问的主要思想特点。

气浮者，其志不确；心粗者，其造不深；外夸者，其中日陋；古之君子惟有所不知也，而后能知之；后之君子惟无所不知，是以容有不知也，夫道有本而学有要；尽吾之所以学者而教行焉耳……因人而施。（《全集》，229 页，230 页，233 页）

为学要求得不断地长进，最忌一个“燥”字。千里之途，始于足下；百尺之木，生于毫末。而心浮气躁则所思不细，所虑不远，这不仅是为学之忌，亦是做人之忌。这种气浮、心粗、自吹的学风，究其根本是学者心地窄小、气小

易盈之故，稍有收获即自吹自擂，唯己视是，容不得不同的观点和意见。世人常说自满者不学，意为一个人如自满，就会在思想意识上筑起排斥异见之墙，就不会接受新知识，自己原有之思想就没有新的东西去替代、改造，这样的学问是没有前途的。不能容人之见于己之见，等于是拒细流而要想成为江河。思想是靠碰撞而生火花，民族是靠融合才能壮大，学问是靠开放才能扩智。所以，王阳明认为“唯有所不知也”，然后才能“知也”。“知之为知之，不知为不知，是知也”，这个中的道理深刻得很，不仅学是如此，其他各类事物也无不如此。

> 士之学也，以学为圣贤，圣贤之学，心学也；道德以为之地，忠信以为之基，仁以为宅，义以为路，礼以为门，廉耻以为垣墙，《六经》以为户墉……求之于心而无假于雕饰也，其功不亦简乎？措之于行而无所不该也，其用不亦大乎？三代之学皆此矣。（《全集》，900 页）

前段讲了王阳明强调“学贵正”，“正”什么？是“正”心，只有心正，才能有“良知”，才能广德。这些德的具体内容是什么呢？目的是什么？应该说这是一个被沉溺了几千年的重要思想文化命题。秦以前一直至三代，学问都是关于“心”的，即反之自身，为的是求自己道德的完善。即学问是对己的，不是责人的，更不是“干禄”的，所谓“古之学者为己”即是。唯有返诸“心”，进行自律、自修，方有可能。而记载自律、自修的过程、手段的就是以后总结的文献即“六经”。儒家的“六经”不是给人们去训诂、释义、考音的，是教人们如何“自省”的教材，是从“心”发出来的。因“心”不可见，靠“六经”而见之，所以，“六经”是“心”之门、基、户墉。所以，“古之学者为己”，即学习是为了让自己更好地进行道德修养；“今之学者为人”，是炫耀给人看的，是“干禄”。“富贵不归故乡，如衣锦夜行，谁知之者”（《史记・项羽本纪》）则是最好的注释。因此，三代以前之学，“心学”也；三代以后之学，私学也。学者为稻粱谋，为私利谋，为名色谋，以“六经”为晋身之阶，而自己之“心”则措之旁去，因此学愈富而德愈坏，识愈广而理愈蔽，世风日坏，人心日偷。对此，王阳明提出了学问上的重要观点：学问不只是文物训诂、释义考音、转注假借，而是为道德之基，为塑造学问者本人良好的道德素质服务的。韩愈曾言“仁义之人，其言霭如也”，就是因为“德”充实内心之故。要“德”之充实，就必须认真学习和践履“六经”所包含的丰富的思想内容，这是入德之基。“人但一念善，便实实是好，一念恶，便实实是恶，如此才是学，不然便是作伪，要晓得圣人之学，只是一个‘诚’字。”（《全集》，1173 页）

所以，王阳明的培养德行为做学问的最高境界、为学问之基的观点是很有见地的。为了通过做学问培养“德行”，他在另一篇《教条示龙场诸生》的文章中进一步提出了为学四条例：

> 一曰立志；二曰勤学；三曰改过；四曰责善……志不立，天下无可成之事，虽百工技艺，未有不本于志者……志不立，如无舵之舟，无衔之马，漂荡奔逸，终亦何所底乎……已立志为君子，自当从事于学。凡学之不勤，必其志之尚未笃也。从吾游者，不以聪慧警捷为高，而以勤确谦抑为上。（《全集》，974 页）

做学问更无他法可循，唯有立志与勤奋。自古以来无有俊逸之士不以勤奋为阶梯者，一分天资，九分汗水，仅靠天分无有成事者。古今那些成大事业者，要听他们谈事业成功的经验，无不是教人一个“勤”字。千里之途，始于足下，行百里者半九十，唯有矢志不移才能到达目的地。像王阳明这种 11 岁就能即席赋诗、过目不忘的人，天资不可谓不高，但他从未以此教人，教人却以“勤”为上，足见见解之深远。书山有路，学海无涯，要成功，只有一个字——勤，看来古今哲人都认同此理。

> 门人有欲汲汲立言者，先生闻之：“不求自信，而急于人知，正所谓‘以其昏昏，使人昭昭’也……但一言之误，至于误人无穷，不可胜救，亦岂非汲汲于立言者之过耶？”（《全集》，1178 页）

意即王阳明有一学生急于要“立言”，可王阳明批评他还没有求得“自信”，即自己对事物求得真正、透彻的理解，就想“立言”，是不是早了点？这个“自信”，就是以己之昭昭去求天下之事，就在于“知人”“知事”。不患其人之不己知，患不知人也，在自己还一知半解的情况下，就要发议论、立言、教人，这不是误人子弟吗？不是以其昏昏使人昭昭吗？所以，要立言、教人必须先使自己知得透彻，才能己欲立而立人，己欲达而达人。但见世间之人，仅得一知半解、皮毛就以大师自居，实则并未达到对“知”、学问的透彻见解，徒为人笑谈而已。

二、论为人处世

人的一生，为了事业、家庭勤劳奋斗，艰苦备尝，然而有的成就大一些，有的小一些，有的碌碌一生毫无作为。究其原因，固然甚多，可如何做人却是极其重要的原因之一。可以如此说，人的一生是个奋斗的过程，亦是一个学习如何做人的过程，这样才能给人的事业提供顺利发展的有利环境。对此，王阳明有许多精彩的论述：

> 人生大病，只是一个“傲”字。（《全集》，1251 页）
>
> 气浮则多言，志轻则多言。气浮者耀于外，志轻者放其中。（《全集》，758 页）
>
> 强明者病于矜高，是故亢而不能下；警敏者病于浅陋，是故浮而不能实……故君子之观人也必自省也……谦则虚，虚则无不容，是故受而不溢，德斯聚矣；默则慎，慎则无不密，是故积而愈坚，诚斯立矣。（《全集》，273 页）
>
> 德，犹根也；言，犹枝叶也，根之不植，而徒以枝叶为者，吾未见其能生也。（《全集》，274 页）
>
> 傲，凶德也，不可长。足恭也者，有所为而为之者也。无所为而为之者，谓之谦。谦，德之柄，温温恭人，惟德之基。地不谦不足以载万物，天不谦不足以覆万物，人不谦不足以受天下之益。昔者颜子以能问于不能，有而若无，盖得夫谦道也。（《全集》，919 页）

“德”为人生之基，自古而然。西周时，周公诫成王及各诸侯国君，都强调一个“德”字。有“德”必为“民主”，有“德”者，天必佑之。“德”不仅是立身之本，亦是为国立政之本，好比树之有根，无德则无根，立可枯萎。所以，人如不注重“德”就必“傲”，就会被各种浅陋、邪杂之思所侵。人傲则无友，人而无友，则孤陋而寡闻，何以为世，何以立业？而且有“傲”字，则必“气浮”“志轻”“多言”，好在人前显露炫耀自己，好在人上，这都是凶人之症。有德之人，其言不仅“霭如也”，内心充实，外则沉稳踏实，“以能问于不能”。所以孔子认为君子“讷于言而敏于行”，就是从这个角度说的。

如何培养“德”呢？王阳明认为做到两个字：“谦”与“虚”。即去骄傲，立谦虚。“谦”就是“有所为而为之，无所为而为之者”。在条件许可时自己认真努力，争取有所为；在条件不许可时，自己亦认真努力，力争有所为。套用今天的话就是不论顺境还是逆境都能不断进取，以科学态度办事，做一个诚实君子，坚持以己之所善，去克服己之所不善，以及温良恭俭如颜回，能不耻下问。所以，谦就是在人前不“傲”。“虚”则能容物。万物之基，以细为始，江海之阔，有容乃大，能容就不会“溢”，不会“浮”“轻”，就会“默”，就不会夸夸其谈。这样所积累的知识、本领就愈多，于是，“德斯聚矣”，“诚立矣”。因此，王阳明经常诫勉他的学生要随时“警戒”自己，不能有半点轻浮。“警戒者，立志之辅。能警戒，则学问思辨之功、切磋琢磨之益，将日新又新，沛然莫之能御矣”，“贵不期骄，满不期溢。更须警惕朝夕，谦虚自居”。（《全集》，274 页，832 页）

人在社会上生存，有一个不可回避的问题，就是如何看待权势。既不能如陶渊明一样“悠然见南山”，远避权势，更何况当今世界已无多少南山可以避了，同时又不能谄上以媚权，成为私己之工具。可君子之立志、成事业，有时又避不开权势，在这里，王阳明提出了自己对“权势”的独特的见解：

> 夫惟身任天下之祸，然后能操天下之权；操天下之权，然后能济天下之患……古之君子，洞物情之向背而握其机，察阴阳之消长以乘其运，是故动必有成而吉无不利。
>
> 夫权者，天下之大利大害也。小人窃之以成其恶，君子用之以济其善。
>
> 欲济天下之难，而不操之以权，是犹倒持太阿而授人以柄，希不割矣。是故君子之致权也有道，本之至诚以立其德，植之善类以多其辅；示之以无不容之量，以安其情；扩之以无所竞之心，以平其

气；昭之以不可夺之节，以端其向；神之以不可测之机，以摄其奸；形之以必可赖之智，以收其望。坦然为之，下以上之；退然为之，后以先之。是以功盖天下而莫之嫉，善利万物而莫与争。（《全集》，821 页）

在这些书信中，王阳明谈了几个观点：(1)如果不想替天下人承担责任，就不要去掌握天下之权。只有心兼天下之责，才能身济天下之患，所以君子身济天下时必须要“洞物情之向背”，“察阴阳消长”，才能担当起天下之责。(2)因为“权”关乎天下之利善，就必须要由君子掌握，因君子执权能济其善，而小人执权就可以济私、济恶、济祸，那天下老百姓就有倒悬之急。因此，与其让小人掌权济恶，不如由君子掌权济天下。(3)君子要志济天下，就必须要操“权”。与其让小人操“权”以害民，不如让君子操权以“济”民。这不是显耀于外，而是责任所然，如不操权想兼治天下，就如以剑柄予人，自已握剑锋，是非常危险的。(4)对已操“权”之小人，要善于周旋，能以“不可测之机以摄其奸，退然为之，后以先之”，让其不知其何，即使自已功盖天下，而不能与之嫉。一句话，就是善于处理及掌握与小人之关系。(5)君子掌权以后，必须要做到“本之至诚”，以诚信立于人，植之善类以教励好人、批评坏人，并有容乃大，“无不容之量”，“扩之以无所竞之心”。要允许人讲话，善纳众言，而且“权”关众人，操权者一定要有原则性，有“不可夺之节”。同时还要智慧过人，不为人所摆布。有“不可测之机”，才能压众，才能识别惠、奸。然后就是广纳贤才，多荐善类，以收人望。做到了这几点之后，就能不以物喜，不以己悲，坦然为之，能进能退，不为物欲所动。这样的话，天下莫能与之争。

上面讲的是如何与权势打交道，如何看待权势，如何为人处事。同时，王阳明还认为人要知感恩，并知如何对待受恩者的恩报：

其所以感恩报德者，不必务速效，求近功，要在诚心实意，为久远之图。（《全集》，832 页）

人生在世，必有受人之恩，亦有使人受已之恩，受恩必报，但不可太速。太速则有如商贾，急功近利，则恩浅，不利人之间的真诚相见。而久远则恩长，时时以人于己之恩鞭策、激励自己。例如当年唐太宗有恩于尉迟恭，很快，尉迟恭就把太子拉拢自己并且馈赠的金银如数以告。太宗笑曰："敬德何报之速也？"意为君子之交，君子之恩如地久天长，方能润人身心。自己有恩于人，不图人之速报，人有恩于己，当长记心里。王阳明的话与唐太宗的做法可谓异曲同工。

为人处事的箴言，还有如何与朋友邻里及旁人相处。

人一生不能离群寡居，孤身独处，这就有一个如何与旁人相处的问题，但里面包含有大学问。孔子曾以"恕道"作为处事的学问，曾子以"一日三省"为自律的准则，以"三人行必有我师"作为行动的指南。在这方面，王阳明亦留有许多这样的人生箴言。

如《教条示龙场志生》条云：

> 夫过者，自大贤所不免，然不害其卒为大贤者，为其能改也。故不贵于无过，贵于能改过。但能一旦脱然洗涤旧染，虽昔为寇盗，今日不害为君子矣。
>
> 责善，朋友之道，然须忠告而善道之。悉其忠爱，致其婉曲，使彼闻之而可从，绎之而可改，有所感而无所怒，乃为善耳。故凡讦人之短，攻发人之阴私以沽直者，皆不可以言责善……我以是而施于人不可也，人以是而加诸我，凡攻我之失者皆我师也。

在这里，王阳明告诉他的学生一条重要的处世方法：要处理好人际关系，就要善于改过。人有过乃正常现象，人之智识有限，不能尽善尽美，故有过。人吃五谷杂粮，故有病，有病则医，有过则改，方为坦荡君子。尤其是在与人的争执、矛盾中，如自己主动承担责任，不文过饰非，诿过于人，尤其有些是属于别人的错，自己主动揽过，可使争执、复杂的局面立马改变。所以在为人处事中，如何改过亦是一学问。如讳忌其医，文过饰非，或施过于人，就会激化矛盾，不利于自己。那朋友有过呢？听之任之吗？当然不行，这样做是损人利己，故要"忠谏"，要批评。传闻周公有一处事、执政名言：君要有谏臣，父要有谏子，兄要有谏弟，人要有谏友。如果没有这样的人，人就发现不了自己的过错，因人往往明于责人而暗于律己，故古人有"千人之诺诺，不如一人之谔谔”的明训。

要能“责善”。“责”是善于理解的意思，如何理解朋友之间的这种友善？王阳明认为有两点：一是不能攻人之短，发人之阴私。如果在这方面过于“直率”，有啥说啥，“皆不可以言责善”。说明有时善意的谎言能减少许多误会。人皆有隐私，思想和生活深处有不可见人的东西，人都很忌讳这些东西被人发现，故古人说“察渊鱼而不祥，智料隐匿者有殃”，指的就是这方面的意思。如发人之短，攻人之阴私，这不仅不能帮助人，有时可能适得其反。所以“讦人之短”和“发人之阴私”是万万不可做的恶习。但是，如果有人发我之阴私，我却应引以为师，这样，就可以在人面前树立起良好的道德形象，彼此的关系就融洽了。二是批评朋友时要讲究方法，有时不能太直率，就算是发自善意的批评，也须“婉曲”“忠爱”，语气和缓，又不掩盖问题，这样产生的效果也许更好，“绎之可改”，“闻之可从”。为什么韩愈说“仁义之人其言蔼如”，就是以一种和风细雨的方法与人相处，也是彬彬君子应有的气度胸襟，如此，则天下可运于掌。对此，王阳明屡屡提醒自己的学生：“朋友相处，常见自家不足，方能点化得人，善者固吾师，不善者亦吾师。”（《全集》，1175页）己正才能正人，才能点化人，要责人过，自己先要见己过。在人与人的关系中，有时先责己过从另一方面讲就是责人过。即要别人去责自己之过，就是点化人，自己给人做出表率。如果有人在与人的交往中，为人处事如此，则他在人们心中的形象一定是高大的，人际关系怎么能处不好呢？

要如何为人处事，王阳明还有一条箴言，就是“求放心”。“放心”一词出自《孟子》：“学问之事无它，惟求放心而已。”意思是一个人在自己的灵魂、思想深处要磊落、坦荡，不为物欲所累。自己能不为物欲所累，就能坦荡对人，这样才能找到、化解人与人之间的矛盾、争执等根本问题。人们会“争执”的原因，在于“利”“欲”二字。如果一个人不为“利”“欲”这种“物欲”牵挂于心，就“放心”了，那还有什么能使人产生不愉快的呢？

君子之学，求尽吾心焉尔，故其事亲也，求尽吾心之孝，而非以为孝也……是故夙兴夜寐，非以为勤也；剸繁理剧，非以为能也；嫉邪祛蠹，非以为刚也；规切谏诤，非以为直也；临难死义，非以为节也。吾心有不尽焉，是谓自欺其心，心尽而后，吾之心始自以为快

也。(《全集》,924 页)

惟古为学,在求放心。心苟或放,学乃徒勤。勿忧文辞之不富,惟虑此心之未纯;勿忧名誉之不显,惟虑此心之或湮。斯须不敬鄙慢人,造次不谨放僻成。

反观而内照,虚己以受人。言勿伤于烦易,志勿惰于因循。勿以亡而为有,勿以虚而为盈。勿遂非而文过,勿务外而徇名。温温恭人,允惟基德。堂堂张也,难与为仁。卓尔在如愚之回,一贯乃质鲁之参。终身可行惟一恕,三年之功去一矜。不贵其辩贵其讷,不患其钝患其轻。(《全集》,1033 页)

这几段文字令人警心:如何收拾自己的"心"呢?王阳明指出一个法子,就是在日常事务上磨炼。如事亲时以"孝"待之,我只尽"吾心"而已,而自己并不以为这是有意为之,而是自己应该做的,自己应遵此行,这样做不是在人面前求个好名声,而是培养自己德行的重要步骤。有了"德行","心"也就"放"了。其他如"夙兴夜寐"等也不以为勤,均是此意,因不求"放心",尽管"夙兴夜寐"又有何用?均是自欺,自欺者必欺人,人如自欺则百学无用。

在求"放心"的同时自责自律,还可通过学习古人的律则。这种学习不在于追求文辞,追求名誉之不显,而在于因为内心"未纯"之故,在于"反观内照,虚己受人"。下面如"言勿伤于烦易,志勿惰于因循"等等,都是在平时要注意的事项。要像颜回、曾参一样,一生内修自己的德行,终身只行一个"恕"道,这样就可以与人很好地相处了。所以王阳明的人生中又一条重要的箴言是:"不贵其辩贵其讷,不患其钝患其轻。"诚哉斯言,世人对此认真琢磨,定有大的收获。所以,他一再说:"人但一念善,便实实是好;一念恶,便实实是恶;如此才是学。不然,便是作伪。"(《全集》,1173 页)

如何为人处事,如何与朋友邻里相处,除上述所言外,王阳明还有一些真知灼见,足以拾掇人心:"殃莫大于叨天之功,罪莫大于掩人之善;恶莫深于袭下之能,辱莫重于忘己之耻。"(《全集》,1284 页)这些都是教人的处世良学。

有一聋哑之人求见王阳明,请指点人生迷津,双方以写字作为交流方式,王阳明写道:"你口虽不如人,你耳虽不如人,你心还与人一般。大凡人只是此心。此心若能存天理，是个圣贤的心……于父母，但尽你心的孝；于兄长，但尽你的心敬；于乡党邻里，尽谦和恭顺，行你那是的心，莫行你那非的心；凡说是非，便生是非，生烦恼；听是非，便添是非，添烦恼。我如今教你但终日行你的心，不消口里说；但终日听你的心，不消耳里听。”（《全集》，920页）

王阳明告诉这个聋哑人：你唯一不如人的是你的耳和言，但你的“心”却正常。只要你平时以此“心”思善，行善，便是圣人功夫，尽管你残疾，仍然可以做一个有益于人的人。

在与聋哑人的交流中，王阳明点拨他：与常人相比，你的缺陷是耳聋和言哑，不缺的是你的心。只要你不说是非，不生烦恼，以“心”听，以“心”言，行为上尽孝、尽敬、尽谦和恭顺，那圣人的境界与你几无毫发之差。并告诉聋哑者：有缺陷的人照样可以自立自强，不必自暴自弃，对生活失去信心。天行健，君子以自强不息，只要自救自助，必会得天助。

这些人生的道理，今天听来亦不觉得有半点陌生和距离感，耳熟得很。

三、论居家勤俭

儒家经典的终极目的就是治国平天下，而平天下的手段是“德”，而“德”形成的途径和手段是先修身、再齐家。所以，在传统儒家学说里，修身和齐家是两门重要的学问。就是在当今社会，人如何修身、齐家，亦是大文章、大头脑。对此，王阳明尽管长期治军为政在外，可仍与一些历史贤哲一样，有一套自己的修身（如前述）和齐家学说。时时关注于此，谆谆教诲后生晚辈，道理虽浅，可寓意深远，读之无不裨益，因这些道理都是以“家书”的形式出现：

守文、守章，亦宜为择道德之师，文字且不必作，只涵咏讲明为要。男观近世人家子弟之不能大有成就，皆由父兄之所以教之者陋而望之者浅。（《上大人书》）

古之教者，莫难严师。师严道尊，教乃可施。严师维何？庄敬自持，外内若一，匪徒威仪。施教之道，在胜己私，孰义孰利，辨析毫厘。源之弗洁，厥流孔而。毋忽其细，慎独谨微；毋事于言，以身

先之。教不由诚，日惟自欺。（《箴一首》）

吾非徒望尔辈但取青紫荣身肥家，如世俗所尚，以夸市井小儿。尔辈须以仁礼存心，以孝弟为本，以圣贤自期，务在光前裕后，斯可矣。

习俗移人，如油渍面，虽贤者不免，况尔曹初学小子能无溺乎？昔人云："脱去凡近，以游高明。"此言良足以警，小子识之。

读书讲学，此最吾所宿好，今虽干戈扰攘中，四方有来学者，吾未尝拒之。所恨牢落尘网，未能脱身而归。（《全集》，787 页）

能下人，是有志；能容人，是大器。凡做人，在心地。（《全集》，753 页）

但当严缉家众，扫除门庭，清静俭朴以自守，谦虚卑下以待人，尽其在我而已。（《全集》，988 页）

吾平日讲学，只是"致良知"三字。仁，人心也；良知之诚爱恻怛处，便是仁，无诚爱恻怛之心，亦无良知可致矣。（《全集》，989 页）

上述几段都是家信，守文、守章乃王阳明同父异母之弟，父妾杨氏所出。王家属官宦显爵之家，王华乃侍郎、尚书，王阳明又身居要职，为家庭兴旺计，应有家规以诫子孙。在这些家书中，王阳明有以下一些有关家教的要言，言虽浅显，却有深意：(1)家中子弟须择师而授，而且规定，学业以道德为先，文字次之，有文字而无道德，其照不远，家道不藩。观今鉴古，显宦之家的小孩最后少成大器者，都与儿时教育有关，没有以道德为师，"故教之者陋"。要"庄敬自持"，要"师严道尊"。没有严格要求，则"望之者浅"。这都是必须深以为戒的。(2)官商显宦之家，很少有家势永久显赫不落的，故古人有"富不过三代"，"宦不超三世"之说，道家也忌三代为将，这些都是有深意的。根本原因是"仁义不修"之故，锦衣玉食、高粱肥身，不知生活之艰难，唯以日放荡为务。所以王阳明要求后辈不要以青紫荣华为人生追求的目标，不要在世人面前炫耀富贵。宦官之家所缺者唯仁义耳，如战国时期冯谖为孟尝君买仁义，就是为家世的长久昌盛计。故王阳明要求儿孙辈以道德仁义存心处世，方能"光前裕后"，即能承继往学，开示后继。(3)告诉后辈，要选择一个好的生活与学习环境,因“习俗移人”,近朱者赤,近墨者黑,虽贤者也在所难免,故要小心防预,要“脱去凡近,以游高明”。选择好的环境,善于择友,是人生的必修课,古时候三迁的孟母,很知道个中缘由。久入疱肆不觉其臭,久入花圃而不觉其香,都是环境熏陶的结果。一旦沾染上不好的习气,结识了不好的人,要改弦易辙,都是有很多的困难、很费周折的。传说周公不交不如自己之人,原因是“累我也”。自己从中不能得到启发和教育,只有交那些才干、能力、品德超过自己之人,才能“益我也”,应该说这是很有道理的。(4)家庭中要养成爱读书的习惯。读书能养性、移情,能张人胸襟,扩人智慧。许多宇宙世界的大道理,书中尽有,仔细品赏,定有所获。王阳明谈自己的切身体会,唯有读书交友方能免俗,所以尽管军务倥偬,仍是讲学不倦。他告诉儿孙辈:不要羡慕仕途,那是“牢落尘网”,一旦沾上,要脱身可不容易,那里只能毁灭人,不能提振人。(5)每餐吃饭不要大鱼大肉,要清静俭朴。不要好逸恶劳,要多干体力活,如“扫途门庭”,召集“家众”,多参加生产劳动。对人要谦卑,不要盛气凌人,自毁家势。(6)自古官宦人家在平时往往以“傲”待世,有时即使心无“傲”意,因习惯了平时的言行,一举手,一投足,别人都觉得不可一世。就因为平时缺少一个“谦”字,缺少自省。所以,宦官之家所缺的是“谦虚”,不能“容人”“下人”,无有“良知”之心。具体表现是恻隐之心即良知的缺失,视百姓如草芥,视粱肉如粪土,骄奢淫逸。人如无“良知”,何事不可为?所以,庄子说侯门之内,仁义存焉。因缺仁义,才要仁义,一旦骄奢淫逸,破败就接踵而至,昔日之豪门变成一堆瓦砾,堂前之燕子,飞入百姓之家。所以历代贤哲都是以“月满则亏”的道理警示世人,其中的道理人人都明白,就是“知”“行”不一,知之而不戒之,“复使后人复哀后人也”。

这充分说明王阳明对自己家族的发展是深存忧虑甚至恐惧的,所以不断警醒后人。值得庆幸的是,王阳明的后人虽袭伯爵,坐享荣华富贵,但并不是一事无成,至少在德行上知廉耻。1644 年,李自成入京,王阳明的裔孙王先通不降李而死,死前哭道:“王家世受国恩,岂能背叛?唯有一死以对先人。”看来,王阳明的教诲没有白费。

在儒家的政治文化中,治理天下的侧重点在于“家”,“家”的观念在儒家文化中占有十分重要的地位。《易·序卦》上就有关于儒家对“家”的宣言:

有天地者必有万物，有万物者必有男女，有男女者必有夫妇，有夫妇者必有父子，有父子者必有君臣，有君臣者必有礼义有所措。

在儒家的这种社会学观点里，“家”是社会的出发点与归宿。如何保证“家”的长期繁荣是国家兴旺的前提，历代哲人都在寻找良方。从孔子开始，就对家、夫妇、礼仪有着独到的见解。《诗经·周南·关雎》是诗经的第一篇，谈的就是“家”的问题：结婚、夫妇、礼仪。孔子把这一篇放在《诗经》的首篇，绝对是有深意的。南北朝时期颜之推的《颜氏家训》谈的就是儒家思想如何去“齐家”，如何保证家庭兴旺。主要是要有仁心，不要傲居欺人，要勤俭，要有严格家风，要慎居择友，不要良莠不分以乱家政。要以孝悌为人生目标，不要追求青紫荣华、锦衣玉食，要多读书以移粗鄙淫顽之性等。到了宋代，欧阳修在修《五代史》时，提出了“兴于忧患亡于逸乐”的史学观点。尽管这是总结国家的兴旺规律，亦可适用于家。到了晚清，曾国藩提出居家八字方针：早、勤、考、扫、书、猪、鱼、疏。早即早起，不睡懒觉；勤，干活做家务要勤快；考，即温习前天的功课；扫，即打扫屋前屋后的卫生，给家居一个安静、舒适的环境；书，就是每天早上起来都要大声朗读课文，要背书；猪，就是家里要养猪，猪肥料可以种庄稼；鱼，家里要养鱼，每天早上给鱼塘里撒草；疏，即种植蔬菜。这八个字实际上表达的意思是一个家庭要六畜兴旺，人丁繁衍，须自食其力，不要做好吃懒做的纨绔子弟。这些观点都是曾国藩在最紧张的军事斗争时，抽空给家人写的信中提出来的，一部厚厚的《曾国藩家书》谈的都是这些东西。表面上看都是一些日常琐事、杂事，却含有大学问，即修身齐家的大学问，道理深刻得很。家庭琐事，细微不关宏旨，可任何大事都是从小事开始的，离开了这些琐事，大事又在何处？严格说来，治国平天下说的是大事，其实都是小事，都是百姓日用之事。据传，曾国藩治家极严，他制定的“八字”家法，任何人不敢违反，就是他的弟媳，如有违反，他都大声呵斥。所以，从清同治年间至20世纪，曾国藩的子孙中都是人才辈出，虽没有出将入相之人，却都是在各个行业中卓有成就之辈，至少没有只吃不干的膏粱子弟和败坏家风的孬种。这是否与曾国藩的家教有关呢？而曾国

藩的治家理论是否与王阳明的居家思想有某种内在的联系呢?

四、论学可以增进人的修养

人的一生,既是一个奋发砥砺的过程,同时又是一个增进修养的过程,即不断去掉自身邪歪之习,以归于正,有益于自身的进步。那怎样才能增进人的修养呢?前面所述的那一些,从广义来看,都可以称作是人生修养的手段,只是范围不一样。王阳明认为,人要修养好,有一最好的办法:学。"木就绳则直,金就砺则利",没有后天之学,人的先天的禀赋就无从显现。

> 学之不明,已非一日,皆由有志者少……然不能胜其私欲,竟沦陷于习俗,则亦无志而已……自古有志之士,未有不求助于师友。(《全集》,160页)
>
> 谓学于古训者,非谓其通于文辞,讲说于口耳之间,义袭而取诸其外也。获也者,得之于心之谓,非外铄也。必如古训,而学其所学焉,诚诸其身,所谓"默而成之","不言而信",乃为有得也。(《全集》,183页)
>
> 诗文之习,儒者虽亦不废,孔子所谓"有德者必有言"也。(《全集》,186页)

王阳明认为,所谓的"学"既是诗文、训诂之类的文辞,这些东西于人生不免,"六经"亦是由言词组成,王阳明本身对于诗文也是一代高手。同时,学者当明白:诗文、训诂之类的言辞仅是从外面解说经典的"辞义",而不是"意义"。诗文、经典的意义即精髓是"心",就是人通过心的体悟去感受某种能陶冶情操的道德境界。通过潜移默化的作用,与学者的内心互为一致,"默而成之""不言而信",这才是学有所得。所以,"知此者,方谓之知道;得此者,方谓之有德。异此而学,即谓之异端;离此而说,即谓之邪说;迷此而行,即谓之冥行"(《全集》,185页)。

同时,读书求学以练人之修养,并非一人冥思苦想,不闻窗外事。而是要时时与人保持沟通、切磋,切不可拘于一己之得与一孔之见,要"求助于师友"。向人学即己学,世间没有只学不问或只问不学的知识。在与人切磋、讨论的过程中，必有争辩之事，对此，大可不必奇怪，这是君子得道、长进的大好时机，不可放过。己不必同于人，亦不强人同于己，互相砥砺碰撞，方有新的观点产生。所以，王阳明主张“君子论学，固惟是之从，非以必同为贵”，谁的道理对就唯谁之言是从，求学唯求和而不同为高。于是他提出“学问之益，莫大于朋友切磋，聚会不厌频数也”。穷居独处，无朋友相砥砺，最是“大患也”，“吾人习染已久，须得朋友扶持，离群索居，即未免坠惰”。

君子之于学也，犹农夫之于田也，既善其嘉种矣，又深耕易耘，去其蝥莠，时其灌溉，早作而夜思，皇皇惟嘉种之是忧也，而后可望于有秋。（《全集》，238 页）

学习对于人的重要性，好比农夫与田地的关系：只有选好种子，深耕细作，去其稗草虫害，时时灌溉，用心呵护，方才有成。在这里，“志”就是种子，“学问思辨”是灌溉的功夫，矢志不移是“夷草除虫”的功夫。

在学的过程中，王阳明认为当时有一种风气，于“学”之道大有抵触，那就是“夸祖”，这很容易产生浮浅的学风。“夫不务诚身立德，而徒夸诩其先世以为重，冒昧攀缘，适以绝其类、乱其宗，不知桀、纣、幽、厉之出于禹、汤、文、武，而颜、闵、曾、孟之先，未始有显者也。”（《全集》，916 页）“夸祖”就是在学习的过程中互相夸耀自己祖先的伟大，以此提高自己的身价，为自己的学问披上一张虎皮。王阳明认为这是一种极为不好的学风：“适以绝其类、乱其宗。”夸“祖”的伟大不仅不会显出自己的荣光，还会衬托后人的渺小。不务学习、养德、求进，徒以夸祖，“冒昧攀缘”，只是一种“强其类、乱其宗”的表现。因为禹、汤即使“伟大”，可他们也有桀、纣这样的不肖子孙；文、武“神圣”，在子孙中亦有幽、厉这种丧失江山的孽种。所以，“夸祖”是一种浅薄、庸俗的行为，足见其学不长进。

除了自己认真读书并与人切磋之外，要提高修养，还有内修一途。何谓“内修”？那就是“主敬”，“诚使内志静专，而罔有错杂之私，中心明洁，而不以人欲自蔽，则内极其精一矣”，“诚以不一其内，则无以制其外；不齐其外，则无以养其中，修身之道未备也”。如不以已去掉杂念的这个“一”即“诚”充满内心，对外则不能抵御各种邪恶的诱惑。如不能抵挡诱惑，就不能“养中”

即培养出自敬的道德修养，那么，人的“修身之道”则没有达到目的。

有一次，有学生求教王阳明：“学无静根，感物易动，处事多悔，如何？”意思是在学习时静不下来，心里老是像揣个小兔子，躁动不安。与事物接触时，心无静意，为物所累、所惑，表现为行动是多动，没有主见，而且处事没有细思虑，故时有悔意。这到底是怎么回事，通过学习能克服吗？王阳明回答：

> 大抵三言者，病亦相因。惟学而别求静根，故感物惧其易动；是故处事而多悔也，心，无动静者也……故君子之学，无间于动静。其静也，常觉而未尝无也，故常应；其动也，常定而未尝有也，故常寂；常应常寂，动静皆有事焉，是之谓集义，集义故能无祇悔，所谓动亦定，静亦定者也，心一而已。静，其体也，而复求静根焉，是挠其体也；动，其用也，而惧其易动焉，是废其用也。故求静之心即动也，恶动之心非静也，是之谓动亦动，静亦动……故循理之谓静，从欲之谓动。（《全集》，1281 页）

这段话大有深意，这个学生谈的是人们普遍存在的某种心理情感活动或某种感觉：心不能静，不能沉浸于书中的内容，读书则无获。在平时的生活中，易于物而感，人凡被物惑，则表现为行为琐碎，举动时不由自己做主，遇事不能深思，流于表层次的感性之思，事过之后又多后悔。

王阳明认为这是“学”不到位的缘故，也是“学”不由“心”的缘故。所谓的“心”静不下来，是指物不由“心率”的表现。万物皆由此心流出，撇开“心”去学、去寻找“静根”，把“静”作为一种独立于“心”而存在的客观实在，实乃大误。人之所以“静”者，“心”也；人之所以能“动”者，亦“心”也，动静何尝离了“心”？有意识去求“静”，想不为物所感，想处事不悔，实际上是离“心”去触物、处事，是心不能“静”的缘故。但要求“静”却不能离开“动”，“动”与“静”是一对矛盾。“静”是“体”，而“动”是“用”，要求得“静”，必通过“动”，所以“静”是“动”，“动”亦是“动”。可“动”“静”却有一个载体即“心”，只要不离开此“心”去“学”，乃能得“动”“静”之真谛。因而在此基础上去感物、处事，无不是“心”的表现。“心”不感物，“心”不处事，何来的“易动”和“多悔”？万物不在此“心”外，抓住了“心”就抓住了一切。所以，以此“心”去学，则学无不通；以此学求内修、处事、感物，则无不通。通过“心”去学，进而实行内修，是王阳明教学生的最大特色。例如“学者坠在语言，心实无得，固为大病”，“须于心体上用功，凡明不得，行不去，须反在自心上体当，即可通”。(《全集》，138页)

他劝诫学生，要想于物、于事上岿然不动，泰山崩于前而色不变，就应通过外学而内修。无论是外学还是内修，都必须由此“心”主宰，“心”之主宰力量必待学而增进，故“凡人之学，不日进者必日退。譬诸草木，生意日滋，则日益畅茂；苟生意日息，则亦日就衰落矣。”孔子云：“德之不修，学之不讲，是吾忧也。”既要修德，又要讲学，二者并不矛盾，因为二者都是“心”的产物。以心求学则学进，以学广德则德增，所以人要德日新必须学日新，业日新。对此，孔子比较自负地说：十室之内必有忠信如丘者，但不如丘之好学也。其实孔子的潜台词是：学不如丘，那德也同样不如丘，因德由学生，学由心起。

五、论仕途

王阳明一生功业彪炳，因事功使他在十年之内官至江西巡抚，并总督赣、闽、粤、湖广四省军事，兵部尚书，封新建伯。但他从不以此炫人，觉得不值得为此去市井小人面前炫耀，认为人生最重要的不是官职，这些都是过眼烟云。重要的乃在于读书、讲学、做学问，这才是扎实功夫，才能有益于世。人生只有在这方面多用心思，才能开拓出广阔天地，而仕途、官职说到底只不过是人生陷阱，是套在人脖子上的枷锁，是庙里的牺牲：

> 人在仕途，如马行淖田中，纵复驰逸，足起足陷，其在驽下，坐见沦没耳。(《全集》，166页)
>
> 读书讲学，此最吾所宿好……所恨牢落尘网，未能脱身而归。(《全集》，787页)
>
> 仕途如烂泥坑，勿入其中，鲜易复出。(《全集》，153页)
>
> 吾道有至乐，富贵真浮埃。(《全集》，689页)
>
> 莫向人间空白首，富贵何如一杯酒。(《全集》，765页)

世路久知难直道，此身那得尚虚名。(《全集》,754 页)

莫重三公轻一日，虚名真觉是浮沤。(《全集》,781 页)

在中国古代，一般读书人的最高境界在先秦是至“尧舜”，成为道德君子；汉以后改为金榜题名，做天子门生，然后出将入相，位至三公，功名竹帛，光宗耀祖。但这一些对于王阳明来说，却是“烂泥坑”，龌龊得很。人一旦入仕，就如马行沼泽地上，“足起足陷”，愈动愈陷，最后“坐见沦没”。他又把官场比作“牢落尘网”，使人不敢“脱身”。他之所以发出如此深刻的人生感叹，完全得益于他对事理的洞察：他虽然厌恶官场，但有官做或国家需要时，也并不推辞，但不以此为荣；皇帝要把他的官位拿掉，尽管拿去就是；如果皇帝需要他去完成某件重任，给他顶乌纱帽，他也不以此为喜，而且还反复推辞；皇帝给他坐冷板凳，他就上九华山与道士为伍去了，也不觉自己难堪；新婚之夜，撇下新婚妻子去铁柱宫与道士打坐，也不觉得有什么不对；在读书、讲学、做学问时，非孔子而贬朱熹，遭到一些人的攻讦，他也丝毫不惧，我行我素；在广西平叛，完全是将在外，君命有所不受，各种政策、措施的贯彻实施，不待皇命同意，就命各级官员执行落实。

朱熹曾说，在所有的晋宋人物中，唯有陶渊明活得顶天立地，活得洒脱和自由，不为浮名虚利所绊，所以高于晋宋人物。亦可以这样说，在明代诸多读书人、做官者当中，唯有王阳明活出“彩”来了：有书读就读书，有官做就做官，有酒喝就喝酒，大有晋代阮籍所言的“礼教岂为吾辈所设”之概。而无论读书、做官等，都不在心里留下半点痕迹，不以为荣，亦不以为耻，明清以后，唯有此人。所以，也可以说王阳明高于明清人物。

王阳明之所以有如此独特的生活价值观，主要是得益于他对儒、释、道三教的深刻理解：佛、老之学太过虚空，不利社会人生，放弃社会责任，不是对世事应有的态度；而儒学之弊又在于太过执着于功名、利禄，这一切对于追求身心自由、向往“狂者”境界的王阳明来说是难以忍受的。官场之人“怀谗嫉党比之心”，为了蝇头小利，朝中百官相互倾轧，大打出手，丑态百出，斯文扫尽，在这种环境中想要干净、清明亦是不可能的。所以王阳明说它是“烂泥塘”，说明他早就有退避山野之志，并给皇帝多次上疏，以身体不好为由，要求退休，就是看透了仕途的险恶和肮脏。但这些要求均没有得到皇帝的批准，只好把身心分为两半：身在儒家之列以当官，心在佛、老之中以求自由与解脱，这就是传统文化中为知识分子津津乐道的所谓“内圣外王”的完美境界。

六、论惜时

作为一代宗师，王阳明的学识广博精深，这与他的认真刻苦是分不开的。小时的王阳明“放荡不羁”，“嬉戏皆绝人”，尽管天资聪颖，于常人所不及，却不认真学习。一直到十八岁那一年，偕夫人谒当时著名学者娄一谅之后，始知学习的重要。“圣人可以学而至”，于是一改以前的“顽劣”之习，认真刻苦读书，并对人云：“吾昔放逸，今知过矣。”于是经史子集多读之，据他的好友黄绾写的《阳明先生行状》，王阳明在京城任刑部主事时，白天办公务，晚上挑灯夜读五经及先秦两汉书，“文字益工”。他父亲王华担心他的身体吃不消，交代家人：不许给王阳明的书房点灯。王阳明只好假寐，待父亲睡觉之后，又把灯点上，因此“得呕血疾”。就是在江西、广西剿匪、平叛时，亦是好学、讲学不倦，把他的司令部当作教室了，有军务就处理军务，没有军务就与下属讲学。他总结了一条人生的经验：人要有所成就，就必须珍惜时光，认真读书，仅靠天资是要误人的。“美质难得而易坏，至道难闻而易失。盛年难遇而易过，习俗难革而易流。”(《全集》，168 页)他在《借山亭》一诗中亦云：“疏帘细雨灯前局，碧树凉风月下歌。传语诸公合频赏，休令岁月亦蹉跎。”(《全集》，168 页)可以这样说，王阳明一生的功业是与他的惜时读书分不开的。

然而“惜时”并非空言，必须落到实处，方能抓住每一寸光阴。这个实处就是每处理一件事时，都能扎实认真，一丝不苟，不要嫌烦，不要好高骛远，一件一件地做，积少成多，集腋成裘，人也变得有学问了，长进了。他在江西平乱时，时刻惦记着学生的生活和学习，要他们扎实做事，切莫流于“空寂”。如只挂在嘴上，大言不惭，眼高手低，不予躬行，想入非非，这样学一百年也不济事，因为“大抵功夫须实落做去，始能有见，料想臆度，未有不自误误人者矣”(《全集》，170 页)。因此人切忌不务实际，流于空疏。人的成就的取得，绝不是靠“以聪慧警捷为高”，而是靠“以勤确谦抑为上”。(《全集》，984 页)不认真扎实，不人一己十，人十己百，是不可能登上最好境界的。因平易浅近之处，人人可以得而至之，至于险夷风光之所，非有勇武、坚韧不拔之人则不能达到。所以扎实做事是人珍惜时光、成就人生的不二法门，舍此别无他途。“聪明盖一时，然而竟无所成者，荡心害之也。聪明不足恃，而学问之功不可诬也哉。”即使聪明盖世，不认真扎实，整日“荡荡”，什么也不干，还不断大言，则是一无所成的。故“聪明”不可恃，可恃的是珍惜好每一寸光阴，做好每一件事，弄懂每一个问题。千里之途，始于足下，合抱之木，长于寸荫，足见前人之说并非虚言。

七、论亲师尊贤

人非生而知者，故必有“师”。“师”乃人生之途必不可少之要“理”，古人称“师”为“先生”。先生者，“先醒”也，谓先明白事理，这是“先生”二字最早的由来及含义，详见于贾谊的《新书》和陆贾的《新语》。所以荀子说人有“三本”：天地者，生之本；祖宗者，类之本；师友者，教之本。目前在中国的一些农村，在正屋的墙上仍有一醒目之牌位：天地国亲师位。独木不成林，独龙不下雨，故人要成就事业，必须要有人相助，故必须“尊贤”“敬师”。

> 夫德莫淑于尊贤，学莫谧于亲师。故趋权门者日进于势，游市肆者日进于利。（《全集》，236 页）

能尊贤者就能“敬”，就有“礼”“义”“仁”，从而就有“德”；能好学者就能“亲师”，“亲师”就能教，就有学，亦能有“德”。所以有“德”之人必尊贤亲师，而浅陋无德之人则日趋权门、身心交瘁，则“劳”。游市场者能获利，可名利如朝露浮云，不仅无益身心，还使人心力交瘁，唯有学问能传之久远。尊贤敬师就能增进德行、学问、思想，人之有学问、思想，如旱地之遇甘霖，生机勃发。所以历朝历代的君王，即使残暴如杨广，也知道敬重自己的老师、天台宗的智颢大师。看起来，这里头还真有学问，值得人们深思，王阳明当然深知此理！

第六章　书生决战　岂止在书房

王阳明是学者、书生，按理，他与军旅之事是无缘的，可历史的风云际会把他推到了血腥厮杀的战场，其用兵的水准可与明代以前任何一个军事大家相媲美，这确是中国古代军事史上的一朵奇葩。分析、研究其用兵经历，对人不无教益。

王阳明的用兵生涯总共有：从正德十一年（1516）到正德十三年（1518）四月，平定赣、闽、粤、湘四省山民之乱；正德十四年（1519）六月至正德十四年七月，平江西宸濠之乱；嘉靖六年（1527）五月至嘉靖七年（1528）十一月，南征广西之战。用兵时间总共三年多一点，为明王朝政权的巩固立下汗马功劳，成为明代一代名将，是继明开国文臣刘伯温之后又一个书生军事家。明代的江山半壁，赖王阳明而安，可谓国家的擎天玉柱。对此，一贯不喜王阳明之学的清代史学家张廷玉在《明史·王守仁传》中也不得不承认："终明之世，文臣用兵制胜，未有如守仁者也。当危疑之际，神明愈定，智虑无遗。"评价是很高的。

第一节　四省会剿中的不战而屈人之兵

明王朝经历宪宗（成化）、孝宗（弘治）的四十多年的承平之后，社会矛盾又开始激化。除了北方边境的外族之扰，朝中党争之虐之外，处于明王朝腹心之地的粤、赣、闽、湘几省的民众开始不满明王朝的统治和压迫，依托五岭山脉的有利地形，拉人入伙，啸聚山林，扯旗造反了。这些啸聚山林的山寇达数十百股之多，各占山头，互不嫡属，有事相援，无事独立。这些山寇小的仅有数百人，大的则有上万人的队伍，有的还僭号称王，设立官署，与明王朝分庭抗礼，俨然一小朝廷。在这广阔的四省山林之中，其中较有力量的有三支：横水（今广东北江一带）的谢志珊诸人、桶冈（今江西萍乡以北地区）的蓝天凤兄弟和三浰（今广东和平县）的池仲容等。

对于这些山寇之乱，明王朝起先以为只是癣疥之疾，几个毛贼，何足道哉？只要派一将军率几千人马就可以手到擒来。可剿匪的结果大大出乎明王朝统治者的预料，虽然这些山民在装备上不如朝廷军队，可他们熟悉山地环境，哪些山有几棵树、几条溪、几个洞，清清楚楚。政府军来了，他们就躲入大山深处，不进行正面抵抗，只与政府军躲猫猫、捉迷藏、转圈圈，还不时派兵骚扰政府军的后勤补给线。而且当地百姓中有许多都是山寇或者山寇的耳目，所以战争的结局就可想而知。政府军除了损失大量金钱之外，围剿的目的一点也没达到，为了向上级交差，只好招抚了事。可待政府军退兵之后，山寇死灰复燃，继续兴风作浪，而且规模比前次更大。待政府再派兵围剿，他们又退入山林，又让朝廷奈何不得，只好又招抚，从而造成屡剿屡抚屡叛的局面，数十年来循环不已，朝廷又奈何不得，一筹莫展。原以为的癣疥之疾成了心腹大患，而且国家一旦有变，这些山寇之乱足以左右国家军事斗争的大局，小觑不得。

面对这个棘手的烫山芋，明武宗朱厚照令兵部尚书王琼（晋溪）推荐平寇人选，王琼就向皇帝推荐已在朝中担任鸿胪寺卿职务的王阳明，一个专管外交事务的中层官员。尽管王阳明没有从军的经验，也没有带过一兵一卒上阵厮杀，是个性格有点“乖僻”的纯粹的读书人，可世间自有惺惺相惜者。王琼就是看中了王阳明是个人才，不仅能讲学，诗文作得好，而且看问题、分析问题的眼光独到，就对皇帝说：“王守仁定能立功，有他一人足矣。”于是皇帝钦准，升王阳明为都察院左检都御史巡抚南、赣、汀、漳等处，负责剿寇重任。可到任后，王阳明发现自己这个剿匪“司令”事事处处受制于人，“动辄掣肘”，许多事情自己说了不算。事事要请示、报告，没有随时处置之权，这对带兵打仗的人来说，实乃用兵之大忌。于是他又向皇帝上疏，要求自己有职有权，不要预设任务时限，给他更广阔的活动空间，可以先斩后奏。阅奏疏之后，武宗问王琼："如何？"王琼道："权不与此等人，还与何人？"于是皇帝又改授王阳明"提督南、赣、汀、漳等处军务，给旗牌，得便宜行事"，而且规定文官五品以下，武官二品下有奖惩的权力，不限时日，不予牵制。所谓"便宜行事"，就是一切由王阳明说了算，由他做主，皇帝不干涉。这等于授予王阳明一把"尚方宝剑"，不受任何人限制，使之成为真正意义的指挥员，提供一个大舞台由王阳明去左砍右杀。

正德十二年(1517)正月十六日，王阳明到达江西，正式"开府"，即建立自己的军事司令部，开始围剿事宜。为了剿匪的顺利深入，王阳明开始进行大量的侦察、调查，发现当地许多百姓都与山匪相通，充当耳目，有的是一家有一人为匪，有的是有几人甚至全家为匪。在这些山匪中，有的是甘心为匪；有的是为生活所迫，上山为匪，找口饭吃；有的是受匪的裹挟。在充分了解情况的基础上得知，要打赢这一场剿匪战役，王阳明认为，情况的复杂性决定了这场剿匪战役的复杂性，仅用军事手段还不行，还必须军事与政治相结合，甚至有的政治的分量要超过军事。在具体措施上，主要体现在三个方面：

一、行"十家牌法"

这是王阳明在江西剿匪时所创建的一种兵民合一的战时户籍检查制度。鉴于民与匪相通的现实情况，要取得胜利，首先必须堵塞"山寇"的耳目，铲除其存在的社会基础，"竭泽而渔"，"釜底抽薪"。王阳明知道，一旦山寇失去了百姓的掩护，就成了釜底游鱼了。为此，他多次贴出《十家牌法告谕各府父老子弟》《案行各分巡道督编十家牌》等公移(即今所谓公告、安民告示等)，要求各府、州、县、郡、卫、所认真执行，以便"防奸革弊"，希望老百姓"小心以奉官法"。其法为每十家编一木牌，上面清楚写有各户籍贯、姓名、年貌、行业。以木牌轮流值日，日轮一家，如要查询情况，就按照挂在门口的木牌所载，挨家挨户，检查巡看，是否符合本牌所记载的情况。如遇面生可疑之人，即行报官究问，或有隐匿，十家连坐，具体内容有：

某县某坊，某人某籍，右甲尾某人，右甲头某人……此牌就仰同牌十家轮日收掌，每日酉牌时分，持牌到各家，照粉牌审查，某家今夜少某人，往某处，干某事，某日当回；某家今夜多某人，是某姓名，从某处来，干某事；务要审问的确，乃通报各家知会。若事有可疑，即行报官。如或隐蔽，事发，十家同罪。

各家牌式：

某县某坊民户某人，某坊都里长某下，甲首军户则云，某所总旗小旗某下。匠户则云，某里甲下，某色匠。客户则云，原籍某处，某里甲下，某色人，见作何生理，当某处差役，有寄庄田在本县某都，原买某人田，亲征保住人某某。若官户则云，某衙门，某官下，舍人，舍余。（注：甲首即所住的位置在第一，客户即寄住者，色匠即面貌，色人即民族属性，官户即来往者是当官者，舍下即属下，舍余即其它，生理即职业、工作性质）

若客户不报写庄田在牌者，日后来告有庄田，皆不准。不报写原籍里甲，即系来历不明，即须查究。

男子几丁：

某（某项官，见任，致仕，在京听选，或在家）。

某（治何生业，成丁，未成丁，或往何处经营）。

某（有何技能，或患废疾）。

某（某处生员，吏典，见当某差役）。

妇女几口：

一门面屋几间（几间系自己屋，或典赁某人屋）。

一寄歇客人（某人系某处人，到此作何生理，一名名开写浮票写帖，客去则揭票）。（《全集》，530 页）

可以说，这种战时户籍制度是相当详细的，而且还很残酷，连中国古代的连坐制度也用上了。王阳明心里也十分清楚：自己的围剿能否顺利完成，十家牌法的实施是关键。为此，他三令五申，向老百姓讲明实施“十家牌法”的重要性，话中软硬兼施：

> 因念御外之策，必以治内为先……访得所属军民之家，多有规图小利，寄住来历不明之人，同为狡伪欺窃之事；甚者私通蠢贼，而与之传递消息；窝藏奸宄，而为之盘据黉缘；盗贼不靖，职此其由。合就行令所属府县，在城居民，每家各置一牌，备写门户籍贯，及人丁多寡之数，有无寄住暂宿之人，揭于各家门首，以凭官府查考。仍编十家为一牌，开列各户姓名，背写本院告谕，日轮一家，沿门按牌审察动静；但有面目生疏之人，踪迹可疑之事，即行报官究理。或有隐匿，十家连罪，如此，庶居民不敢纵恶，而奸伪无所潜形。为此，仰抄案回道，即行各属府县，著落各掌印官，照依颁去牌式，沿街逐巷，挨次编排，务在一月之内了事。该道亦要严加督察，期于着实施行，毋使虚应故事。仍令各将编置过人户姓名造册缴院，以凭查考；非但因事以别勤惰，且将旌罚以示劝惩。(《全集》，531 页)

依据王阳明的陈述，要攘外必先安内，“攘外”当以“治内”为先。要治内，制度、措施不能不严，这在当时是一项大事，因此法不行，就内奸不肃，则战事无以实施。不仅老百姓要严格执行，就是府、县以下各级官府也要“沿街逐巷，挨次编排”。而且必须在一月之内完成，因战事紧急，如有违背，定将“旌罚”。

其实，这种形式既简单又很实用，就是在每一户的门上方挂一牌子，这块牌子上共有十户人家的详细资料及王阳明的“告谕”。牌子轮流值户，一户一晚。如有官府查巡，就照牌子上所述资料查询户口；如有生人，可问家何处，是何职业，来此何公干，与主人是何关系，准备留住几日等；如有破绽，拿官推问，简便明捷，实施方便。这对王阳明取得剿匪战争的胜利起到了重要的作用。可以说，此法一出，双方胜负已见分晓。

“十家牌法”就是十家为一牌的“连坐”制度。此法出自商鞅变法，他在秦国实行以“什伍”为单位的户籍制度，以五家、十家为一基本的社会底层组织，彼此互相监督。发现可疑之人，必须立即报官，否则，不仅当事之户要遭“腰斩”的酷刑，而且其余各户亦要受到惩罚。关于这段历史，《史记·商君列传》上有详载，从而使此法在古代，尤其是遇上战争时期，震慑功能是很大的。所以，秦国之后，关东各国亦群起仿效。如赵国马服君赵奢之子赵括受命守长平，其母反对此项任命，与赵孝成王有言在先，一旦出事，母亲就不能连坐，此事见于《史记·廉颇蔺相如列传》。《武经七书》之一的《尉缭子》对此有详细的记述。

二、“攻心为上”

王阳明在江西平乱时的另一措施是对敌人进行“攻心”。

武学的最高境界是“武德”，战争的最高境界是和平。只要敌人愿意放下武器，甘心臣服，那战争的手段就不止杀戮一途，而且可以说“杀戮”只不过是战争学里的一部分，并且是很小的部分。只要达到了“和”的政治目的，进行战争的手段就有多种。正如孙子所言的“全军为上，破军次之；全国为上，破国次之”的“不战而屈人之兵”，才是战争的上乘境界。所以，真正的军事高手不是杀人盈野，杀人盈城，而是将杀戮消融于无形，即“和平”之中，“无智谋”，“无勇功”。也如德国的克劳塞维茨在《战争论》中所言，战争不过是一种艺术，即政治的艺术而已，是战争的另一种形式的继续。

在中国古代，尤其是长期的战争事件，军事大家们已经摸索出夺取战争胜利的另一途径——攻心，而且收到了奇效。第一个明确提出“攻心”策略的是三国时期诸葛亮的部将马谡。据《三国志·蜀书·诸葛亮传》，蜀后主建兴三年(225)，诸葛亮南征孟获的战事正酣，参军马谡运粮草到大寨，因马谡以好谋划而得到丞相的赏识，所以诸葛亮问他有何良策。马谡根据孟获所处的地理位置和民族特点，向丞相提出“攻城为下，攻心为上；兵战为下，心战为上”的军政谋略，认为要彻底征服孟获，仅靠军事斗争是不行的，必须要使他心悦诚服，以德来服他。这样，蜀汉一旦撤军，孟获也不会再反叛。诸葛亮一听，心以为然，赞叹道：“真良策也。”从此，心战就成为中国古代军事学领域的一项重要的谋略手段而得到历代军事大家的青睐。秦汉之际的垓下之战，项羽大营四周的楚歌声起，彻底瓦解了项羽军队的斗志，这也许是心战的最早运用，可从理论上提出这种谋略当从三国时候开始。从广义的角度分析，各种惠民、安民的措施、改革也可以说是一种心战。然而在具体的战场上，通过心战瓦解对手，王阳明是较早的实施者。

正德十二年(1517)六月，王阳明平定福建汀、漳二州之后，就准备移兵对广东的乐昌、龙川(今广东河源)一带的山寇用兵。在进攻之前，他了解到：山寇虽多，其中受胁迫之民亦众；股匪虽广，真正负隅顽抗者亦在少数。于是，他认为可以对这些胁迫之民实行心战，决心从内部瓦解敌军。据《年谱》，为了动摇敌之军心，瓦解敌之战斗力，以达最后令敌举械投降之目的，王阳明四处派人张贴告谕：

人之所共耻者，莫过于身被为盗贼之名；人心之所共愤者，莫过于身遭劫掠之苦。今使有人骂尔等为盗，尔必愤然而怒；又使人焚尔室庐，劫尔财货，掠尔妻女，尔必怀恨切骨，宁死必报。尔等以是加人，人其有不怨者乎？人同此心，尔宁独不知？乃必欲为此，其间想亦有不得已者。或是为官府所迫，或是为大户所侵，一时错起念头，误入其中，后遂不敢出。此等苦情，亦甚可悯。然亦皆由尔等悔悟不切耳。尔等当初去做贼时，是生人寻死路，尚且要去便去。今欲改行从善，是死人求生路，乃反不敢耶？若尔等肯如当初去做贼时拼死出来，求要改行从善，我官府岂有必要杀汝之理？尔等久习恶毒，忍于杀人，心多猜疑。岂知我上人之心，无故杀一鸡犬尚且不忍，况于人命关天？若轻易杀之，冥冥之中，断有还报，殃祸及于子孙，何苦而必欲为此。我每为尔等思念及此，辄至于终夜不能安寝，亦无非欲为尔寻一生路。

惟是尔等冥顽不化，然后不得已而兴兵，此则非我杀之，乃天杀之也。今谓我全无杀人之心，亦是诳尔；若谓我必欲杀尔，又非吾之本心。尔等今虽从恶，其始同是朝廷赤子；譬如一父母同生十子，八人为善，二人背逆，要害八人；父母之心，须去二人，然后八人得以安生。均之为子，父母之心，何故必欲偏杀二子，不得已也。吾于尔等，亦正如此。若此二子者，一旦悔恶迁善，号泣投诚，为父母者，亦必哀悯而赦之。何者？不忍杀其子者，乃父母之本心也。今得遂其本心，何喜何幸如之；吾于尔等，亦正如此。

闻尔等为贼，所得苦亦不多，其间尚有衣食不充者。何不以尔为贼之勤苦精力，而用之于耕农，运之于商贾；可以坐致饶富，而安享逸乐，放心纵意，游观城市之中，优游田野之内。岂如今日，出则畏官避仇，入则防诛惧剿，潜形遁迹，忧苦终身，卒之身灭家破，妻子戮辱，亦有何好乎？尔等好自思量，若能听吾言改行从善，吾即视尔为良民，抚尔如赤子，更不追咎尔等既往之罪。如叶芳、梅南春、王受、谢钺辈，吾今只与良民一概看待，尔等岂不闻知？尔等若习性已成，难更改动，亦由尔等任意为之。吾南调两广之狼达，西调湖、湘之土兵，亲率大军围尔巢穴，一年不尽至于两年，两年不尽至于三年。尔之财力有限，吾之兵粮无穷，纵尔等皆为有翼之虎，谅亦不能逃于天地之外。

呜呼！民吾同胞，尔等皆吾赤子，吾终不能抚恤尔等而至于杀尔，痛哉！痛哉！兴言至此，不觉泪下。(《全集》，1244—1245 页)

笔者之所以不惜笔墨把此篇全文摘下，实乃觉得此文极富政治韬略与智慧：

(1)此文告之语气全是如朋友当面谈心，所用称呼皆是“汝”“尔等”，采用拉家常式的方式，没有半点官家拉架子、扯大旗吓人的威慑之语，动之以情、晓之以理。而且解读的内容全是百姓日用的生活常识、道德见解，没有半点高深的理论在。在谈心的过程中，全然没有把对方当敌人、山寇，而是当成误入歧途的“羔羊”“赤子”。通篇都是大实话、大白话：“今谓我全无杀尔之心，亦是诳尔；若谓我必欲杀尔，又非吾之本心。”“若轻易杀之，冥冥之中，断有还报，殃祸及于子孙。”对于讲究现实，又不识字或识字不多的山野之民，此种谈话的语气所产生的效果最为明显。因为别人认为你没有把他们当敌人、外人，从话语上一下就拉近了双方的距离，夷平了鸿沟，通篇的大道理有时不如一两句大实话来得亲切、明白、晓畅和暖人心。

(2)换位思考。在文告的开头，王阳明就从“人人恨贼”的道德高度摄住了对方的心：人之所共耻者，莫过于身被为盗贼之名；人所愤者，是自己的财产被人劫掠。既然人人愤恨盗贼，你们这些山民聚众为乱，掠人妻女，劫人财物，那些被掠者、被劫者又做何感想？人同此心，天同此理，将心比心。既然做盗贼背上人人唾骂的恶名，那么为盗则是一条死路，人人可得而诛之。现在叫汝改恶从善，做一个大大的良民，为众人所喝赞，操持家业，养妻护儿，是一条生路，为何汝等“反不敢耶”？这种换位思考，是以人类的普遍道德准则为出发点的交谈方式，往往能震撼人的心灵，效果是显而易见的。

(3)善用比方。在文告中,王阳明把官府比作父母,对每个子民都有慈善之心,好比父母生有八子,有二子从恶,要害其他六子,怎么办?做父母的只好忍痛把这二子杀了。可一旦二子改恶从善,父母高兴还来不及,焉有再杀之理?而且这些山民作乱的原因是多方面的,有的是迫不得已,有的是官府压迫,有的是被地方豪强所侵、欺霸财产,才铤而走险,误入歧途,这些在王阳明看来都是情有可原的。人杀一鸡犬尚且不忍,何况人命关天?只要弃恶从善,不当盗贼,官府岂有必要杀汝之理?入山为盗,背上骂名,遭人唾弃,人人得而诛之。即便如此,有人还"尚有衣食不充者",在山林中潜形遁迹,提着脑袋为盗还且如此,太不合算了。如果弃盗耕农或经商,不仅生命无忧,还饶可致富,悠游林下,纵意岁月,安享逸乐。对比之下,孰优孰劣,不是一目了然了吗?而且王阳明还担保:对改恶从善之人,更不"追尔旧恶",不搞秋后算账,政府的态度是真正诚恳的,没有半点欺诈。

(4)既有好言相劝,又有杀威棒恐吓。如说前面这些分析、规劝都在情在理,不是做作卖弄,可人心难料,久为盗贼之人,恶习难改,在所难免。对此,王阳明露出了底牌:如果不听劝告,就调动大军"围剿巢穴"。不要以为尔等占有地利,可财力有限,而政府财力无穷,一年、两年、三年,定当剿灭,使之不能逃于天地之外。言下之意是:放着康庄大道不走,就只有死路一条。最后以"痛哉"之感慨结束文告。

对于王阳明的这篇文告,史书上说是"蔼然哀怜无辜之情,可以想见虞廷干羽之化",因此效果是肯定的:不久就有山寇酋长黄金巢、卢珂等人,率众投效,表示衷心归顺朝廷,"愿效死力"。(《全集》,1246 页)

尤其值得一提的是:王阳明在具体战场上实施的心战之策的劝降不是权宜之计,事过之后不追算投顺者的往昔过错,"更不追念旧恶",不算历史旧账,使投顺之人无思想包袱,这一点非常难得。他在《牌行招抚官》的告谕里,把已诚心投顺的山寇廖成等人,称之为"新民",他们不但"意已可嘉,又能招出余党,非但洗其既往之罪,亦当禄其图新之功"。于是上报朝廷,要求授廖成为"领哨义官",廖满、廖斌诸人为"巡捕老人名目",并在横水新建县城内,为他们寻找住所,"分拨田土,全其照例纳粮当差",没有半点歧视之意。对于那些"新民",要求各县衙门为他们提供"牛具田种",从政府的商税款里拨出税银一百两为其购买耕牛农具,"分给各民","令趁时播种"。他在

《议处河源余贼》的公文里，要求给投降并愿意从善者以出路，认为这是使其改恶的重要措施，如果这些“新民”衣食不足的话，不靠抢劫又怎么生存呢？如不资助这些“新民”，使其开始新的生活，实际上是使这些人重新为盗。一旦这些人重新为盗，国家要围剿他们就困难得多，所损失的钱粮何止千万？“欲后图之，功愈难矣！”（《全集》，586 页）

当然，天行有道，无德不复。王阳明的这种不计前恶的君子之风和政治家风范，产生了广泛的社会影响。他们都认为王公说话是一口唾沫一个钉，是算数的，这对他几年以后在广西思恩、田州的平乱，产生了摧枯拉朽般的社会效果：瑶、苗土著族的暴乱在明朝十万大军也无济于事的情况下，王阳明只凭一纸文告，数万暴民登时缴械投顺，愿效死力（后有详述），足见这种攻心之策的巨大威力。

同时，这种具体战场上的攻心韬略对于明以后的中国军事学领域亦产生了长远的影响。清末曾国藩、左宗棠等人在训练湘军时，经常编一些如《爱民歌》《吃粮歌》（旧时把当兵称为“吃粮”）之类的顺口溜式的宣传材料教育士兵，同时以此为宣传口号向太平军士兵喊话，向老百姓做宣传。

三、欲破山中贼，先破心中贼

王阳明在与友人的信中曾说过：“破山中贼易，破心中贼难。区区剪除鼠窃，何足为异。若诸贤扫荡心腹之寇，以收廓清之功，此诚大丈夫不世之伟绩。”（《全集》，168 页）意思是要消灭山中拿着刀枪的敌人并不难，难的是要消灭人们心中那种敌对的思想意识，这些都是一些不拿刀枪的敌人。他之所以要建立“心学”，其目的之一就是要收拾人心。他认为当时道德沦丧，人们唯利是图，世风日下，士大夫知识分子一个个寡廉鲜耻，男盗女娼，根本原因是“心”出了问题，是心里有了“贼”。所以，他要用先秦的原始儒学去改造、约束、重建人们的思想道德，把“心”好好洗刷一番，把“心”中的“贼”破除掉。当然，王阳明把社会风气的败坏仅仅归根于人的“心”坏了，而不归咎于社会存在、制度这个产生思想、约束“心”的重要的物质源头，是比较肤浅的认识。可他把“心”作为改造社会的重要思想范畴，至少在认识上还是有新意的。

他在江西主持四省平定山寇之乱的过程中，觉得山民之所以造反，亦是由于他们的“心”出了问题，不按儒家那一套规矩行事。以前他没有这个权力改造社会人心，现在已是四省剿匪总司令官了，而且又有明武宗钦准他“便宜行事”的“尚方宝剑”，于是他在权力范围内为了军事斗争的胜利展开，永绝山民反叛的念头，开始了改造民心的，表面上与军事无关，实则是有力配合军事围剿的思想政治实验。主要的步骤有二：一是在新平定的区域内设立县治，管束那些原是山寇、后来投诚过来的“新民”；二是在新的区域内建设学校，兴建有关教化的制度、措施，教人们放下刀枪之后，拿起书本，认真学习，洗涤净化思想灵魂。

(一)建立县治，约束化乱之民

在攻下横水、桶冈、浰头后，王阳明分别给皇帝上书《添设清平县治疏》《添设和平县治疏》《立崇义县治疏》《再议崇义县治疏》等，向皇帝力陈在这些新区建立县一级地方政权的必要性。他在《添设清平县治疏》中云：

> 建立县治，固系御盗安民之长策；百年之盗可散，数邑之民可安；旧因县治不立，征剿之后，浸复归据旧。乱乱相承，皆原于此。今诚于其地开设县治，正所谓抚其背而扼其喉，盗将不解自散，行且化为善良。不然，不过年馀，必将复起。其时再举两省之兵，又糜数万之费，图之，已无及矣。设县之后，有不如议，臣无所逃其责。今新抚之民，群聚淤河头者二千有余，皆待此以息其反侧。若失今不图，众心一散，不可以复合；事机一去，不可以复追。后有噬脐之悔，徒使臣等得以为辞，然已无救于事矣。

意思是，建立县治都是安民之长策，可以管束那些散漫的游民和投降的“新民”。如果放任不管，不给耕牛农具种子，授予一定数量的田土，那他们就无以自立，没法生存，又只好重操旧业，啸聚山林。这种可能性是绝对存在的，到时山寇“必将复起”，那时再来平乱，所赖之银钱就更浩繁了。民之所以为乱，并非天性，主要是生活无着落。如果设立县治，管束他们，生活无虑，谁又会造反呢？他们就会“不解自散”。这是有益国家长治久安的大事，如果他不向皇帝陈说利害，就是他王阳明失职。现在老百姓“皆待此以息其反侧”，想靠县衙的管治以安居乐业，息掉反心。否则，众心一散，时机一去，则必有噬脐之悔，但也无济于事了。建县治主要是县制、学校、仓库、衙门以及供老百姓居住的“街衢井巷”，军事要塞等，而且地理位置要适当，要有山有水及田土、交通等自然条件。

他在其他的几封上书中，谈的基本上都是同一个问题。他在《立崇义县治疏》中亦认为：“今议立县治并巡司等衙门，惩前虑后，杜渐防微，实皆地方至计”，“县治既立，人烟辏集，地方果已宁靖”，“兵革之后，尤宜存恤”，“如此，则三省残孽，有控制之所而不敢聚；三省奸民，无潜匿之所而不敢逃。变盗贼强梁之区为礼义冠裳之地，久安长治，无出于此”。（《全集》，352 页）他在《添设平和县治疏》中，更是把设立县治的政治意义作了形象、深刻、生动的解说：

> 和平地方设建县治，以控制瑶洞；兴起学校，以移易风俗……若县治不立，制驭阔疏，不过一年，泛然投招之人必皆复化为盗；其时又复兴师征剿，剿而复聚，长此不已，乱将安穷！夫盗贼之患，譬如病人，兴师征剿者，针药攻治之方；建县抚辑者，饮食调养之道。徒恃针药之攻治，而无饮食以调养之，岂徒病不旋踵，将元气遏绝，症患愈深；后虽扁鹊、仓公，无所施其术矣。

通过县衙的行政管束杜绝乱萌，是王阳明重要的政治韬略。既可在军事上减少进攻的阻力，又可长久地平息百姓反叛之念。在王阳明的观念中，有病求医乃人之常情，也无可非议，重要的是在没有病时要防止生病，这才是养生的高手。以养生喻军国大事，好比庖丁解牛喻游刃有余之人生。把军事问题政治化、思想化、人心化，是王阳明用兵的最大特色之一，亦足见其政治韬略确是有异于前人。思虑之深远、用心之良苦也非一般只会厮杀于两阵之间的将领所能比拟。

（二）兴建学校，教之以忠信之道

要破心中贼，除了设立县治，管束百姓，移风易俗之外，还必须要有一整套重要的配套措施，那就是兴建学校等。王阳明一生以“导师”自居，他一生最大的爱好和兴趣不是带兵厮杀或位居封疆大吏，而是给学生讲学，当一个教书先生，教育人们，改造思想。他认为这才是功德无量的“伟业”。所以，他深知学校对于收拾人心、移风易俗的重要性。一旦他掌握了一定的权力之后，在自己的辖区内做的第一件事就是设县衙，紧接着第二件事就是兴学校。有关教化、育人的一切措施都提上议事日程，成为他之辖区内所有官员的第一要务。据《年谱》载：

先生谓民风不善，由于教化未明。今幸盗贼稍平，民困渐息，一应移风易俗之事，虽未能尽举，姑且就其浅近易行者，开导训诲。即行告谕，发南、赣所属各县父老子弟，互相戒勉，兴立社学，延师教子，歌诗习礼。出入街衢，官长至，俱叉手拱立。先生或赞赏训诱之。久之，市民亦知冠服，朝夕歌声，达于委巷，雍雍然渐成礼让之俗矣。

王阳明在《训蒙大意示教读刘伯颂等》的文中亦论及：

今教童子，惟当以孝弟忠信礼义廉耻为专务。其栽培涵养之方，则宜诱之歌诗，以发其志意，导之习礼，以肃其威仪，讽之读书，以开其知觉……大抵童子之情，乐嬉游而惮拘检，如草木之始萌芽，舒畅之则条达，摧挠之则衰萎。今教童子，必使其趋向鼓舞，中心喜悦，则其进自不能已。譬之时雨春风，沾被卉木，莫不萌动发越，自然日长月化；若冰霜剥落，则生意萧索，日就枯槁矣。故凡诱之歌诗者，非但发其志意而已，所以泄其跳号呼啸于咏歌，宣其幽抑结滞于音节也；导之习礼者，非但肃其威仪而已，亦所以周旋揖让，而动荡其血脉，拜起屈伸，而固束其筋骸也；讽之读书者，非但开其知觉而已，亦所以沈潜反复而存其心，抑扬讽诵以宣其志也。

若近世之训蒙稚者，日惟督以句读课仿，责其检束，而不知导之以礼；求其聪明，而不知养之以善；鞭挞绳缚，若待拘囚。彼视学舍如囹狱而不肯入，视师长如寇仇而不欲见……是盖驱之于恶而求其为善也，何可得乎？

要研究王阳明的教育思想，上面所述的都是这方面的重要文献，需要仔细研读。在这些文告中，对教育的内容、方法、对象、目的和要求，王阳明都有清楚的表述：首先，他认识到山民之所以造反，与朝廷分庭抗礼，根本的问题是他们心中不存礼义。在“官长至”时，不知道“扠手拱立”、点头哈腰或叩头稽首。因此，兴教育的第一要务是要驯服这些山民的野性。通过先生“训导诱之”，“朝夕歌声”，久之，民众则渐知文物衣冠，礼让成风，逐渐教化使之成为习惯。其次是兴学校。办教育不能只看重利益的短期效应，亦要有长远的目标，那就是从孩童时抓起，从娃娃开始。小孩子的大脑，像一张没有涂抹斑点的白纸，好像草木萌生之时。如果培植有方，则“条达之”，长得繁茂通顺；如曲意摧抑、折挠，就会衰萎。因此，抓好孩童教育是消除“心中贼”的主要之法。那么，如何培养孩童呢？就是用以“孝弟忠信、礼义廉耻”为主要内容的儒家经典灌输之，这些内容都记载在“六经”上。因此，教育孩童“抑扬讽诵以宣其志”，“导之习礼，养之以善”，大声朗读，不仅思想而且全身的血管偾张，就记得更实了。因自古以来，未有忠臣孝子而反叛朝廷者。把孩童教育成忠臣孝子的自觉实践者，朝廷的心腹之患及“心中贼”也就消除了。如果老百姓厌恶学校，见到学校如见图圄，见到官员如见寇仇，要消除乱萌是不可能的。所以要培养老百姓想读书的习惯，此亦不是小事。

（三）典型引路，示范效应，引领良好的社会风气

为了消除“心中贼”，把老百姓驯服成循规蹈矩、百依百顺的“良民”，除了发挥政府机构的管理功能、学校的教化功能之外，王阳明还十分注重示范效应。树立一些按当时的道德标准来说是比较好的榜样、典型，导向人们的道德诉求，号召人们向这些人学习、看齐，以这些人为榜样，做有一定社会荣誉的道德君子。同时又让人懂得：成了典型，不仅能得到人们的赞许、尊敬，还能得到官方的表彰，不仅有精神鼓励，还有物质奖励。这些措施主要有：

第一，立生祠。王阳明在《批临江府耆民建立生祠呈》（《全集》，517 页）中，根据临江府清江县民董惟谦的呈文，要求为“隐仕”（退休）的知府戴德孺建立生祠。王阳明觉得，知府戴德孺在个人的道德品质方面“素坚清白之守”，在执政的过程中，为老百姓办了许多有益的事，“久著循良之政”，如今退休在家，老百姓思念他的恩德，希望建立生祠，“郡民建祠报德”，天伦之在人心。为了抚顺民情，同意建立生祠，并且“量行拨人看守”。这样做的目的非徒激励后人，俾有所兴，且以成就民德，号召老百姓向戴德孺看齐，使自己的品德“归于厚”。同时也警示别的官员，能像戴德孺一样，就能得到应有的尊重和奖励。

第二，树立贞节牌坊。以今人的目光视之，贞节牌坊是古代妇女的血泪砌成的。但在古代，认为这是一个女子肯为丈夫守节的道德高尚的表现，应该大力提倡、表彰，甚至为她们立牌坊，供人们景仰、凭吊、学习，王阳明也不例外。他在《旌奖节妇牌》的公文中认为，吉水县民陈文继之妻黄氏，庐陵县生员胡裳之妻曾氏，俱各少年守制，节操坚厉，远近传扬，士夫称叹，“当兹风俗颓靡之时，合行旌奖，以励浇薄”。于是命令吉水、庐陵二县的县令，要给这两个守节的妇人树立牌坊，还要给予一定的物质奖励，“买办礼仪”。二县令还去了二妇所在地，召集乡邻大会，号召老幼之人都向这二人学习，宣扬她们“本妇志节之美”，使“里巷知所表式”。即学有榜样，为良好的社会风气的形成起到了一个示范作用。

第三，奖励为国家建设做出过贡献的、捐躯了的人，为他们建立祠庙，定时祭拜。

在王明阳的学生中，有一个叫冀元亨的人，家居武陵源区，是王阳明在受贬贵阳龙场前招的学生。正德十年(1515)冬，江西宁王朱宸濠为了反叛朝廷而暗中招兵买马，广揽人才。他久闻王阳明之名，多次派人要拉王阳明入伙，但王阳明没有答应。为探虚实，王阳明派冀元亨进入宁府，以教书为名，规劝朱宸濠迷途知返，引得朱宸濠大怒，吓得冀元亨连夜而逃。朱宸濠之叛平定后，王阳明在朝中的反对者攻击他原与朱宸濠通气，并派冀元亨入宁府为内应，后只觉得朱宸濠难成气候，才反戈一击。于是锦衣卫就把冀元亨抓入大牢，严刑拷打，要他供出是受王阳明指派作为内应而入宁府的，可冀元亨至死也没说老师一个“不”字。后经王阳明反复奔走，才将他救出大牢，可冀元亨出牢五天就死了。为此，王阳明心有愧疚，觉得有愧于学生，尽管处在朝中不断有人攻击自己的不利形势下，还为冀元亨鸣冤，认为冀元亨的“忠孝之行”与“孝友之德”“孚于远近”，“优于乡闾”，并为他立祠。

宁都知县王天与曾跟随王阳明江西剿寇和南昌平叛，后死于战事。王天与平日居官，政务修举，威爱兼行，王阳明于是从“士民之请，建祠报祀，用伸士夫之公议，以慰小民之遗思”（《全集》，64 页）。兴国县主簿于旺，平时能操持清白，处事详审，在负责财务事情时“纤毫无玷”，而且还革除了许多财务上的弊端，兢兢业业，廉洁清白。这在小吏中“诚不多见”，应予以奖励，“以劝其余”，给别人树一榜样。于是王阳明就奖励于旺花红、彩缎、羊酒各一事，并用王阳明的官马一匹，带鞍一副，敲锣打鼓给于旺送去，产生了广泛的社会影响。福建市提举司副提举舒芬志行高古，学问醇厚，性情耿直，“直道不能趋时”，即不为人所喜，可其才足以济用，是一个有才有能有德的人。于是王阳明命令福建布政司官吏，以他的名义给舒芬送去“羊酒礼币”，以达官府的“优礼之意”。

王阳明平时以道德教人，亦以道德律己。朱宸濠的军师刘养正曾与王阳明有一面之交，也曾代表朱宸濠请王阳明加入朱宸濠阵营，却被拒绝了。朱宸濠事平之后，刘养正被杀，朝中又谣言四起，说王阳明与朱宸濠有牵连，刘养正是拉线人，使王阳明处境十分艰难。刘养正的母亲死后，王阳明冒着风险，自己出钱给予埋葬。别人问他为何这样做，难道不怕受到牵连？王阳明答道：“心中坦荡，何惧之有？”所以，王阳明称得上是一个光明磊落的人。从现存的有关史料看，没有发现有人攻击王阳明有贪污之事、害民之事、寡廉鲜耻之事。

（四）订立“乡约”，让乡民自我管理，自我约束

王阳明对老百姓的灵魂净化工作，除了上面所述的制度性的外在措施之外，还有一项重要的举措，那就是让老百姓自己管理自己，自己教育自己。如果说制度性的措施带有某种外在的强制性的约束或规范，而老百姓的自我规束则完全是人的道德自律。在一些规则的基础上，让老百姓自己规范自己日常生活中的言行举止，逐渐完成道德的内在自律功能。

还在王阳明奉命提督赣、闽、粤、湘四省军务时，在军务繁忙之际，他给南赣地方府县订立《南赣乡约》。属下各个府县乡里之民，必须按照这个乡约的内容，规范自己的行为，自我约束，自我管理。“蓬生麻中，不扶而直，白沙在泥，不染而黑”，即人的生活环境对人的影响是很大的。所以，人们必须形成扬善去恶的道德屏障，而自我约束，就是建立这种“屏障”的有力手段。

今特为乡约，以协和尔民，自今凡尔同约之民，皆宜孝尔父母，敬尔兄长，教训尔子孙，和顺尔乡里，死丧相助，患难相恤，善相劝勉，恶相告戒，息讼罢争，讲信修睦，务为良善之民，共成仁厚之俗。呜呼！人虽至愚，责人则明；虽有聪明，责己则昏。尔等父老子弟……彼一念而善，即善人矣……尔一念而恶，即恶人矣；人之善恶，由于一念之间，尔等慎思吾言。(《全集》,600 页)

在这段文字里，王阳明告诫老百姓，人要想长进，孝敬父母，敬礼兄长，彼此患难相恤，就必须要彼此约束，互相监督，共同遵守提高。因为人责人则明，责己则昏。需要有一些规则，诫持人的行为，这对于人的道德素质的提高是极有帮助的。整个《南赣乡约》一共十五条，概述如下：

第一条：建立“乡约”执行机构，完善各项准备工作，推举德高望重者，一人为约长，二人为约副，又推公直果断者四人为约正，通达明察者四人为约史，精健廉干者四人为知约，礼仪习熟者二人为约赞，置文簿三本：其一本备写同约姓名，及平常所为，由知约管理；其二本一书写奖励者姓名，一书写有过者姓名，由约长管理。

第二条：同约之人每碰头开一次会，须出银三分钱，送知约，为的是见面议事时给大伙准备饮食，标准是“毋大奢，取免饥渴而已”。

第三条：每月开一次大会，缺席者要先请假告知，无故缺席者，则写入主簿书中作为“过恶”，罚银一两公用。

第四条：在各里巷的中心点，建立乡约之所，最好选在寺观宽大之处。人有善行，大肆宣扬。有过错，不要太张扬，给人留下脸面及改正之余地，并通过约长、约副先与之做工作，并人劝之，许其改正；如不改，则书过错于簿上；还不改，就告知官府，进行规劝；还不改，就执送官府采取强制措施。

第五条：同约之人，凡有危疑难处之事，同约之人需相互帮助，不得坐视推托，如陷人于恶，则究约长约正诸人责任。

第六条：临时寄住之人亦要纳入同约之中。

第七条：本地大户，异境客商，放债收息，必须合依常例，不得放高利贷(即磊算)；或有贫难不能偿者，约者等与之“劝令宽舍”(即放宽期限)；如逼民为盗者，同约之人要“鸣之官司”。

第八条：亲族乡邻，平时的斗殴不平之事，约长等率人“指实劝戒”，不听劝者，“呈官究治”。

第九条：军民人等若有阳为良善，阴通贼情，贩买牛马，走传消息，归利一己，殃及万民者，约长等率同约诸人指实劝戒，不改者，“呈官究治”。

第十条：发现吏书、义民、总甲、里老、百长、乡兵、机快人等若揽差下乡时，索求人财物者，约长率同约之人“呈官追究”。

第十一条：各寨居民对于曾为山寇、现已投降的“新民”，不能歧视，要一视同仁，致扰地方，“约长等常宜晓谕，令各守本分，有不听者，呈官治罪”。

第十二条：对于投降之“新民”，要时常痛自克责，改过自新，勤耕勤织，平买平卖，不要以为前有罪咎就自甘堕落，这是自灭之道；约长等各宜时时提撕晓谕，如踵前非者（即重新犯罪者），“呈官征治”。

第十三条：男婚女嫁，要及时嫁娶，不准苛求男女双方的聘礼及嫁妆，约长要告知各家产，根据家庭实际情况采办财礼，移风易俗，不能因嫁妆、聘礼而延宕婚期。

第十四条：父母丧葬，衣衾棺椁，但尽诚孝，称家有无而行；意即根据各家实际情况，不准奢华，力尽节俭，在心诚孝就可以了。

第十五条：每月按时举行思想道德的总结会议。仪式有：在同约人数到齐之后，约赞鸣鼓三，众人于香案前序立，北面跪听约正读告谕毕后，约长首先大声喊：“自今以后，凡我同约之人，祗奉戒谕，齐心合德，同归于善。若有二三其心，阳善阴恶者，神明诛殛。”言毕，众人合曰：“若有二三其心，阳善阴恶者，神明诛殛。”言毕，乃由约正读乡约，大声曰：“凡我同盟，务遵乡约。”众曰：“是！”言毕，东西交拜后，各就位，由年少者酌酒于长者，然后由知约设彰善位于堂上，南向置笔砚，拿出善簿，约赞鸣鼓三，众皆起立，大声曰：“请举善。”约史坐在彰善之位，扬言曰：“某有某善，某能改某过”，言毕，循问众曰：“如何？”众曰：“约史所言甚是！”约长然后举杯大声说：“某人为某善，某人能改过，是能修其身也……凡我同约，当取以为法！”说完，由被表彰者发言：“此岂足为善，乃劳长者过奖，某诚惶怍，敢不益加砥砺，期无负长者之教。”饮酒毕，再拜约长，约长答拜，酒复三行；事毕后，知约起，设“过”位于阶下，约赞鸣鼓三下，众起，约赞唱：“请纠正。”于是约史拿起记述簿曰：“闻某有某过，未敢以为然，姑书之，以俟后图，如何？”然后拉出有“过”者坐在纠过之位,北向立,约史曰:"某所闻止是。"约长谓过者曰:"暂不行罚,惟速改!"过者跪请曰:"某敢不服罪!"言毕起立,自酌酒饮曰:"敢不速改? 重为长者忧。"言毕,约正、约副亦引咎自责:"某等不能早谕,使子陷于此,亦安得无罪!"言毕,皆酌酒自罚;"过"者复跪而请曰:"某既知罪,若许以自改,某之幸也。"又酌酒自罚,约正、约副皆曰:"你能勇于受责,是能向善的表现。""过"者再拜,约长揖之,各就位,知约撤纠过席,酒复二行,遂饭。饭毕,约赞起立,鸣鼓三下,喊曰:"申戒!"即严格按"乡约"办事、执行,众人齐曰:"敢不勉。"乃出席,按次序东西而立,交拜毕,遂退。

此法虽带有一定程度的仪式意味,但在几百年前,王阳明也想不出更好的办法去教育老百姓。实际上,所谓的"乡约"就是把全乡、里、巷之人置于统一的自我约束机制之中,给每个人一个改恶扬善的机会;为了引起心灵的震撼,把每个人的善恶暴露在乡人面前,表扬善的,批评恶的,使人知耻;通过一套烦琐的仪式程序,使之严肃化,从而使每个人的心里产生敬畏感。为了不在约定中置于被罚的地位,每个人就要在平时严格要求自己的行为,不要在"纠过簿"上留下不好的记录。时间一长,人们心里就形成了固定的道德价值导向,并负责自己的行为,社会秩序、风气也就达到了预期的效果。

史书载,王阳明这套管理老百姓,教化人心的手段收到了一定的效果,达到了他原来设想的"善政不如善教之得民也"的政治目的。在他的教诲、指导下,乡野里巷之处,"教化大行",人们知书达礼,彬彬有君子之风。这固然有言过其实之嫌,但可见效果应该还是有的。如王阳明去世之后,其灵柩经过自己以前的治理管辖区时,百姓哭声动地,"如丧考妣",说明他的治理模式还是得人心的,至少老百姓不恨他。

第二节 广西镇乱

明嘉靖六年(1527),地处中国西南边陲的广西再起狼烟。

广西、广东原属古百越之族,秦以后改称为岭南地区。在今广西南宁以西以北的大片地区,又是古越民族的生存之所,与中原地区在政治、经济、文化、民俗、宗教方面差异很大。所以历代统治者都是"以土治土",即以生长于这些地区的苗、瑶、僮民族的酋长、土司管理这些地方,这就是"土司制度”，中央政府只羁绊之。

到了明中叶以后，因明中央政府的残酷剥削和压迫，广西西南、西北的少数民族苗、瑶、僮民族开始叛乱，想摆脱明政府的统治。先是广西田州（今广西田阳）土酋岑猛之乱，明政府遣提督御史姚镆率军平之，斩岑猛父子首，宣告围剿取得了胜利，朝廷照例论功行赏。可没过多久，原是岑猛属下的苏庐、王受等人又煽动苗、瑶土著民族叛乱，声势有数万之众，并攻陷思恩（今广西百色一带）。朝廷又命姚镆率军平乱，可久而无功，局势有不可控制之势。于是巡抚御史石金向皇帝上书，弹劾姚镆征剿不力。无奈之下，嘉靖皇帝只好采纳侍郎张总、桂萼的建议，重新起用王阳明。江西平朱宸濠之后，王阳明因受政敌诬陷，至此已有六年不闻朝廷之“诏”，即坐了六年的冷板凳。国乱思良将，皇帝又想到了他，命他以总督两广及江西、湖广军务和广西巡抚的身份，去广西镇乱。而且皇帝还授予他“度量事势，随宜抚剿”的权力，把军政大权交给他，皇帝不干涉。

但此时的王阳明，生命已到了油尽灯枯的开始倒计时的阶段。长期的肺病折磨得他“痰疾剧增”，每一咳嗽，久乃苏醒，与死人无异。于是他向皇帝提出辞呈，但没有获得同意。皇帝坚持要王阳明带病出征，并让姚镆退休，还不断遣使催王阳明上道。无奈，王阳明只好抱病出征，完成皇帝交给他的最后一个任务。到广西后，王阳明又把他的军政智慧发挥得淋漓尽致，奇招迭出，并收到了良好的效果。其所作所为，堪为后世处理民族关系之楷模。

一、“十患”“十善”“二幸”“四毁”的战略决策

嘉靖六年（1527）十一月十八日，王阳明到达肇庆，二十日到达广西梧州，并在梧州“开府”，即建立指挥所。而且“沿途咨访”，调查了解了不少彼此的情况，咨访了许多的不同行业的人，然后就给皇帝上书，分析形势、敌情，提出方略。他认为广西的苗、瑶之乱与四省的山寇及朱宸濠的反叛有很大的不同，不是不可调和的对立。这些苗、瑶之所以“乱”是因为“土官仇杀”所致，即汉民及流官压迫的结果，属于“官逼民反”的性质，并非与朝廷有刻骨铭心的血海深仇。虽然这些苗、瑶之民有可诛之罪，然而那些导致苗、瑶之民走到如此地步的肇事官员更是有不可推卸的责任。没有他们的飞扬跋

扈、草菅人命，苗、瑶之民绝不会走到这一步。目前因朝政日非，上无可用之将，下无可用之兵，一旦有事，则调土官狼兵，使土官狼兵日益桀骜不驯，而且事平之后，功归于上，彼无寸功，以致怨恨。同时，久用流官，民族矛盾尖锐，不仅不能起到震慑苗、瑶土著民的作用，反而消耗了财力。土人出兵三千，就要官府所发之民兵一千人监督防患，这一千人的所有费用，又由土著之民来负担，“仅此一事，利害可知”。而且，田州地近交趾，深山绝谷，瑶、僮盘踞，动以千百，剿不胜剿，必须以土制土，借之以为中土之“蔽”，为朝所用，作为战之屏障。否则，改土归流，则所有与土著的矛盾、利患皆由朝承担。

王阳明分析的情况是：首先政府军队已不管用，无论从将军到士兵，一旦有事，驱土著士兵为前驱，事成之后，功归官府。其次，每次官府出兵的财政又都由土著之民负担，不胜其重。而且田州地处大山深处，剿不胜剿，不如赦其罪，作为边境之屏障，抵御交趾越民之入侵，亦减轻财政之乏，一举三得。否则，边境永无宁日。

嘉靖皇帝看了他的奏章之后，称赞他“才略素优，所议必自有见”。天高地远，事难遥制，索性授予王阳明“听其便宜，勿怀顾忌”的权力，要他“竭忠尽力，大展谋猷，俾夷患殄除，地方安靖”。（《全集》，469 页）一句话，要王阳明放手平乱。

既然皇帝授自己以全权，王阳明就大胆地实施自己的平乱方略。这些方略，可以归纳为“十患”“十善”“二幸”“四毁”之策，并以奏章的形式向皇帝做了汇报，有关这项决策，概述如下：

思恩，田州之役，兵连祸结两省，荼毒已逾二年，兵力尽于哨守，民脂竭于转输，官吏罢于奔走。即今地方已如破坏之舟，漂泊于颠风巨浪中，覆溺之患，汹汹在目，不待智者而知之矣。今若必欲穷兵雪愤，以收前功，未论其不克，纵复克之，亦有十患：

必欲穷搜极捕……伤伐天地之和，亏损好生之德，其患一也。屯兵十万，日费千金……兵连不息，而财匮粮绝，其患二也。屯戍日久，人怀归思，兼之水土不服，而前岁之疾疫横行，溃散逃亡不已，如若接收，必有土崩瓦解之势，其患三也。用兵以来，两省之民，男不得耕，女不得织，已余二年；衣食之道日穷，老稚转乎沟壑，今春若复进兵，又将废一年之耕，百姓饥寒切身，群起而为盗，形势之严重比思、田更甚，其患四也。平土著之乱亦须用土官之兵，因我无一旅可用之兵，如诛叛乱二酋，则无异于抱薪救火，其患五也。瑶、僮之巢穴动以数千百计，地形复杂，今为剿思、田，当募别处之兵聚于思、田之一隅，致使别处空虚，一旦山寇乘间窃发，我何以抵御？致使我兵势难中辍，救之不能，弃之不可，其为惨毒可忧，尤有甚于饥寒之民，其患六也。所需之马，各以千计，都征之于南宁诸属县。现百姓困苦已极，无能为力，强要征之，无异于逼良为娼，其患七也。两省土官在岑猛死后，已有唇亡齿寒之忧，现各州又因苏、受之乱，有兔死狐悲之憾，都在观望，唯一可恃的兵力是湖兵。可湖兵因疾疫，死者过半，没有死者已离家三年，劳苦怨郁，潜逃而归者，相望于道……其间伏忧隐祸，殆难尽言，其患八也。田州外捍交趾，深山绝谷，诛不胜诛，若必尽诛其人，异时改土设流，亦无民可守，其患九也。既以兵克，必以兵守，岁岁调发，劳费无已。秦时胜、广之乱，实兴于闾左之戍。且一夫制驭，变乱随生，反复相寻，祸将焉极，其患十也。(《全集》，470页，文字有改动)

因原文字浅近，故不作解释。如仔细分析这“十患”，实在可谓有知己知彼，高屋建瓴之气势。不仅从军事的角度考虑，还从政治、经济、生产、民族民俗、后勤保障、军心士气、地形地利等方面进行综合评判，把军事问题又看作一个政治问题，放在战略全局整体的角度来全盘考虑。在中国古代军事史上，像这样高水平的战略家还不多见。

有关“十善”之述如下：

活数万无辜之死命，其善一也；息财省费，百姓无椎脂刻髓之苦，其善二也；兵无土崩瓦解之患，其善三也；百姓能及时耕种，不废农作，虽在困穷之际，然皆获顾其家室，亦各渐有回生之望，不致因生活所迫而为盗，其善四也；罢土官之兵，各归守境土，反侧之奸自息，其善五也；远近之兵，各归旧守，穷边沿海，修复其备，盗贼有所惮而不敢肆，城郭乡村免于惊扰劫掠，内外平衡，不会顾此失彼，其善六也；息馈运之劳，数省之民无转运劳役之苦，其善七也；土民释兔死狐悲之憾，土官无唇亡齿寒之危，湖兵遂全师早归之愿，莫不安心定志，涵育深仁而感慕德化，其善八也；思、田遗民得还旧土，招集散亡，复其家室，因其土俗，仍置酋长，彼将各保其境土而人自为守，内制瑶、僮，外防边夷，中土得以安枕无事，其善九也；土民诚心悦服，不须复以兵守，省调发之费，官军免踣顿道途之苦，居民无往来骚屑之患，商旅能通行，

农安其业，近悦远来，德威覃被，其善十也。（《全集》，473 页，文字有改动）

因文意浅近，毋须解释。其实，所谓的“十善”就是克服“十患”后而出现的十个有利的方面。没有了“十患”，毫无疑问就会产生“十善”。而且这“十善”都是有关政治、军事、经济、民族、民生、生产、通商等方面，对比之下，孰优孰劣，一目了然。

有关“二幸”“四毁”的论述：

> 下之人幸有数级之获，以要将来之赏；上之人幸成一时之捷，以盖日前之愆；是谓二幸。始谋请兵而终鲜成效，则有轻举妄动之毁；顿兵竭饷而得不偿失，则有浪费财力之毁；聚数万之众，而竟无一战之克，则有退缩畏避之毁；循土夷之情，而拂士夫之议，则有形迹嫌疑之毁；是谓四毁。二幸蔽于其中，而四毁惕于其外，是以宁犯十患而不顾，弃十善而不为。（《全集》，473—474 页）

本来这是没有胜利可言的平叛之战，可为什么有人要“镇乱”，为什么屡镇屡乱呢？原因当从上起，是那些指挥这场战争的人的私心所为：在下之人，想加官晋爵，“数级之获”；在上之人，想打一仗以洗前耻，掩盖自己的无能和过失。所以才“轻举妄动”，“浪费财力”掩其“退缩畏避”和“拂士夫之议”。这四种妄言愚行对战争来说是大忌，也是对国家极不负责任的态度。不顾战争敌战双方客观情况的许可，凭一时冲动，一己之私利及对外界各种批评、指摘的担心，不顾各种条件的不允许而滥杀无辜之民。这就是有人明知不能战、不可战、不想战却要坚持战的原因。当然，战争的结局也就可想而知。

纵观王阳明“十患”“十善”的平叛之策，其实是一个以政治手段解决广西西南苗、瑶土著民叛乱的作战方案，也是他在江西曾实施过的不战而屈人之兵的军事思想的继续。这套方案一旦考虑成熟，他就给皇帝上疏，可还没等到皇帝批复下来，他这边就开始实施了，因为皇帝已授予他便宜行事的权力，所以用不着批准或边干边等批准，这就是王阳明的风格。

嘉靖六年（1527），王阳明到南宁后就下了一道命令：尽撤调集驻守之兵，“数日之内，解散而归者数万有余”。就是把原本平乱的军队全部下令停止前进，并逐步安排往回撤。有些如湖兵（即今湖南、湖北兵），因道远不易一时遣散，就分留南宁、宾州（今来宾），“解甲休养，待间而发”。

在遣散狼兵（正规军）的同时，王阳明正准备实施另一重大的招降举措，那就是全部赦免叛乱之人。卢苏和王受诸人原是土酋岑猛属下，这一次反叛亦是他们挑唆土民所为，按理，诛杀此种首恶是当然之事。但王阳明通过调查后得知，苏、受二人虽有煽动叛乱之罪，却亦有“投生之念”且“日夜悬望”，说明二人已认识到自己的罪行，想倒戈投降，以求朝廷放一条生路。而且这些人都是当地的土酋，有相当大的号召力和人脉，杀一苏、受，等于与千百个苏、受为敌。同时他们久闻王阳明在江西以诚待“新民”，不计“旧恶”的举措，因此对他寄予厚望。在得知王阳明尽撤南宁防卫之兵后，更知道了王阳明的方略不是以“战”而是以“和”为主。因此，更坚定其“投生”的意念，并派头目黄富等十余人于正月十七日到王阳明的大营内诉苦：“愿得扫境投生，惟乞宥免一死。”王阳明见苏、受等人能“诚心投顺，绝当贷尔之死”，给他们留下一条生路。有人担心其中有诈，王阳明说：“彼岂是施诈之人？大军压境，实乃跳梁，何诈之有？”大军压境，自保还来不及，焉能陷人？于是就派人给卢苏、王受等人送去“纸牌”公谕，要他们弃暗投明。公谕中对他们曾犯下的罪恶，严加痛斥，挞伐，并指示其生路：

岑猛父子因罪已伏诛，你们原本无大罪，部下的数万之众，尤为无辜，现你们阻兵负险，致使数万生灵破家失业，奔逃困苦，已将两年，同时又烦朝廷兴师命将，劳扰三省之民，“尔等之罪固已日深”，但怜你们阻兵负险是畏罪逃死，是自为之计，所以其情亦有可谅；“今特给尔更生之路，牌至之日，尔之部下兵夫即可解散，各归本业耕作，尔等（头目）”在规定时间内到某处“投到”，即到某处集合，决当饶你们不死，保全你们的身家性命，“若迟疑观望，则天讨遂行，后悔无及。限尔二十日内；尔若不至，是朝廷必欲开尔生路，而尔必欲自求死路，进兵杀尔”。（《全集》，1465 页，文字有改动）

此令牌可谓声色俱厉、气势吓人，可最终又给了叛民一条生路，可谓高高举起，轻轻放下。不给一个言语上的下马威，土著之叛民就不知天威的可怕和高深。可王阳明最终为了一个目的：“放生”。所以，卢苏、王受等人得“牌”之日，皆欢呼跳跃，喊声雷动，“罗拜踊跃”，当即撤守备、具衣粮，率领众人“扫境来归”，于十一月二十六日，全部集中于南宁城下，分为四营扎驻，听候处置。而卢苏、王受等人则皆“囚首自缚”，赴军门投见，“哀号控诉，各具投状，告称前情，乞免一死”，并发誓“预得竭力报效”。

当时亦有人劝王阳明：难得土酋自投罗网，应当趁机诛灭殆尽。可王阳明认为，既许其投降，又复杀戮，是犯天条，又失信义，丈夫决不为此，于是决计受降。为让其死心塌地归顺朝廷，王阳明指着跪在地上的卢苏、王受等自缚大小数十头目，厉声道：“你们虽然投降，以前之罪，不可不咎。”于是各杖一百，并说：“今日宥尔不死，是朝廷天地好生之仁，杖尔一百者，乃我等人臣执法之义！”胡萝卜加大棒，恩威并施，仁义俱在，功过分明，恰到好处，致使“众皆叩首悦服”，“莫不感泣欢呼”。招降了这数万之众后，王阳明“抚定军众”，遣退老弱病残之人，留下一部分强壮者受卢苏、王受诸人统领，在帐效力。在以后平八寨、断藤峡的战斗中，王阳明就靠着这些投降的土著之兵，扫清了盘踞八寨等地一百多年之久的顽残势力。真可谓以仁义待人，敌可为友；以暴虐待人，友可为敌。

对于王阳明的不战而屈人之兵的方略，当时就有人由于妒忌之心对之予以攻击，认为他没有动刀兵，是“纵患”，必为朝廷日后之“忧”，他的这些做法不符合朝廷既定之策，是“越权”。如大学士桂萼就对嘉靖皇帝说王阳明自作主张，“恩威倒置”。可吏部尚书霍韬极力为王阳明抱不平，在给皇帝的《地方疏》中替王阳明鸣冤：以前巡抚调动三省兵若干万，银米费去若干万，才得田州安靖五十日。而王阳明不役一卒，不费斗粮，只宣扬朝廷圣德，遂使思恩、田州两府顽民稽首来服，奉扬圣化以来远人，“虽舜格有苗，何以过此”。意思是王阳明的功劳可以与舜帝臣服苗族的行为相比，并从军事上总结王阳明在思、田及八寨、断藤峡的平乱之役有“八善”，足可为后世法：

乘湖兵归路之便，则兵不调而自集，一也。因田州、思恩效命之助，则劳而不怨，二也。机出意外，贼不及遁，所诛者真积年渠恶，非往年滥杀报功者比，三也。因归师讨逆贼，无粮运之费，四也。不役民兵，不募民马，一举成功，民不知扰，五也。平八寨，平断藤峡，则极恶者先诛，其细小巢穴可渐施德化，使去贼从良，得抚剿之宜，六也。八寨不平，两广无安生之日，西而柳、庆，东而罗旁、绿水、新宁、恩平之贼合数千里，共为窟穴，虽调兵数十万，费粮数百万，未易平伏。今八寨平定，则诸贼可以渐次抚剿，两广良民可渐安生业，纾圣明南顾之忧，七也。剿贼必剿穴，今守仁既平其巢窟，即徙建城邑以镇定之，则恶贼失险，后日固不能为变，逋贼来归，不日且化为良民矣。诛恶绥良，得民父母之体，八也。（《全集》，1465 页）

霍韬主要是从军事的角度检讨王阳明的广西之行，借力打力，以恩德化解民怨，为我所用，不显山不露水地把战争可能带来的巨祸消泯于无形，为下一步的平八寨之乱打下坚实的基础。准其投降，则既往不咎；平定乱寇，则首恶必办；胁从不问，减少了进攻的阻力；政治军事紧密默契配合，天然无缝。所以，霍韬对王阳明极为佩服，他对嘉靖皇帝说："生在臣前见一人，曰杨一清；生在臣后见一人，曰王守仁。"（《全集》，1465 页）如从政治、军事的智慧韬略来看，日后曾国藩、蒋介石、毛泽东的用兵之道，无不可以看到受王阳明影响的痕迹，如"三分军事，七分政治""首恶必办，胁从不问"等。如从这个角度看，可以这样说：王阳明之前者，无有王阳明；王阳明之后者，不遗有王阳明。

二、新的民族融合举措："土流结合"

从嘉靖六年（1527）十一月到嘉靖七年（1528）十一月，王阳明只用了一年的时间就平定了广西四处暴乱：用政治手段解决了思恩、田州的土著暴动；以军事手段解决了盘踞八寨、断藤峡达一百年之久的苗民武装叛乱，完成了皇帝要他"夷患殄除，地方安靖"的任务。可仅从军事解决、政治招降方面来看，还不能说是"一劳永逸"地解决了这个问题，如果不从根本上铲除暴乱的社会基础，也许过不了多久，山民又会铤而走险，叛乱又会爆发，前几次不正是这样的么？官军前脚走，山民就接踵而乱。所以，王阳明必须为朝廷寻求一次长久之策，尽管他已到了生命的倒计时阶段，也要拼最后一口气为国家做一件有影响的事情。

王阳明一直坚持他在江西剿匪、平叛的经验，认为山民之所以造反，是他们的"心"出了问题。"心"里有贼、有病，然而心病还得心药治，心贼还得心药除，为除心病、心贼，他在广西采取了以下几条不同于江西的政策举措：

(一)建立土流结合的地方政府机构

为了加强全国管理,从明代开始,准确地说从明太祖开始,就已有“改土归流”这方面的尝试:派沐英镇守云南,实际上是以流官取代土官的初步尝试。流官是中央政府派驻的官员,土官是当地的土酋,经营长久,盘根错节,就连中央政府也奈何不得,也必须封他们一个官以羁绊之,以协助流官治理地方。但效果并不明显,不是流官跋扈、欺压当地土民,就是土官飞扬不服管束,处于独立的状态。所以,如何处理好汉族与其他民族的关系、中央与地方土著的关系,确是当时一个棘手的、重要的问题。一直到清代的雍正年间(1726),才最终完成“改土归流”的重大改革,结束了土著民动不动就闹独立的状态。

关于如何处理汉族与其他民族的关系,处理中央与地方土著民的关系,王阳明在广西平乱期间,进行了有益的尝试,其深远影响一直延续到了今天,在现今的民族政策上明显可以看到这方面的痕迹。

平定思恩、田州之乱后,王阳明给嘉靖皇帝上了一道奏折,名为《处置平复地方以图久安疏》,认为之所以设土官、流官,是“风土之气异”,即风俗不同之故,必须因地制宜。是否该设流官、土官,完全应根据形势的需要,不能僵硬固化,不能认为流官已设就不废,土官已废就不能设,必须遵从物议。如果设流官而“夷民服”,何苦不设流官呢?问题不是这样,因为一设流官则“夷民因以骚乱”。如果不设土官而“夷民服”,何苦一定要设土官呢?只是土官一去,“夷民因以背叛”。因此,国家应思考一个“长久之图者”的法子。

不管土官、流官,只要“何者经久利便”,即实际并能长久可行,就不能避嫌、心存固定模式。“心有不尽,谋有不忠”,就会给国家带来损害。王阳明在奏疏中向皇帝报告称,经过他与总镇、镇巡、副参、三司等官还有太监张赐、御史石金等人商议,认为应该制定一项大政,总的指导思想是:“宜仍以土官以顺其情,分土目以散其党,设流官以制其势。”

因为蛮夷之民,如禽兽麋鹿,野性难驯,必要设一牢笼以驯野性,使其“驯忧帖服”,否则,就会“触樽俎,翻几席,狂跳而骇掷矣”。如野牛进了瓮器店,造成极大破坏。对蛮夷之民亦需如此,既要制以中土之郡如牢笼,绳以流官之法,同时又不能总是关着,还要适当“放之空旷之区,以顺适其旷野之性”。这就是要设土官的原因，目的是“顺适其旷野”的野性。但如果只唯土官所为，“而不思有以散其党与制其猖獗”，就是说一味顺从其粗野之性，让其彼此捆绑在一起，而不把他们彼此分散，势必就会形成势力。好像纵麋鹿于田野之中，没有墙、墉作为限制，或没有童梏制轭为之牵制，任其肆虐，则“终必长奔直窜而无以维挚之矣”，意即没有人可以制驭它了。因此分立土目，就是设立墙墉之限，分其党势，不要让其形成一股势力与朝廷相抗。然而，只是分立土目，设立土官而不设立流官，就好比畜麋鹿于苑囿而没有守视之人，这些野兽势必有一天会“禁其群触，终将踰垣远逝而不知，践禾稼，决藩篱”，而流官就是守视苑囿之人。

王阳明还向皇帝反复说明，他做出这样的决策不是凭头脑一时发热，想当然的结果，而是通过实际调查，征求当地土夷民众的意见才定下的决心：历田州、思恩之境，“按行其村落而经理其城堡”，并“询诸其目长，率皆以为善”，“又以询诸其父老子弟，又皆以为善”，“又以询诸顽钝无耻，厮役下贱之徒，则又亦皆以为善”，“信其可以久行”，才“具本以请”，向皇帝陈情。这些措施有：

第一，设流官知府以制土官之势。思恩、田州初服，数年之间，定知不可能再有谋反叛逆之事发生，可十年以后或更长一点时间就不好预测了。到那时，问题也许就发生了，办法是设流官知府以制之。控驭之道是：虽不似中土那么管束严格，但必纳其税；虽不如中土控制那么密不透风，但必使其知“有所位慑”，不能无法无天；虽不似中土那样动辄有礼，但须使懂朝会贡献之期，知有所尊奉，即基本的粗略的国家制度王法还是要知道；虽不似中土之法禁，但要让他们有冤必能申讼；等等。

第二，立土官知州以顺土夷之情。已故岑氏世有田州，其系恋之私恩久结于心，今岑猛虽诛，各夷无贤愚老少，莫不悲怆怀思，说明岑氏还是得人心的。为了地方的长治久安，必须要复立其后，立岑猛之子一人，听其土俗自治，始授以署州事吏目，三年后有政绩授以判官，六年后有政绩授以同知，九年后有政绩授以知州，隶属流官知府。

这样一来，当地远近的土著之民，就会认为岑猛被诛，是“法之正也”。即他罪有应得，罪不及后，还复立其后为“官”，是“仁之至也”；“不绝其祀”，德之厚也；不占其土而复兴其民，义之尽也；义释叛乱之民，恩之极也。于是，四方之土官莫不畏威怀德，心悦诚服，信义昭布，那蛮夷从此大定矣。

第三，分设土官巡检以散各夷之党。这一条实际上是土、流之间的权力制衡：知府属下有知州，知州属下设土目，可这土目不隶属知州，只隶属知府，从而避免了土蛮夷之民久则“势并力众”的隐患。具体操作是：在田州、思恩四十甲的范围内，每三甲或二甲（即当时基层区域的编目）立一巡检司，使之隶属流官知府。每司立一巡检员，以土目中有威信者为之，听其各以土俗自治，三年后有政绩，授以冠带，六年后授以土巡检。所有粮税之收入，全纳入流官知府，而不必转输于州之土官，以省其费。而军马车骑之调，亦须由知府发出，不必转发知州之土官。同时还有重要的一点，就是这些知州、巡检、冠带等土目官职，可以世袭。这样，人人知自珍惜，皈依管束，就不会犯上作乱了。

对此，王阳明总结他的这套做法的效果是：“势分难合，息朋奸济虐之谋；地小易制，绝恃众跋扈之患。土目各有土地人民之保，而不敢党比以为乱。”（《全集》，485 页）据史载，整个田州知府所辖地方共有四十甲，其设十八个巡检司，这些土目大都由投顺王阳明的原叛乱者如卢苏、王受、黄富、陆豹等人担任。这些人不仅心悦诚服王阳明，而且还在攻打八寨、断藤峡的战斗中，冲锋在前，奋不顾身，立有赫赫战功。整个思恩所辖地方共有六十九个城头，共设九个巡检司，其担任土目之人大都是投降的叛军或当地有影响、威信的土著头目，整个社会统治的基础十分牢固。

应该说，这些都是极富政治智慧的治世举措，尤其是在民族矛盾比较复杂的地区，这样做在当时不仅缓和了民族矛盾，发展了生产，恢复了经济，加强了民族和解，对实施民族文化的双向渗透，也是很有意义的。纵观王阳明这些做法对后世的影响，也是显而易见的。

（二）设立县治，兴建各种关隘、要塞

王阳明在江西平叛时，每平定一个地方，首要的任务是建立各种县治衙门，如设和平县治、崇义县治等。到广西后，王阳明继续他在江西的这一套做法，如上所述，在解决思恩、田州的暴乱后，王阳明为消乱萌，制定了新的民族和解政策，在政权机构的设置上，采取土流结合、相互牵制的举措，影响深远。

除了在田州、思恩建立新的民族政权外，王阳明对那些以军事手段攻下来的地方，更是重视地方政权的建设。这些政权建设不同于田州、思恩地方政权的做法，而是把建立县治与军事要塞结合起来，既可顺治地方安全，又可防止不法之徒再挑事端。如他在《处置八寨、断藤峡以图永安疏》的奏折中，向皇帝提出了改造八寨、断藤峡的政治方略。

因八寨（今广西东兰、南丹一带）南通交趾，西接云贵，东北与断藤、牛肠、仙台、花相及柳州、肇庆等地相连，广袤两千余里，是一个牵一发而动全身之地。一百六十多年来，这些苗、瑶之民之所屡剿屡反，完全是仰仗复杂、错综的地理条件。因此，在关键性的中心位置设立县治，对于八寨及断藤峡这些广大地区的长治久安来说，是十分重要的。“将来之患，不可以不预防，而事机之会，亦不可以轻失。”于是他提出：“见其形势要害，各有宜改立卫所，开设县治，以断其脉络而扼其咽喉者。”（《全集》，510 页）具体措施简述如下：

第一，移筑南丹卫城于八寨。八寨其地东连柳州陇哈、三都岭等贼峒以数十，北连庆远忻城、东欧、莫往、八仙等处，西连东兰等州及夷江、土著等处，南接思恩及来宾上林等处，是一个牵一发而动全身、四方贼巢道路之要冲。如在此创一城，隐然足为柳州、庆远间一巨镇。此镇一立，则各贼之脉络断，咽喉绝，自将沮丧震慑，必不敢动。如稍有异动，政府即可据险出兵而扑之，夕发而旦至，各贼之间，彼此不能聚合、相顾。这好比破车轮之轴，而诸辐自解；伐树木之本，而众干自枯。并且王阳明预言：不用十年，则土蛮之民沐浴而化矣。此等军事地形学在王阳明那里，运用自如，如数家珍。只能说王阳明的军事、政治才能已达炉火纯青的境界，治天下如运掌上。

第二，改筑思恩府于荒田。思恩旧府原在万山之中，水道不便，各夷民采购食盐杂货之道极为不便，地险气恶，使各夷“终不一至府治”。意为与知府衙门少有来往，影响地方自治，易生嫌隙。新的府治在旧址外的六十里的荒田，能商货自集。诸夷所需，皆仰给于府，朝夕络绎，自然日加亲附归向，有利于地方的长治久安。

第三，改风化县治于三里。三里（今广西上林县东北）之地在八寨之间，其间多良田茂林，村舍相望。此地曾有居民十余家，皆极富饶，后为贼所据，使村民逃亡不敢回家二十余年。今贼已灭，遂空其地，如不趁机创设县治，以据其险，若有漏网之贼潜回期间，日渐生息结聚，后阻石门之险，前守外隘之塞，不过数年，又会成为地方上之大患。故今特立县治以扼据地险，改属县以辅府治，这都是安民久治之举措。

第四，添设流官县治于思龙。在南宁所辖之宣化（今广西南宁南部）和田宁（今广西田阳）之间，彼此有十日行程。而与宣化所属的思龙（今广西忻城县东），相去有六日行程，地远村小，民畏官府，粮差被县之宿奸老蠹所盘剥，致使村民逃入夷寨，地日凋残。如果把宣化县思龙处的八个乡合并设立一县治，不仅可以方便穷乡小民之缴纳赋役，而且亦足以镇扼要害，消灭盗贼。其间的村落如那茹、马坳、三颜、那排等久沦入夷民之地，亦逐渐复归流官所辖，而且平居无事，商货流通，厚生利用。一旦有境外之役，各县彼此道路相通，便于调兵处置，无阻隔之患，实乃安民治国之远举。

第五，增筑镇守于五屯。断藤峡山贼之乱平复后，王阳明认为，“惩恶之余，即宜急为劝善之政”，就是说要收拾这个烂摊子，医治战争的创伤，应立即建立各种“劝善之政”，让老百姓安居乐业。于是派军卫有司等官员分头行动，到各村寨张贴告示，慰劳存恤，并分发鱼盐给百姓。同时为之选立酋长，建立行政机构，尤其是在破贼之后，百废待兴，更要细心做各种安民工作，防止“漏殄之彼，借此而摇惑远近”之民，进而又促成激变。因此，一方面要善加抚恤，对于那些漏网之人，果能诚心悔恶，应准其归附，给以改正之机会，而且不能歧视，须待之以良民之诚。另一方面，还需在五屯创建一镇以威慑之。因此地正当风门、佛子诸巢穴，西通府江，北接荔浦诸瑶，是一紧要之处，能控御远近，兵员有一千即可。参将兵备等官员，要经常深入此地巡查、探访，到各个村落了解情况，查看地形，劝督百姓农桑。对那些“顽梗之徒”，要“曲示训惩”，对那些良民要大加优渥、奖赐。百姓有难，要救其实患，百姓有冤，能断其是非，为地方惩恶扬善，扶正去邪，如农夫之去良莠而养嘉禾。对于镇守之兵，要定期轮换，这样既不劳民又不伤财，达到“谋成而敌自败，城完而寇自解，险设而敌自摧，威震而奸自伏”的治理目的。

有关这样的县治措施，在王阳明的奏疏及告谕中还有很多，此处不再细述。历史地看，王阳明这些政权建设措施不失为双赢之举：国抚土著之民可以收统一之功，土著夷民自治可以收小民之惠，土流结合，彼此牵制，相互配合，抓大放小，纲举目张。在文化上以夏变夷，时间一长，夷夏之隔渐消，彼此共为一家，这些都显示了王阳明深远高明的治世智慧和政治远见。翻开中国历史，还没有哪个思想家、政治家或地方大员在处理民族问题、治世举措方面有如此完整、详细的施政措施和统驭方略。实践证明，这些措施都是行之有效而且很有生命力的。尽管朝中大臣如桂萼诸人攻击王阳明的这些奏疏、举措、政策的提出是目无君上，不经请示、报告，是“恩威倒置”，但历史是公正的：王阳明广西之行留下的许多奏章、告谕，不失为处理民族问题的宝贵的思想文化遗产。

（三）以夏变夷的教育措施

王阳明是深邃的思想家和有远见的战略家，深谙“战争是政治的继续”这一千古不变的原理。他认为，要彻底征服对手，仅仅靠战场手段还不足以从根本上解决问题，这个根本问题就是“心”。要征服一支军队只有先征服这支军队的“心”，要征服一个人，也只有征服这个人的“心”，这才能从根本上解决问题。广西的土著民与中原地区是两个不同的民族，传统、习俗、宗教、文化迥异，要征服这样的地方，只靠军事征服只会屡征屡反，使政府疲于奔命。

所以，王阳明在广西镇乱后，一系列制度性的措施紧随其后。除了如上述建立一整套如何缓解民族矛盾的政权机构外，他还十分重视学校教育，认为要达到以夏变夷之目的，非教育不可。尽管死神很快就要来接他了，他还是抱病在广西南宁、思恩、田州、八寨、断藤峡等处建立了许多学校。他认为，夷之所以为夷，不是天生如此，是后天教育不够的缘故，只要以华夏的礼义文化熏治这些土著夷人，他们也一样可以成为“王化之民”。正如荀子所言，夷夏的根本区别不在肤色而在于服饰和礼义文化。为此，王阳明逝世前写下了许多这方面的告谕。

如在《批广西布按二司请建讲堂呈》的公文中批示，应当认真建立校舍，钱不够，可以动支军饷银两，因没有校舍，就“难成讲习之功”。而且广西地处“诸蛮之界，最宜用夏变夷”，尤其是处于战乱刚平、百废待举、人心未稳之际，更应当行文教之事，以怀远人。尽管这些事情只不过是“礼”的一部分，但与夺取战争的胜利关系极大，“实关军旅之机”及地方上的长治久安。在批复思恩府关于《批立社学师耆老名呈》的公谕中，他认为“教民成俗，莫先于学”，作为教育者，要有“视民如子之心”，才能“涵育熏陶，委曲开导”学生，使之“感发奋起”，成为有用之人才。在《案行广西提学道兴举思田学校》的公谕中，他认为，“用夏变夷，宜有学校”。在战乱初复之际，师资生员有限，可以变通处理，可以“但有生员，无拘廪增”。只要有愿意入学求教者，都可以入学，不要担心增加粮舍，师资不够，可暂时“选委教官一员，暂领学事”。教学内容可以灵活多样，“相与讲肄游息，或兴起孝弟，或倡行乡约，随事开引，渐为之兆”。待一两年之后，初有规模，走上正轨，再建正式的学校，各地生员就可正式入学，即将“各生徒返发该学肄业”。

同时，王阳明在《牌行灵山县延师设教》《牌行委官陈逅设教灵山》《牌行南宁府延师设教》《牌行委官季本设教南宁》等公文中，都对尊师重教做出了具体的安排。在《牌行灵山》的公文中，主张聘请原监察御史、后降职为合浦县丞的陈逅为教官，命该县令“日逐供给薪米”，并令其率领师生，虚心求教，“考德问业”，还要不时进行经书论策方面的考核，以求立圣贤身心之功，一洗旧习之陋。其他县的讲师亦可就近听讲，在听讲之时，心忌粗糙。因学绝道丧日久，人皆骇于读书学习之事，所以教者要“色蒙俯就、涵育熏陶”，不要急功近利。这样，就可以收“改化”之功。

在《牌行南宁府》的公谕中，王阳明得知原监察御史、现广东揭阳县主簿季本“久抱温故知新之学，素有成己成物之心”，于是就聘季本为师，“委以师资之任”，希望师生务要专心致志，考德问业。“毋得玩易怠忽，徒应虚文”，要求季本对学生严格要求，要经常拷问学生，出一些经学论策方面的题目作为课程。除了那些要去京城赴考之学生外，其余各生务必朝夕就学。府县官员要为师生解决后顾之忧，多供柴米之物。

在《牌行南宁府延师讲礼》的公谕中，王阳明明确提出自己的教育思想，就是通过教育达到移风易俗的治世目的，以夏变夷。如像他的前任那样，专以剿杀为务，是不可能达到长治之功的。具体教学的内容，王阳明做出了规定：“安上治民，莫善于礼，冠婚丧祭，固宜家喻户晓”，就是学儒家经典。可如今此学久废不讲，要求改易风俗是办不到的，更何况广西这种“边方远郡，土夷混杂、顽梗成风”之地呢？诸礼不讲，则民风不易，如果有司仅只刑驱势迫，以威吓震恐，这无疑是“以火济火”；如果对之教以礼义廉耻之学，无论夷夏，心同此理，情同此理，其性就会慢慢变善，人如有善心，其乱萌就息了。

可对于以上这些，诸生都束之高阁，饱食嬉游，散漫度日，他们本应该是接受教育的对象。如果这些学生“砥砺切磋”，学有所成，那通过这些人修之于家，“被于里巷，远达于乡村”，那边远之地亦可化为邹鲁之乡，彬彬文明之世就可出现。为此，他聘请福建莆田儒学生员陈大章为“师”，同时命令各府县，诸生中有讲习成绩优良者，应当“从厚措置”，“礼币以申酬谢”。不仅奖励表彰，还应在选拔官员时优先考虑，并要求广西提督学校等官员把他的这些公谕送到各府、州、县，照体实行。施之日久，对于移风易俗，改造社会、人心，“亦不为无补”，作用和意义是很大的。

第七章 运筹、演谋、战争三昧全知晓

王阳明死后，在有关追悼祭奠他的文章中，有那么两段足以启迪人们对王阳明的理解：“有濂溪之学而能自强，有武侯之忠而能自将，有子仪之功而能自忘，有良平之智而能自藏，真所谓文武兼备，乾坤间气，领袖后学。”“守仁以书生，民非素属，地非统辖，兵非素练，饷非素具，徒以区区忠义，号召豪杰，仓促调度，誓死讨贼……不两月间，地方底宁……乃天佑国家，生此伟人，而其诚与才合，盖有追踪乎百代之上者矣。”

前一句讲的是王阳明才兼文武及优良的品德：有周敦颐的才学还能发奋努力；有诸葛孔明之忠诚却能亲率大军决战于两阵之间；有郭子仪的兴唐之功而不矜伐，淡然处之；有张良、陈平之智却不外露。后一句讲的是王阳明的用兵指挥艺术，凭借一支临时凑合的军队，就能平暴镇反，所向披靡。一年之间，平定所有山寇之乱；二月之内，底定朱宸濠反叛之举；一月有余，削平为害一百多年，纵横两千余里的瑶、苗之乱，使明王朝的磊卵之危变为泰山之安。应该说，这些评价是比较公允的。平心而论，如果认真研究了王阳明的思想的话，就觉得王阳明的用兵指挥艺术完全可以与中国古代最伟大的军事天才如韩信、白起等人相媲美，说他“追纵乎百代之上”，一点也不是过誉之词。

确实，在王阳明四十五岁之前，没有从军的经历。四十五岁之前，他只是朝廷中一个负责对外事务（太仆寺少卿）的中层官员，位不尊，名不显。如果一定要寻找与军事扯上关系并见之于史的经历，那么有三次：

第一次是十五岁时随父居住北京，闲暇之余，“出游居庸三关，即概然有经略四方之志，询诸夷种落，悉闻备御之策，逐胡儿骑射，胡人不敢犯”。第二次是二十八岁以前留心武事，凡兵家秘籍，莫不精究，在宴会席上，“尝聚果核列阵势为戏”。第三次是中进士之后，观政工部，开始了实习生活，被朝廷命为督造武宁伯王越之坟的指挥官。在监督造坟的过程中，王阳明“驭役夫以什伍法，休食以时，暇即驱演‘八阵图’”。（《年谱》一）

严格说来，这些都算不得军事生涯，只是一种爱好而已，相比于两阵之间血与火的厮杀，这只不过是小孩子玩过家家的儿戏之举。但是，就这么一个弱不禁风、身患肺病的书生，却谙熟战争艺术与原则，不仅能运筹帷幄之中，还能决战于两阵之间，排兵布阵，指挥若定，较之中国古代任何一个军事大家都毫不逊色，而且还形成了一套书生用兵的理论。自古以来，书生只会纸上谈兵的形象，到王阳明这里就开始模糊起来。

第一节　“先为不可胜，以待敌之可胜”

《孙子兵法》中有许多关于用兵的“箴言”，其中有一句是：“先为不可胜，以待敌之可胜，不可胜在己，可胜在敌。”历史上，许多人对此言往往看走了眼，认为不甚重要。其实这句话大有深意，用当今之话来说就是：先做好自己的事，再去考虑别人的事。

明正德十一年（1516）九月，因赣、粤、闽、湘数省的山寇之乱屡征不平，在兵部尚书王琼的推荐下，明武宗升王阳明为都察院左检都御史，提督南、赣、汀 、漳等处。王琼为什么要推荐王阳明？他们之间既不是师生，也没有亲戚关系，这永远是一个谜，只能归结为王琼为国家着想，不埋没人才，惺惺相惜。所以，王琼是王阳明的“伯乐”，王阳明一生的英名、事功，全拜王琼所赐。据史传，王琼极为赞赏王阳明的才干，每次有捷报来时，王琼一手拿捷报，一手牵其孙子之手说：“生子当如此也！”大有曹操赞赏孙权之遗风：“生子当如孙仲谋！”不久，王阳明觉得自己权力太小，动辄受制于人，就向皇帝要随机处置之权。于是王琼又向皇帝推荐，升王阳明为“提督军务”，“赐之旗牌，听以便宜行事”。唯功之有无，不限以时，并规定文官五品以下、武官三品以下任其节制，等于说皇帝交给王阳明一把先斩后奏的“尚方宝剑”。在军事上，王阳明是如何部署指挥的，主要体现在以下一些准备工作：

一、建立“十家牌法”的战时户籍检查制度

开府之后，王阳明首先做的一件事就是调查、了解情况，包括己方、敌方的情况。他从调查中得知，赣民尤其是紧邻崇山大岭处的居民，几乎家家有人通寇，为寇耳目。有的是一家有一人，有的一户有几人甚至均是寇之耳目，一旦官府有何动静，山寇就提前得知了，从而这是官府屡剿不成功的重要原因。因此，王阳明想出一招：立“十家牌法”，实际上是一种战时户籍检查制度。其法为每十家编一牌，上列各户籍、姓名、年龄、行业、家中成员等，牌子挂于每户之门上，日轮一家。官府要巡查户籍，就可随时摘取挂在门上之木牌，检查每户之情况，遇有可疑之人，即可报官查办，如有隐匿，十家连坐。

此法在当时起的作用非常大，可谓“釜底抽薪”，斩断了山寇与社会的联系，变成了聋子、瞎子，“涸泽而渔”，成为被动挨打之人。有关“十家牌法”，前有详述，此处不赘。

二、建立围剿武装

王阳明是文官出身，手中没有部队，如遇有紧急情况，只能靠临时抽调和组建。受命去江西剿匪后，他只带了几个参谋人员去万安（今江西新余）建立指挥部。他认为，像江西这种山地之战，靠从千里之外调运部队过来的方法必须改变，因为南、赣地处四省之中，山险林密，盗贼久据，占有地利。往年每遇寇时，就复奏请调土军狼兵，往返经年，耗费巨万，可到达目的地时，山寇早已跑得没影了，只好班师。可待班师之后，山寇又聚党侵扰，是以机宜屡失，寇屡剿而焰愈炽。

于是，王阳明对这种兵员的组成进行了全新的改革：在交战所在的地方自备兵员。这些兵员分为两个部分，一部分跟随王阳明进剿。在这批兵员中，设立弩手、打手、机快等兵种，每县多或十余人，少或八九人不等，都是各县骁勇绝群、胆力出众者，而且要求这些人身材魁杰。这样统计起来，江西、

福建二省兵备各有五六百名，组成“一率”；广东、湖广二省兵备各以四五百名，组成“一率”，同时还有各知府手中的部队，加起来有数万之众。另一部分是各县又挑选一部分人组成守备力量，各县数量不等，由各县贤能官员统领，专门负责从事守卫地方的城防隘口，“专解该道”，即负责巡逻安全。这样，各县“屯戍之兵，既足以守护防藏，而兵备募召之士，又可以应变出去”，把整个地方的防务安全都列入战时体制，使盗贼无可乘之机。

三、立兵符，建立战时军队体制

王阳明坦言：军队要打胜仗，首先要懂得习战之方与治众之法。所谓“习战之方”就是军队的训练课目，要注意和熟悉各种地形及其处置之法，包括阵法，要能在各种条件下作战。每个士兵要熟悉自己在行伍、阵法中的位置与手中的任务。所谓“治众之法”就是各个作战单位的编制，用今天的话来说是班、排、连、营、团乃至更高一级的建制，要善于发挥整体力量。《孙子兵法·形篇》里亦言：“治众如治寡，分数是也；斗众如斗寡，形名是也。”是同一层面上的意思。因为军队的战斗力要靠单个战士的勇敢作战，重要的是要发挥军队作为集团、整体的战力。集体战力的发挥有一主要门径，那就是各个部队根据人数的多寡以制定队形，然后通过队形有规律地协调运动，从而产生整体战斗力。关于军队的编制、组成，王明阳参照古代兵书《尉缭子》的分数之法，提出了适于山地作战的组成编制：

> 每二十五人编为一伍，伍有小甲；五十人为一队，队有总甲；两百人为一哨，哨有长、协哨（即副哨长）二人；四百人为一营，营有官、有参谋二人；一千两百人为一阵，阵有偏将；二千四百人为一军，军有副将。偏将无定员，临阵而设。小甲于各伍之中选材力优者为之，总甲于小甲之中选材力优者为之，哨长于千百户义官之中选材识优者为之。副将可以罚偏将，偏将得以罚营官，营官得以罚哨长，哨长得以罚总甲，总甲得以罚小甲，小甲得以罚伍众。务使上下相维，大小相承，如身之使臂，臂之使指，自然举动齐一，治众如寡，庶几有制之兵矣。
>
> 编选既定，仍每五人给一牌，备列同二十五人姓名，使之联络

习熟,谓之伍符。每队各置两牌,编立字号,一付总甲,一藏本院,谓之队符;每哨各置两牌,编立字号,一付哨长,一藏本院,谓之哨符。每营各置两牌,编立字号,一付营官,一藏本院,谓之营符。凡遇征调发符比号而行,以防奸伪。其诸绢养训练之方,旗鼓进退之节,务济实用。(《全集》,1241—1242页)

山地作战与平原作战有异,不适宜大部队展开,只宜较小部队分散行动,重要的是熟悉地形,彼此能协调战斗。所以,王阳明的这道"立兵符"的编制命令就符合这方面的要求:人数最小的是小甲,只有二十多人,属小分队性质,既可独立行动,又可与别人组织合围;最多的是两千四百多人的军制单位,在山地作战中,尤其是古代交通通信不发达的条件下,已是大部队了。要使两千多人的军队指挥自如,不是一件容易的事,如果数量过多、臃肿,指挥起来更不容易,反而误事。

其次是权限与奖惩等问题,军队的彼此权限一定要职责分明。各部队的指挥官必须是"才力优者"和千百户义官中的佼佼者,不仅有能力,还要熟悉本地的地形。打起仗来,还要建立情况通报机制,即"字号"制度,使指挥员心中有数。从最小的小甲开始,逐级建立战时人事档案,一式两份,王阳明仅凭手中这份"字符"即名册,就知道自己掌握了多少部队,具体的位置、任务。因此,指挥员的姓名、能力、籍贯等都了然于心,有功就奖,有过就罚,对号入座。"以防奸伪"总的要求是,建立这样一套机制就是要能"实用",有利于战事的进行。

对此,他在《兵符节制》《预整操练》及《选募将领牌》中有更详细的记述。

在《兵符节制》一文中,王阳明提出"习战之方,莫要于行伍;治众之法,莫先于分数;所据各兵既集,部曲行伍,合先预定"的建军思想,认为军队要作战,必须要有统一的编制,有了统一的、严格的编制,在平时训练时就能动辄得法,打起仗来,就能指挥有方了。在《预整操练》告诫中,提出要让有实战经验的人当教练,如龙南县捕盗老人叶秀芳的部下多经战阵,就请他出来训练军队。如果军队只有竭忠报效之心,没有实际作战能力,而且彼此动作不协调,"兵违将意,将拂士情",就不能心志齐一,这主要是平时以实践的标准训练不够的缘故。于是他下令,"各选部下骁勇之士,多者二三百人,少者一百人，或五十人”，“顺从其便，分定班次”，分配到各个部队的班、组里面，以实战标准训练士卒。“耕种之月，放令归农，其余农隙，俱要轮班上操”，每次训练操作时，都要给口粮，即管饭。训练有成绩者，“厚加犒赏”；“违犯约束者，时与惩戒”。在将领的选择上，王阳明强调的是在山地作战，必须“素有胆略”，“才堪将领，熟知贼寨险夷，备晓盗情向背”。“忠慎同密”即既忠心耿耿，又办事精细缜密。

这些都说明王阳明的战前准备工作是缜密、细致和全面的。

四、严肃军纪

纪律是军队的生命，是战胜敌人、保存自己的重要保证，否则，装备再好，也是乌合之众。这个道理，王阳明当然知晓，尤其是他得到了明武宗钦准的“便于行事”，文官五品以下、武官三品以下的可以“径自拿问发落”的权限后，开始整肃军纪。王阳明没有一般书生那种左顾右盼、患得患失、犹豫不决的性格，在他发布的如《参失事官员疏》《申明赏罚以励人心疏》《案行漳南道守巡官戴罪督兵剿贼》《奖励福建守巡漳南道广东守巡岭东道领兵官》《钦奉敕谕切责失机官员通行各属》《奖瑞州府通判胡尧元擒斩叛党》《奖励湖广统兵参将史春牌》等公文中，有功当奖，千金不惜，有罪当罚，毫不手软。

如参将史春率领的部队纪律严明，行阵整肃，“到兹克捷”，于是王阳明命千户高睿齐开花红礼物，并传达他签发的嘉奖令，即“本院奖励之意”。福建知府通判钟湘、徐玑在率军攻打象湖、可塘、箭灌、大伞等处的战斗中，前后斩得贼首詹师富、罗宗旺等共计一千五百余颗，并俘获牛马器械甚多，扫荡巢穴，谋勇卓著，功劳可嘉。王阳明除了将功劳禀报皇帝之外，还动用商税银两，买办彩缎银花羊酒，委官分投各处。在送礼时，要“备用鼓乐”，敲锣打鼓，热热闹闹地造成声势。还要送上匾额，使四方百姓皆知，受奖者脸上亦有光，其余大小有功人员，都有高低不等的奖励。如福建通判胡晓元擒斩叛党，特买奖花红洋酒予以奖励，其他有功人员亦奖励有差，“量加犒赏”，“被伤兵夫，给予荡乐”，即请假休养。阵亡者厚恤其家，“待成功之日，再造册申报升赏”。

有奖就有罚，王阳明奖励有关部属不惜银两，也不漏掉有功之人，同时惩罚有过的官员也是手段狠戾。如在攻打浰头的战斗中，县丞舒富、经历王祚、知县黄天爵、千户郑锋、副千户朱诚、赣南知县卢凤、捕盗主簿周政、镇抚刘镗、千户洪恩、安县知县刘阳、南泉知县百长钟德升、兵备副使杨障、守备指挥周知、王泰等官员，“不能相机度”“临阵溃奔”“不知应援”“坐视叛贼往来”或“缓不及事”等，以致“失误军机”。理应处以军法立斩，但正值用人之际，除将钟德升斩首之外，其余有罪官员都戴罪立功，“以赎前罪”，这是只杀一人则三军震撼的手段。再如在攻打龙川的战斗中，广东通判陈策、指挥黄春、千户陈洪、郑芳等“略不应援，挫损军威”，因在用人之际，“姑且记罪”，给予处分，以惩前尤。

对于奖罚制度，王阳明有自己的鲜明特色，那就是“奖不逾时，罚不后事。过时而赏，与无赏同；后事而罚，与不罚同”(《全集》，310 页)。违反此原则，虽韩、白亦不能成功。

类似上述这些奖惩公谕，在王阳明的文告中还有很多，此不一一解释。然而在所有王阳明制定的军纪中，最令人胆寒的莫过于他在《征剿横水、桶冈分委统哨牌》中规定的战场纪律中的那十八个“斩”字：

> 失误军机者斩！临阵退缩者斩！违犯号令者斩！经过宿歇去处，敢有搅扰居民，及取人一草一木者斩！札营起队，取火作食，因而误事者斩！凡安营讫，非给有各队信牌，及非营门而辄出入者皆斩……军中呼号奔走惊众者斩！虽遇贼乘暗攻营，将士辄呼动者斩！军中卒遇火起，除奉军令救火人外，敢有喧呼，及擅离本队者斩！军中守夜巡夜之人每夜各有号色，号色不应者，即便收缚。军中不许私议军机，及妄言福祸休咎，惑乱众心，违者皆斩！凡入贼境探哨，可往而畏难不往，托故推调，及回报不完者斩！军行遇敌人往冲，及有埋伏在傍者，不许辄动，即便整队向贼牢把，相机杀剿，违者斩！军行遇贼乞降，恐有奸谋，即要驻军严备，一面飞禀中军，令其远退，自缚来投，不许辄与相近；遇有自称官吏，及地方里老来迎接者，不许辄与相近，即便驻军严备，一面飞禀中军，审实发落，违者皆斩！贼使入营，及来降之人，将士敢与私语，及问贼中事宜，凡泄漏军情者斩！凡临阵对敌，一队失，全伍皆斩！邻队不救，邻队皆斩！贼败追奔，不得太远，一听号令，闻鼓方进，闻金即止，

违者斩！贼巢财物，并听杀贼已毕，差官勘验给赏，敢有临阵擅取者斩！乘胜逐贼，不许争取首级，路有遗下金银宝物，不许低头拾取，违者皆斩。(《全集》,551 页)

第二节　战无定方的围剿方略

从正德十二年(1517)正月到正德十三年(1518)四月，王阳明执行的是围剿赣、粤、闽、湘四省山寇的任务；嘉靖六年(1527)十月二日到嘉靖七年(1528)十一月，王阳明在广西平八寨、断藤峡的瑶、苗之乱。因这两场战争都是“平民乱”，战场在深山老林，所用的战术亦大同小异，所以放在一起叙述。

有关王阳明在江西及广西平定山寇之乱时所采用的战略战术，集中反映在他写给皇帝的有关奏疏中，这些奏疏有：《闽广捷音疏》《改治盗贼二策疏》《议夹剿方略疏》《横水桶冈捷音疏》《浰头捷音疏》《三省夹剿捷音疏》《征剿稔恶淫贼疏》《八寨断藤峡捷音疏》等。概而言之，其围剿方略有：

一、“吃一观二”的战略方针的制定

当时总的敌情分布及态势是：在福建方面有长富村、阔竹洋、新洋、大丰、五雷等地的山寇，其寇首黄烨等大小头领各率山民数百人不等；在象湖山有贼首黄猫狸、游四与广东贼首肖细弟、郭虎等人相连的寇首，各率山寇四百余人；在可塘洞、竹子洞，有詹师富、江嵩、范克起、罗根贤军，各率五百余人；在古村、禾村、大水山、柘林有张大嘴、刘乌嘴、范端、肖王显等山寇头领，共有兵三千多人等。

在江西方面，南康(今江西赣州一带)、横水一带有：号称“征南王”的谢志珊，谢志田、谢志富、雷俊臣等人，有兵五千余；在桶冈有蓝天凤、蓝八苏、胡观、蓝文享等人，有兵一千八百余；新溪有刘允昌，杨梅有叶志亮，左溪(今浙江庆元)有薛文高、高诵；米雀坑有何文秀等，下关有苏景祥等；义安有高文辉，密溪有高玉琼，丝茅坝有唐曰富、刘必深，长河坝有蔡积富、叶三梅等。这些啸聚山林的山寇分布于广阔的五岭山脉之中，有大小数十股，人数多少

不等，少的仅数百人，多的有数千之多。这些山寇，有称王的，有称“总兵”的，肆行三省，其中以横水的谢志珊、桶冈的蓝天凤势力最大，各有四千之众。湖广（今湖南）的桂阳、鄠县、宜章与江西的吉安、龙泉、万安、泰和、永新诸县被劫尤深。

在广东方面，有浰头的池仲容、池仲宁、李全等，盘踞一方，历有数年，僭号称王，设置官职，有兵五千之众，活动于广东翁源、龙川、始兴和江西龙南、信丰、安远、会昌等处，“焚烧村寨，掳杀男妇，岁无虚日”，时间达数十年之久，是东南一巨寇。

在这数十股山寇中，大都集中于大庾、南康、上犹三县，其中以横水的谢志珊、桶冈的蓝天凤、浰头的池仲容三股势力最大，而且彼此互为犄角。南安之横水、桶冈紧靠湖广之郴州。在赣州之浰头、桶冈诸贼，则与闽、广相连，依据五岭山脉，彼此应援。在这三股势力中，与湖南郴州接壤的谢志珊与蓝天凤是众势分散，持山险之固以御官军；而连接闽、广的浰头池仲音，则狡诈而势聚，结党与之相援。

当时的态势是：南康、赣西接壤湖广之桂阳的有桶冈、横水之敌，接壤广东乐昌、龙川的有浰头诸贼，势牵三省，纵横一千余里，地形复杂，回旋余地大。所以，湖广巡抚都御史陈金认为，要剿灭这几股敌人，必须举行三省会剿，方能奏效；可王阳明认为，这样声势浩大的三省围攻之举，只能雷声大，雨点小，最终效果极差，表面上轰轰烈烈，实际上对围剿山寇、铲除乱源起不到实质性的作用。他在给武宗的奏折《攻治盗贼二策疏》中，对此做出了理性的分析：

然而今此下民之情，莫不欲大举夹功，以快一朝之忿……必须南调两广之狼达，西调湖湘之土兵，四路并进，一鼓成擒，庶几数十年之大患可除，千万人之积怨可雪。然此以兵法“十围五攻”之例，计贼二万，须兵十万，日费千金。殆于道路不得操事者七十万家，积粟料财，数月而事始集，刻期举谋，又数月而兵始交；声迹彰闻，贼强者设险以拒敌，黠者挟类而深逃，迨于锋刃所加，不过老弱胁从。且狼兵所过，不减于盗；转输之苦，重困于民……民将何以堪命？（《全集》，315页）

王阳明反对三省会剿的理由很简单：三省之军要集全必须耗时数月，又声势甚大，很难达成战术的突然性，也许官军未到，山寇早已逃得没影了。而且根据攻三守一之道理，有贼众二万，需要有十万之兵去攻。这十万之兵日所耗钱财无数，势必增加运输负担和老百姓的困苦，“日费千金，不得操事者七十万家”。这笔庞大的军费开支势必转嫁到老百姓的头上，而且战机稍纵即逝，这种轰轰烈烈的行动必定迟缓，失掉战机，无论如何是得不偿失的。于是，他向皇帝分析情况，主动请缨：

> 若陛下假臣等以赏罚重权，使得便宜行事，期于成功，不限以时，则兵众既练，号令既明，人知激励，事无掣肘，可以伸缩自由，相机而动，一寨可攻则攻一寨，一巢可扑则扑一巢。量其罪恶之浅深而为抚剿，度其事势之缓急以为后先。如此亦可以省供馈之费，无征调之扰；日剪月削，使之澌尽灰灭。此则如昔人拔齿之喻，日渐动摇，齿拔而儿不觉者也。(《全集》，315 页)

王阳明的要求其实既简单又明晰：一是皇帝要给他权力。带兵打仗最忌事事请示、报告，将在外，君命有所不受，你皇帝老爷不要事事须汇报，处处要请示，设绊子。山林剿匪是慢活，急不得，所以不要定时间，设任务。二是山高林密，情况复杂，只能条件成熟时才可出手。三是专靠围剿，用军事手段解决还不够，还必须“抚剿”结合。罪恶浅的就“抚”，罪恶深的就“剿”，这样就可以避免三省会剿的那种轰轰烈烈的场面，省百姓转运之苦。四是稳扎稳打，步步为营，逐渐推进。如拔牙，先摇松其牙根，然后拔之而不痛。这是一种以静制动、以逸待劳的战法，能使山寇东奔西跑，处于挨打的状态，名义上是占地利，实者被动之极，尽管时间长一些，只要不让死灰复燃，从战略上看却是捷径。

如果三省实施会剿，其举动次序，自有先后。如江西之南安，有上犹、大庾、桶冈诸贼，地与湖广之桂东、桂阳接壤，一旦开战，只有江西与湖广合击，广东使不上劲；江西之龙南有浰头诸贼，与广东龙川接壤，一旦开战，只是江西与广东合击，湖广又使不上劲；广东乐昌、乳源之贼，与湖广宜章相接，惠州之贼与湖广的临武相接，一旦开战，只是湖广与广东合击，江西使不上劲。所以，名为三省会剿，实际上只有两个省在行动，另一省置于无所事事之地位，最多只能“要害把截而已”，即担任放哨、放风而已。

如果三省轮番出击，就可收以逸待劳之效：“诚使先合湖广、江西之兵，并力而举上犹诸贼；逮事之毕，广东之兵亦且集矣，则又合湖广、广东之兵，并力而举乐昌诸处；逮事之毕，江西之兵又得少息矣。”意思是三省进兵只是一件总的构想，具体落到实处是两省进攻时，另一省则休息准备，以收从容不迫之效，于是则财可集，兵可逸。于是，王阳明向皇帝提出了自己总的围剿战略构想：

以湖广言之，则桶冈为贼之咽喉，而横水、左溪为之腹心。以江西言之，则横水、左溪为之腹心，而桶冈为之羽翼。今议者不去腹兴，而欲与湖广夹攻桶冈，进兵两寇之间，腹背受敌，势必不利。今议进兵横水、左溪，克期在十一月朔。贼见我兵为集，师期尚远，必以为先事桶冈，观望末备。乘此急击之，由是移兵临桶冈，破竹之势成矣。(《年谱》一)

这段话实际上是想说明一个战略主攻方向在何处的问题。在任何一个战略防御体系中，总有一处是整个战略防御体系是否稳定的关键之处，一旦攻克了这个关键点，整个体系就会崩塌。这是一门很高的战略学问，王阳明深知此理。然而，是否能寻找到这一关键点，就看指挥员学问的深浅和能力的大小以及哲学思维的睿智程度了。所以，知道战略的关键点以及在错综复杂的各种关系中敏捷地找出这个点，是需要睿智的思维和深邃的目光的。如果说书生能用兵，很大一部分是从这个方面说的。

就当时的形势而言，横水、左溪和桶冈是分置于三个不同点上的防御区，从距离而言，横水与左溪更近，可以归为一个点，这几个点在空间距离上处于相互牵制的关系。就湖广言之，桶冈是咽喉；就江西方面而言，桶冈就是羽翼。所以在这个战略关系中，事关全局的战略点就是横水、左溪，相对于湖广和江西都是腹心。如先攻桶冈，势必处于两寇之间，腹背受敌；如先攻横水、左溪，就可免腹背受敌之险境，也使敌方的另外几处置于无用的地位,逐层推进,压迫敌方的防御体系趋于瓦解。

所以,王阳明的战略学水准是很高深的,日后的战事发展全在他的计算之中。

可现在的问题是,就江西、广东、福建境内的几股山寇而言,福建上杭、长富村的距离就相对远一些,只能起到呼应的作用。就具体的作战效果而言,福建之上杭、长富村不能起到直接支援的作用,而处于广东乐昌、龙川一带的浰头巨寇池仲容却直接与江西横水、左溪、桶冈之寇息息相关。一旦在江西用兵,广东浰头一带之敌极有可能尾随其后,直接使王阳明处于前后夹击的险境。于是,他派人去池仲容处,好言抚慰,说只在横水、桶冈处用兵,与他池仲容没有关系,只要他按兵不动或投顺,不与官军为敌,就可以得到宽大处理云云。不仅抚慰池仲容,王阳明还派人做池仲容属下金巢等人的工作,使池仲容处于犹豫、迟疑不决的状态之中,为自己的进攻赢得了宝贵的时间。可池仲容没有战略头脑,终究是一山寇而已,唇亡齿寒的古训与皮之不存,毛将焉附的道理于他起不到任何作用,自以为自己与横水、桶冈风马牛不相及。王阳明也算定这些匪虽"连络千里,声势相因",但终究本性所在,"利则争趋,患不相顾"。"彼见广东即未有备,而湖广之兵又不及已,苟幸旦夕之生,必不敢越界以援上犹,及夫上犹即举,而湖广移兵之合广东,则乐昌诸贼,其势力已孤。"以后的事实也证明了这一点。王阳明拿下横水、桶冈以后,马上移兵浰头,池仲容才发现问题的严重性,他手下的许多头目亦投降了王阳明,大势已去,很快就被王阳明消灭。

如此用兵,真可谓运筹帷幄之中,决胜千里之外,胜过半矣。

二、分剿与合剿相结合的战役实施

任何战略目标,都必须经过战役手段的努力才能达到,所以,战役是整个战争过程中极为重要的一环。三省的巨寇都隐没于崇山峻岭之中,熟悉地形,以逸待劳,出没无常,要消灭这些山寇,非用特殊的战役手段则不能达到。在战役的实施上,王阳明采取的措施是:"一寨可攻则攻一寨,一巢可扑则扑一巢。"这句话可以理解为:在条件许可的情况下,集中力量于一个方向,得手之后,根据情况又移之另一方向。所谓的条件许可,指的是一个、相对几个山头或一个、几个方向的敌人,己方的兵力、民情、后勤保障都已占优势，胜券在握。《横水、桶冈捷音疏》中，他详细地谈了自己实施战役的情况：

> 臣等乃决意先攻横水、左溪，密切分布哨道，使都指挥佥事许清率兵千余，自南康县所溪入，知府邢珣率兵千余，自上犹县石人坑入；知县王天与率兵千余，自上犹县白面入，令其皆会横水。使守备指挥郏文率兵千余，自大庾县义安入；知府唐淳率兵千余，自大庾县聂都入；知府季斅率兵千余，自大庾县稳下入；县丞舒富率兵千余，自上犹县金坑入；令其皆会左溪。知府伍文定，知县张戬，侯各兵齐集，令其亦从上犹、南康分入，以遏奔冲。臣亦亲率兵千余，自南康进屯至坪，期直捣横水，以与诸军会，而使兵备副使杨璋，分守参议黄宏，监督各营官兵，往来给饷，以促其后。(《全集》，344 页)

如果把这一段话简化，就可得知王阳明的战术是集中兵力在一个点上，针对这个点，从各个方向攻入，得手之后，再攻另一个点。由几个知府、知县之类的官员分别率兵千余攻击自己当面的各个山头，得志之后，再集兵横水、左溪，由杨障、黄宏为督军，监督官军及敌之弃逃，负责运送给养。在兵力对比上，总的方面官兵不如山寇，但分配到每次战役，攻各个山头时，官兵的优势又十分明显。在横水、左溪得志之后，再集中兵力攻桶冈，这就是王阳明的先腹心、后羽翼的“层层剥笋”的分击与合击的战术。

此次行动的结果是：知府邢珣破磨刀坑巢、破荣坑巢、破荣潭巢；知县王天与破樟木坑巢、破西王巢；都指挥许靖破鸡湖巢、破转溪巢、破杨梅巢、破义务巢、破苦竹坑巢；指挥余恩破长流坑巢、破牛角坑巢、破鼈坑巢；县丞舒富破箬坑巢，破赤坑巢；知府季学破上峰巢、破狐狸巢；等等。最后合兵攻左溪、横水。

至此，横水、左溪四周的山头均已扫清，并对横水、左溪形成合围之势，如舍此而移兵桶冈，势必前瞻后顾，非良策也，而且去桶冈还有三日路程，于是王阳明指挥得胜之军，对左溪、横水做向心一击。

正德十二年(1517)十一月十六日，知府邢珣攻破旱坑巢、穹井巢；季学、守备指挥郏文破稳下巢、李家巢；十七日，知府唐淳破丝茅坝巢；十八日，都指挥许靖攻破米雀坑巢等；十九日，指挥余恩破梅伏坑巢等；二十日，知府邢珣又攻破白封龙巢；知县王天与攻破黄泥坑巢；二十二日，县丞舒富攻破白水洞等；二十四日，知府伍文定攻破寨下巢，知县张戬攻破杞州坑巢等。“贼大奔溃”，遂破横水大巢，谢志珊、蓝天凤等人援首，此役共俘斩山寇四千有余。

后来王阳明攻桶冈、破浰头，均是采取此种战役手段，此处不再讲述。

三、灵活机动的战术手段

打仗最忌方略预设而不知变通，战术最忌呆板而不灵巧，王阳明深知此理。如没有灵巧多变的战术，战役任务则不能完成，战略目的就不能实现。对此，王阳明有一经典论述：

> 兵宜随时，变在呼吸，岂宜各持成说耶？福建诸军稍缉，咸有主动赎罪心，利在速战。若当集谋之始，即掩贼不备，成功可必。今既声势彰闻，各贼必联党设械，以御我师，且宜示以宽懈。而犹执乘机之说以张皇于外，是徒知吾卒之可击，而不知敌之未可击也。广东之兵意在倚重狼达土兵，然后举事，诸贼亦俟吾土兵之集，以卜战期，乘此机候，正可奋怯为勇，变弱为强。而犹执持重之说，以坐失事机，是徒知吾卒之未可击，而不知敌卒之正可击也。（《全集》，1240 页）

福建诸军因为前有小挫，士气低落，后来军集再战之后，立功心切，士气张扬，此时寇亦未备，趁此奋击，必可成功。现在大张旗鼓了，贼亦有准备，失去了战机，达不成突然性，就要施以宽解，让寇丧失警惕、松懈，再出击。广东之兵本意在倚重狼兵集中再战，贼亦知此事而松懈，广东兵本可因事而利导之，趁其松懈，乘机攻入，变弱为强，但广东兵却执意于狼兵集中再战，以致丧失此良机。所以，王阳明总结道：

> 善用兵者，因形而借胜于敌，故其战胜不复，而应形于无穷；胜负之算，间不容发，乌可执滞哉？（《全集》，1240 页）

好一个因形势而“借胜于敌”！自古兵家良将，皆不出此，故战胜不复，才有战术的灵活多变。如何使战术灵活多变，王阳明提出了一个新的观点：“兵宜随时，变在呼吸。”时者，战机也，呼吸者，兵贵神速也。就是说战机的有无在于“敌”，敌强有攻强之“机”，敌弱有攻弱之“机”，而且这种“机”稍纵即逝，与呼吸一样神速多变。他举了福建与广东两处军队作为例子：福建军如趁敌不备，又有主动立功心切之“机”，可趁机进攻；广东之兵怯弱，每次进兵必待狼兵为之声势，山寇知狼兵未达，广东兵就不会行动，因而放松警惕。如此时广东兵因势进攻，定可取胜，但都丧失了战机。这都是不会随时而变的缘故，都是不会根据形势、敌情而决定敌卒、我卒是否可击的证明。

正因为战术变化如呼吸，王阳明在战场上往往能因敌之变化而取胜，现举几例子以证之。

实例一：在平定漳南数十年的山寇之战中，王阳明率部队进驻上杭之后，一方面密布群哨，探听敌情，放出风来说敌情太强、太复杂，准备退师修整，待秋后再举；另一方面又密遣义官觇贼属实。果然，山寇以为王阳明怯战，就放松警惕。于是王阳明当机立断，抓住战机，于正德十二年(1517)二月十九日，密布三路之兵，趁黑暗夜色衔枚疾进，直捣象湖，想趁机夺取制高点，贼正突奔至制高点，并以滚木向下投击。于是，王阳明命部队分为两部，一部正面进攻，以牵制和吸引敌人的注意力；另一部从敌人意想不到的小道上突登，一下子出现在敌人面前，众山贼大惊溃。此役捣毁贼巢四十三处，斩首七千有余，贼首詹师富援首，漳、汀数十年山寇之乱一举荡平。

实例二：攻下横水，左溪之后，漏网之寇乘机向桶冈逃窜。桶冈素有天险之称，四塞中坚，壁削耸立，有一夫当关，万夫莫开之险。出入之道只有锁匙龙、葫芦洞、寨坑、十八磊、新池五处，而且每处都在绝壁之上，皆“架械梯壑，于崖巅之上多有磊石”，这是兵法上的所谓“死地”。王阳明考虑到要强攻，伤亡必大，善战者，其势险，其节短，于是移师桶冈谷口而安扎，然后派人向贼首蓝天凤陈说利害，命其投降，可其内部意见分歧，犹豫不决。此时战败之寇从横水、左溪狂奔而来，见此，王阳明心生一计，命人穿上与贼相同的衣服，混入其中。乘蓝天凤犹豫不决、放松警惕之际，王阳明率兵分数道疾进，蓝天凤拼命抵御。此时混入贼营的明军突然发难，蓝天凤方面变起肘腋，防不胜防，“遂大败”。于是王阳明破巢三十余，擒斩贼首蓝天凤等三十四人，俘斩山寇三千有余。在此役中，王阳明的战术还有分而击之、打其要害、分兵把口、把住要道、阻敌退路、当面进攻与背后夹击相结合等。

实例三：在平定广东乐昌、龙川之寇时，王阳明了解到，山寇中有一些人不是顽匪，有的是因生活所迫或为官府豪强所欺，才铤而走险。对这些人，王阳明认为可以“攻心”而不必力取，于是派人四处张贴文告（文告的内容于前文已述，此处不赘），告诫他们：与其在山为寇还不如回家耕种和做生意来得实惠、安全。因布告写得入情在理，打动了许多山寇之心，于是有些山寇如金巢、卢珂等下山投顺，并愿效力。

实例四：在攻打横水、桶冈时，为了稳住浰头之池仲容，王阳明乃派人予以安抚，池仲容云：“吾为贼已非一日，官府来招已非一次，告谕何足凭？”虽拒不受命，可亦不派人援助横水、桶冈。待横水、桶冈被攻破之后，兔死狐悲，池仲容开始害怕起来，尤其是被王阳明招降文告所感动的其他山寇金巢、卢琦等投顺后，池仲容更惧，只好率其党羽九十三人到大寨向王阳明投降。到大寨后，担心有诈，只止于教场，不敢入内见王阳明。见此，王阳明呵道：“你是吾之新民，入见而止于教场，是怀疑吗？”池仲容惶恐：“听命！”随人进入大寨，见场宇整洁，喜出望外。王阳明同时又派人教之礼仪，但他顽劣不可化，百姓又于王阳明前诉冤，说不杀此人则百姓之恨难伸。乃于正月初二日，王阳明大摆筵席，池仲容与其党羽尽醉如泥，王阳明命士兵尽戮之。史载，王阳明杀了池仲容之后自觉“大眩晕，呕吐”。在攻群寇之际，王阳明命军队乘机攻入浰头，破巢三十八，斩寇首五十八，歼寇两千余人，余奔九连山。

实例五：王阳明在广西镇乱时，根据瑶、苗各部落的不同情况，向世宗献“十患”“十利”之策，得到皇帝的批准。嘉靖六年（1527）十二月二十六日至南宁后，王阳明下令尽撤调集防守之兵，使数日之内，解散而归者数万有余。那些远在湖广的兵众，因道路遥远，一时难以回归，只好暂住南宁、来宾等地，解甲休养，待有机会，尽行撤回。

王阳明此举不但在政治上产生了极佳的社会效应，如前所述，而且在军事上亦产生了良好的战机：在思、田二州之土著叛民投顺之后，也增加了八寨、断藤峡这些顽固不化之寇的错觉。他们认为王阳明不会进山围剿了，从而放松了警惕，这正是王阳明想要的效果。于是在神不知鬼不觉的情况下，王阳明命统督参将张经、都指挥谢佩等人率兵一千六百余人，领哨指挥文瑞等人领兵一千二百余人，领哨指挥唐宏领兵六百余人，头目彭辅领兵六百余人，同哨指挥张缙领兵六百余人，千户刘宗领兵一千余人，分别从不同方向，出其不意，攻其不备，向敌方发动四面围攻。各山头的山寇突遇官兵，仓皇失措。几经战合，尽灭之，解除了为害百年的山民之乱。对于此役，王阳明颇自负，认为仅用“湖广便道之师，及用思、田转附”之兵，兵不满八千，钱没用几万，几地进兵，只因战术运用得当，斩获三千五百有奇，一洗万民之怨，以除百年之患。

总结王阳明在江西、福建、广东、湖南几省的剿寇经验，可以归纳为以下几点：第一，在政治上有清醒的认识，从实际出发，对实际敌情有理性的分析、评判，不受感情支配而战略判断失误；第二，在战略目标的运用上，总是集中力量于一个方向，其余方向采守势，吃一观三；第三，在兵力的运用上，在总的兵力对比上，我不如敌，在具体的战役中，我集中兵力于一个方向，在每个小山头、小点上，集中优势于敌几倍的兵力，这样就可以化劣势为优势；第四，在战役的指挥上，采取分剿、合剿的分进合击的手段，“层层剥笋”，打围剿战、断后路、竭水抓鱼、层层堵截等方式，不许漏网；第五，在战术的运用上，灵活机动，因敌而变，因我而变，敌变我变，这是取胜的关键。

自古以来，兵书战策，汗牛充栋，可兵家名将，少之又少。原因之一是在战术的运用上没有达到“兵宜随时，变化呼吸”的用兵化境。而这种稍纵即逝的战机在任何一次战争中都是存在的，就像鱼鹰扑击水面一样，要抓住它就不容易了，既要胆识，又要经验，还要智慧和学识。为什么说战争比比皆是，真正的军事高手却如凤毛麟角，其原因就在这里。战争有定法，打仗无定法，从这个角度来看，说王阳明堪比古代的军事大家也毫不夸张。而且他的用兵指挥艺术和军事思想对于今天的人们来说，也是有现实借鉴意义的。

第八章 决战鄱阳湖，千载韩、白逢棋手

明正德十四年(1519)六月至七月的鄱阳湖之战，是王阳明军事生涯中的登峰造极之作，也是古代军事史上少有的非常成功的战例。江西宁王朱宸濠为了反叛朝廷，夺回他先祖应有那一份江山，进行了十多年的精心准备，兵力号称二十万。而明武宗朱厚照又是少有的荒淫昏聩的皇帝，朝中政治亦龌龊黑暗，朱宸濠又地处南昌这个长江中游的有利位置，应该说天时、地利对他还是有利的。而且朱宸濠以藩之尊，以数十万军队起事，以雷霆之力出击，不能说有决胜的把握，亦不至于顷刻瓦解。可他从起兵到覆灭亦只有一个月十三天，这么快就成了俘虏，主要原因是他的对手是王阳明。

第一节　假传圣旨的勤王之师

也许王阳明在这场战役中，赢得太迅速，不可思议，以至于人们在这方面附会了许多神秘之说。

还在明孝宗弘治五年的浙江乡试时，二十一岁的王阳明也在应试之列，与他一同参加应试的还有同乡的孙燧、胡世宁。一天夜里，有人见二巨人，各衣绯绿，东西而立，大言曰："三人做好事！"言毕，忽然不见。当初人们不知二巨人所言何意，二十多年以后，孙燧官至监察御史，胡世宁官至礼部尚书，王阳明官至提督四省军务兼都御史。正德九年，在一次巡视南方的公务中，胡世宁发现宁王图谋不轨，于是向皇帝报告，明武宗就派孙燧去江西查办，却被宁王扣留。正德十四年(1519)六月，朱宸濠起事前，劝孙燧投降，结果遭到痛骂，宁王一怒之下，把孙燧杀了。这些都记载在《明史·孙燧》和《明史·胡世宁》的传记中，有关王阳明生平的史传《年谱》上亦有详载。后人根据这三人的结局认为，宸濠之变由胡世宁发觉，孙燧查办，王阳明平叛，这就是“三人做好事”的全部含义。

正德十四年(1519)正月，江西等四省的平山寇之乱告一段落。当朝许多文武大臣看到王阳明只用了一年多一点的时间完成了别人几十年也完成不了的事，心里的酸味、醋味很浓，嗓子里好像卡了东西，不是滋味，于是到处煽风，说王阳明虚报战功军功。不管别人怎么诽谤，可四省的山民之乱已告平定确是不争的事实，这是任何人也否认不了的。王阳明当时身体有严重的肺痨病，日夜咳嗽不止，想离开官场这个是非之地，就向皇帝上疏，要求放归田野养病，以今天之话是“提前退休”。皇帝也准备钦准他要求致仕的奏折，但遭到兵部尚书王琼的反对，他向皇帝说：“王守仁还有大用。”昏庸的明武帝当然不知道“大用”的具体含义，可王琼心里十分清楚：根据可靠情报，朱宸濠必反！如果朱宸濠反后，放眼满朝，唯有王阳明可担平叛重任。

朱宸濠的宁王府在今江西之南昌，紧靠长江与群山，是个战略地位十分重要的地方。如果四周山民之乱未平，一旦宸濠起事，与叛乱之山民里应外合，实乃朝廷心腹大患。所以他叫王阳明前去江西平定四省山民之乱的最终目的，就是为宸濠以后反叛朝廷砍去其臂膀和支持者，同时也在南昌的旁边投下一颗棋子，时刻关注宸濠的动静。应该说，王琼实乃明朝中期有较高水准、远见的战略家。他曾对其主事应典说：“我置王某于江西，与之便宜行事者，不但为溪洞诸贼而已，或有他变，若无便宜行事敕书旗牌，将何施用？”(《全集》，1416 页)意思就是，王阳明在江西得到皇帝钦准他“便宜行事”的圣旨，并不是针对山寇的，平定几个山寇用不着“便宜行事”的敕书，而是别有他意。

正德十三年(1518)十二月，福建有军人叫边贡的煽动军人哗变，王琼以皇帝的名义命令王阳明去福建平叛，给他的敕书是：“福建军人进贵等胁众谋反，特命尔暂去彼处地方，会同查议处置，参奏定夺。”对于此次人事任命，王琼对他下属应典说："此小事，不足烦王某，但假此以牵便宜敕书在彼手中，以待他变。"(《全集》，1416 页)意为王阳明去福建平叛只是幌子，真实目的是防备宁王，把王阳明作为一着战略棋子放在福建与江西之间的地方，一旦有变，王阳明就可有所动作。所以，当宁王谋反的消息传到京城后，王琼胸有成竹地对他人说："上游有王守仁在，定能有所作为。竖子素行不义，今仓卒举乱，殆不足虑。都御史王守仁据上游蹑之，成擒必矣。"(《全集》，1416 页)

果不其然，在王阳明去福建的途中，行至丰城时，惊天动地的事情发生了。

正德十四年六月十五日，王阳明携参谋人员雷济、肖瑀等到达江西的丰城，还未安顿，丰城知县顾佖向他报告：宁王宸濠谋反，号称二十万。并且宸濠布告天下："太后有密旨，令我起兵监国。"且命人攻南康，袭九江。知府陈霖逃跑，兵备曹雷、知府汪颖、指挥刘勳及属县官吏皆遁匿不知所踪，形势十分危急。

王阳明知道宸濠久存谋反之心，得知消息之后并不感到十分错愕，因这是意料之中的事。现在的问题是如何尽快起兵平叛，可丰城城小而乏粮，不足以济大事。于是他就与雷济、肖瑀诸人向临江而去，逆流而上向吉安进发。此时宸濠已得知王阳明至丰城，因像王阳明这样的人物的行踪，各地官员都是预先知道的，以便接待。所以，宸濠就派内官喻才率一千余人前来劫截，当王阳明准备逆流返回临江、吉安时，奈何没有北风。王阳明就焚香拜地告天曰："天若哀悯生灵，许我匡扶社稷，愿即反风。若无意斯民，守仁无生望矣。"言毕，眼见南风渐止，北风尽起，可船公还是不发船，说："宁王知道，我命休矣！"王阳明一气之下，拔剑把船公的耳朵割下，厉声喝道："不开船即死！"船公恐惧，只好开船，可宸濠的船队也追了上来。到了傍晚时分，发现有宁王的船队在后面尾随，王阳明知道不生计谋则无法脱身，于是自己脱下官服，微服钻入一渔舟之中，而让部下穿上自己的衣服，来了个"金蝉脱壳"。果然，宁王的船队很快追上，登舟查看，发现不是王阳明，有兵欲杀代替者，旁有官兵制止："杀之何益?"遂舍之，继续追寻。

当晚，王阳明一行到达临江，临江知府戴德孺大喜曰："朝廷有救了！"就请王阳明在临江城中指挥调度，可王阳明说："临江居大江之滨，与省城相近，而又当道路之衢，不如吉安地利可持，有粮食，有兵员。”又说：“事起仓促，朝中准备不足，难以应付，现需阻挠宁王发大兵的日期，使之推迟，使朝中有备，濠若出上策，直趋京师，出其不意，则宗社危矣；若出中策，则趋南都，大江南北亦被其害；若出下策，然据江西省城，则勤王之事尚易为也。”戴德孺问：“敢问宁王当出何策？”王阳明道：“必出下策。”问：“何故？”“驽马恋栈耳。”于是，一行人迅速启程去吉安，与吉安知府伍文定汇合，一面进行各种勤王的准备工作，一面火速向皇帝上书，报告宁王谋反的消息，望京城速作准备。

看来，王阳明早就给宸濠算了命：必出下策。同时又害怕他出上策和中策，也就是庙堂的胜算之策。王阳明认为，兵起仓促，声势颇大，如以此直趋北京，则天下震动。更重要的是此时的明王朝承平日久，腐朽不堪，稍有风雨则大厦立马不支，所以王阳明认为“宗社危矣”。如果舍北而南，直驱南京，在南京登基，形成两个政权，不仅江左一带遭受蹂躏，而且鹿死谁手还未可知。因同是朱氏子孙，谁登基都是合法的，所以王阳明认为宁王在南京登基亦是坏事。要防止上述两种局面的出现，唯有一法就是使宁王之兵不出江西一省，甚至促拘于南昌一城，就可以想办法在江西省内剿灭之，不用祸及他省。而且他算定宁王必定会据省城而守，无有远略。原因很简单：只有雄鹰才能飞得高，驽马只能恋栈。而宁王不是那种有雄才远略的创世之主，更不是承平之时的守成之君，因此他尽管有号称20万的大军，也是成不了事的。

所以，此役的关键点就是想办法把宁王拖住，使朝廷有较充足的时间准备，自己有较多的时间调集兵员。为此，王阳明可谓极尽谋划之能事，“兵不厌诈”，这条原则在这个书生身上表现得淋漓尽致，没有一丝的书生迂腐气。具体的措施有：

第一，假传“圣旨”。本来王阳明身上有皇帝钦准的“便宜行事”的敕书，可没有要王阳明起兵勤王的圣旨，而且“便宜行事”这句话可伸可缩，随意性很大，什么情况才能“便宜行事”？没有明确规定。起兵可是大事，在通常情况下没有“圣旨”可是谋逆反叛之举。可就在这时候，王阳明显出了当机立断的果敢精神：将在外，君命有所不受。起兵平叛是大事，其他嘴上官司以后再解释，更何况还有皇帝“便宜行事”之言在先。

写好假“圣旨”之后，命人四处散发，广造声势，说朝廷早已得知宁王要谋反，所以正征集四方大军汇合江西，围剿朱宸濠。这些大军有：许泰、郤永分领边军四万，从凤阳等处于陆路径扑南昌；刘晖、桂勇分领边军四万，从徐州、淮安等处水路并进，分袭南昌；王守仁领兵两万，杨且等领兵八万，秦金等领兵六万，务从信地分道并进，克期夹击南昌。并借皇帝的口气：“勿要遵照方略，并心协谋，依期速进，毋得彼先此后，耽误事机，钦此！”其实这些都纯属子虚乌有，目的是使宁王犹豫不决，不敢发兵。当然，仅凭这一条要宁王上当比较难，因为完全可以判断出，从四方派兵围剿，需要多少时日才能济事，而且四周多少里之内有没有朝廷的部队，宁王难道不知道？所以，王阳明紧接出了以下的第二招。

第二，离间宁王内部。朱宸濠谋反，有四个得力的“军师”：李士实、刘养正、凌十一、闵廿四。其中的刘养正与王阳明曾相识，并代表朱宸濠拉拢过王阳明，只是未果。王阳明知道宁王的性格，疑心重，外宽内忌，于是又拿出他的拿手好戏：伪造文书。借这几个人之口，说宁王谋反成功的系数不大，现已众叛亲离，其败不远，他们这些人早有反戈之心，并愿为内应等。书信分别以四人的口气说话，信写好之后，王阳明命雷济选“惯能走递”的家人，重以奖赏，并告诉家人，此是非常重要的情报、机密，需要他“潜踪隐渡，前去南京、淮、扬等地迎接官兵”。同时又命雷济寻找与宸濠相识之人，厚加结纳，令前去宁王府报信，把消息透露出去。宁王闻知，命加紧搜捕去南京、淮、扬等地报信的差役，并从身上搜出王阳明伪造的书信手本，愈加疑惧，并严加拷问，所得大体一致。

为了把假戏做得更真，王阳明命令吉水退休县丞龙光伪造一封给李士实的信，信中云：“已接到你的信，足见老先生有报国之心，身在罗网，可心在王室，所喻密谋，非老先生不能及此，今又得子吉（刘养正）协助，当属万无一失，但凡事不密则害成，务须乘时待机而动。”信中还说：“今兵势四路已合，只待此公（指宸濠）一出，便可下手，但恐未肯轻出。”同时，又以同样的口气给刘养正写了一封信，并在信的末尾虚虚实实，说之所以“知名不具”，主要考虑送信之人是粗汉，略有泄漏，故不写姓名。

信写好之后，由雷济、肖瑀、龙光诸人设法给李士实、刘养正送去。在送信前，又捕捉李士实家属至船尾，而王阳明在船头故意谈说如何送信之事，当得知有李士实家人时，王阳明佯作怒讶，要斩之，众人告饶才免，后又找一个理由让其逃走。知道送信之人定会被宸濠擒获，就选取几个送信人，各以数百金恤其家，令至宁王伏兵处行走，并将写好之信缝于夹裤中。果然，宸濠得之愈加疑惑李、刘二人，二人亦自相疑惧，不肯出身任事。同时，雷济诸人还引诱内官万锐给宁王宫内太监陈贤、刘去、喻才等人，私写书信。并且遣雷济、龙光将刘养正家属在吉安者厚加看养，又阴遣其家人密至刘养正处传递消息，俱行反间之计，致使宸濠大疑之。对此，王阳明曾问龙光："宸濠会相信么?"龙光回答："相信未必，疑惑则有。"王阳明大笑道："有疑足矣，彼之大事去矣!"他要的就是这个效果。

第三，正话反说。在王阳明实施的反间计中，不管是发出的各省兵马集中的假信息、假圣旨，还是给李士实及刘养正等人的假信书中，都有一句假话："以本职计之，若宁王坚守南昌，拥兵不出，京边官军远来，天时、地利，两皆不便，一时恐亦难图。须是按兵徐行，或分兵先守南都，候宁王已离江西，然后或遮其前，或击其后，彼之首尾不救，破之必矣。"在给李士实、刘养正的假信中，亦云："况今兵势四路已合，只待此公一出，便可下手，但恐未肯轻出耳。"

这几段话的意思是告诉宸濠，王阳明最怕他离开江西。而宸濠对王阳明素怀畏惧，见他如此说，就觉得自己暂时不离开江西，以观其变才是上策，以为这是王阳明最怕之举，恰恰相反，这正是王阳明需要的。宸濠落入王阳明的圈套而不自知，仍留在省城观变，一直到七月三日，仍不见四方兵马的半个影子，才大呼上当。然而失去了二十多天的宝贵时光，战略上陷入了被动，一切都不可为了。而王阳明利用这二十多天的时间，调集兵马，一切准备得差不多了。

所以，王阳明能在极短的时间内消灭宸濠的数十万大军，关键一着就是拖住宁王的行动。王阳明的弟子钱德洪写的《征宸濠反间遗事》一文中认为："当时若使不行间计，迟留宁王，宁王必即时拥兵前进，正所谓迅雷不及掩耳，两京各路何恃为备? 所以破败宁王，使之坐失事机，全在迟留宁王一着。"(《全集》，1471 页)如从全局上分析，钱氏之说应是中肯之论。

王阳明一边假冒"圣旨"，虚报多少军马会合南昌以恐吓宸濠，自己另一边也没闲着。六月十八日到达吉安后，形势十分严峻，"远近军民劫于濠积威，道路以目，莫敢出声”。王阳明只率领一百多人的部队及几个参谋人员谋划大事，到达吉安后，与知府伍文定、戴德孺、刑珣等人组成战时指挥部，以地方知府的名义“调集军民兵快，招募四方报效义勇，会计应解留钱粮，支给粮赏，造作军器战船”。指挥部人手不够，就把那些朝廷没有起用或已经退休了的官吏也重新起用以指挥战斗。如奏留公差回任御史谢源、伍希儒分职任事，约会乡官政仕右副都御使王懋忠、养病编修邹守益、郎中曾直、评事罗侨，丁忧御史张鱼山、赴部调用佥事刘蓝、依亲进士郭持平，致仕副使刘逊、参政黄绣、闲住知府刘昭等，全部集中，都来参加指挥作战。

可以说，王阳明这个战时指挥部是临时拼凑起来的，成分复杂，年龄也参差不齐，有的已经退休，身体还有病，都不愿意出山、任职，王阳明就对之“激励忠心，晓谕祸福”。战时指挥班子拼凑起来以后，加上其他工作也已就绪，王阳明就移檄远近，宣布朝廷仁德，曝宸濠罪恶，正式向宸濠发出战书。宸濠此时才发觉上了王阳明的大当，但机不可失，时不再来。

当时，王阳明为了阻止宸濠晚一点离开南昌，除了施反间计外，自己也到处扬言：急冲其锋，攻其有备，并不是最好的计策。开始时让其自守，然后让其出城，并尾图之，先覆省城以捣其巢穴，彼闻其必四兵救援，我则出兵追击之。宸濠闻之，大恐！他担心的就是他出兵之后，王阳明袭其老巢，因此，果然不敢挪窝，只发少数兵力依次攻南康、九江，自居省城以御王阳明。可近二十天过去了，王阳明在吉安一点动静也没有，宸濠又发觉上了王阳明的当，白白浪费了二十多天的时间。虚虚实实，真真假假，使宸濠乱了方寸，仗还未打，宸濠就已经十分被动了。

七月二日，宸濠见王阳明还没有动静，就认为王阳明诳他，而且时间不等人，于是正式调兵遣将，命心腹宗室、郡王及仪兵内室都指挥等官员指挥一万人守省城，自己率大军向安庆出发，一场大战由此拉开了序幕。

兵法云：“先为不可胜，以待敌之可胜。”“致人而不致于人。”说的是战争的闪光、精彩之处不在于两军在阵上的厮杀，而在于战前的一系列准备、组织、指挥工作和设计定谋、斗智斗勇。谁在这方面谋高一筹，胜利之神就向他倾斜。综观王阳明在这场事关明王朝安危的中兴之战中，从分析敌情到设计定谋，都拿捏得十分准确。对对手的分析入木三分，从总的战略全局的高度分析问题的严重性，提出上、中、下三策，找出解开战略链条上关键性的

“死结”在哪里，找出取胜这一仗的关键在何处，王阳明都分析得十分到位，分毫不差。有关他如何指挥、决策这一场战争，在王阳明写给皇帝的奏疏中已讲述清楚，如《飞报宁王谋反疏》《再报谋反疏》《奏闻宸濠伪造檄榜疏》《江西捷音疏》《擒获宸濠捷音疏》里，都有详情记述。

第二节 十面埋伏，擒获宸濠如反掌

正德十四年(1519)七月二日，江西宁王宸濠见王阳明久不见动静，认为自己再僵持下去就会误大事，于是仅留兵一万余人由亲信宗室内官率领，自己亲率主力十万，号称二十万沿江东向南京进发，王阳明的勤王之战也正式打响。

见宸濠东下，只留一万人左右留守省城南昌，王阳明觉得宸濠中计，就发布命令，命各路勤王之师务必在七月十五日到达指定地域，即在临江的樟树镇(即今江西新余樟树镇)集结。于是知府戴德孺率兵自临江来，知府徐链率兵自袁州来，知府刑珣率兵自赣州来，通判胡尧元、童琦自瑞洲来，通判谈储，推官王玮、徐文英，新淦知县李美，太和知县李楫，宁都知县王天与，万安知县王冕等众官员，各率所部二至三千人不等，都来樟树镇集结，总兵力有三万之众，而王阳明亲率伍文定等干将亦从吉安而来。

此时安庆告急！如何打好这一仗，伍文定诸人认为应率兵直扑安庆以救其围。因安庆是长江边上重镇、南京的门户，占了安庆则沿途无据点可守，就可以顺流而下直扑南京。可王阳明分析了敌情：南康、九江皆为贼军所据，南昌城内有上万之众，粮食充足。如果我直扑安庆，那围安庆之敌势必会回师斗我，而我之安庆守军只能自保，不能发兵救我，使我与敌在安庆城四周恶斗。同时，南昌之敌亦可从容蹑我之后，绝我粮道，与贼合流，使我腹背受敌。在我之四方支援暂时还没有的情况下，这是危险的战法。唯一可行的是置安庆之围于不顾，集中全力攻敌之巢穴南昌，以我之兵力优势，先声夺人，必有成功之把握。一旦南昌攻下，宸濠失其根本，势必夺气丧胆，必定回师救援。这样，安庆之围不仅可解，亦可歼宸濠于归途，这是典型的“围魏救赵”之策。

计划已定，就准备进攻南昌。这时新情报人员送来情报：宸濠也觉王阳明会攻南昌，就预先埋伏一千多精锐部队于新旧坟厂，只要王阳明去进攻南昌，在战斗正酣之际，就蹑王阳明之背，与南昌城内之守军里应外合。得知这一情况后，王阳明命令奉新知县刘守绪、典史徐诚率兵五百从间道对新旧坟厂的埋伏之敌发起突袭，使之溃不成军，慌不择路地逃入南昌城内。同时也把恐慌带入城内，诉说王阳明的勤王之师如何厉害，从而对城内的士气造成很大的打击，空气中弥漫着恐怖气氛。

十七日，勤王之师到达市汊并举行誓师，定于二十日黎明开始攻城。当时的南昌城共有七门：王阳明命伍文定攻广润门，刑珣攻顺化门，徐琏攻蕙民门，戴德孺攻永和门，胡尧元、童琦攻章江门，李美攻德胜门，都指挥徐恩攻进贤门，谈储、王玮、李楫、王天与、王冕作为机动部队，“以乘七门之衅”，从旁夹击，以佐其势。并且规定四条战场军纪：一鼓附墙，二鼓登墙，三鼓不克诛其伍长，四鼓不克则斩其将。王阳明亲临前线指挥擂鼓、助阵。战斗进行得颇为顺利，因先有新旧坟厂的遗卒为之泄势，勤王之师一旦四面围攻，城内守军稍做抵挡就溃逃。同时，王阳明命人发布告示：首恶必办，胁从不问，反戈有赏，使守军意志顿失。勤王之师乘机“梯桓而登”，遂破擒负责居守的宜春王朱栱樤及伪太监万锐等千余人，大小印信九十六颗。宫眷纵火自焚，延烧居民房屋，王阳明急命官兵分道救火，抚定居民，释其胁从，封其府库。许多胁从为贼的如布政使胡廉、参政刘斐、参议许效廉、副使唐锦、佥事赖凤、都指挥王玘等都主动到王阳明处投顺、自首并祝贺战斗的胜利。

南昌失守的消息传到安庆前线，宸濠极为震恐，决定撤安庆之围回师救南昌，可军师李士实力劝不可回师，认为必须径直往南京，一旦在南京登上大位，则江西自服。可宸濠不听，遂撤安庆之围，回师南昌，到达阮子江时，召集帐前军事会议，议救南昌之策。

七月十二日，王阳明获得宸濠分兵二万作为回师南昌的前锋，自率大军随后跟进时，就召集众将商议破敌之策。王阳明问：“计将安出?”众将皆以为贼势回师，其锋不可挡，正是兵法上所云的“归师勿遏”，不如坚壁观衅，徐图进止，以待四方之援。可王阳明认为，贼虽张盛，未逢大敌，而且是以下犯上，其心已不顺，宜以爵赏诱之。“今进不得逞，退无所归，众已消沮。若出奇击惰，不战自溃，所谓先人有夺人之气，攻瑕则坚者瑕矣。”（《全集》，1265页）意思是，宸濠的回师根本不是什么锐卒，而是进退无所的败师，士气已失，如要出奇一击，定会溃败。尽管兵多势众，可在战略上已落下风，则“坚者瑕矣”。

计划已定，王阳明开始排兵布阵：遣任文定、刑珣、徐琏、戴德孺各领兵五百，分道并进，出其不意，击其正面；遣余恩以兵四百，往来湖上诱敌；遣陈槐、胡尧元、童琦、谈储、李美、王轼等，各引兵百余，四面张疑设伏，候与伍文定等合而击之。

这是一个典型的“十面埋伏”的阵势。首先是派伍文定诸人各领兵五百前去分道交战，以收出其不意之效，并诱敌深入。然后又以徐恩领兵四百往来湖上作为机动，待伍文定诸人与敌交战并且战且退进入陈槐等人的合击圈内时，伍文定诸将又率兵回击，与陈槐、徐恩诸人合击被围之敌。总的阵势是：伍文定以正兵当其前，徐恩继其后，刑珣引兵绕出贼背，徐琏、戴德孺张两翼以分其势。

七月二十四日，宸濠率军击鼓乘风而前，逼近黄家坡，气焰甚嚣。伍文定、余恩率兵与之交战后“败走”。见状，宸濠之兵争相趋利，使前后不相及，队形混乱。此时，刑珣率兵从后横击，把争趋之人截为两段。敌见势败退，伍文定、余恩率兵回头反击，徐琏、戴德孺又率兵与伍文定、余恩、刑珣诸人合击，呼声动天地，湖水为之近赤。宸濠大败，被擒斩者两千余，落水死者以万数，攻势大挫，士气沮丧，宸濠只好率兵退守八字脑，队伍中开小差的人逐渐多了起来。

见状，宸濠大惧，为激励士气，只好提高赏金，赏格是：冲在最前面的赏千金，负伤者赏银两百。而且尽撤九江、南康守城之兵与自己会合，以求作最后一搏。结果却是使王阳明不废一刀一枪就趁势收复南康、九江二城。

二十五日，宸濠率兵复战，因有风势，使明军小挫，死者数十人，士兵乘势后退。王阳明见状，忙立于军前，并命人立斩退却者于阵前。见主帅披挂上阵，知府伍文定身先士卒，立于铳炮之间，火燎其须，仍不后退，继续督兵死战，并指挥发炮击中宁王乘坐的大船，吓得宁王弃舟而逃。见宁王败逃，整个队伍立即溃散，明军趁势追杀，被擒斩者两千余级，溺水死者以万计，尸浮湖面如死鱼虾，致使鄱阳湖之民三年不敢吃湖里的鱼虾。宸濠见势只好退保樵舍，连舟为方阵，尽出金银以赏士。

王阳明知道宸濠的败局已定，快要坚持不下去了，当夜召集将士商议对策，并决定用火攻，而且在宸濠周围又设置了一个多面埋伏的“口袋阵”：余恩率兵设伏于四周，刑珣率兵击其左，徐琏、戴德孺击其右。待双方胶着之际，余恩等人率兵从各个方向对宸濠做最后一击，使之猝不及防。第二天，宸濠方与大臣商讨策略，并处斩了一些进攻不力的官员。这时，明军从左、右两个方向对他发起进攻，并炮击他的坐舟。大火熊熊，宸濠束手无策，只会与嫔妃相拥哭泣。这时，明军从四面八方嘶喊着向他扑来，杀声动天地，许多嫔妃宫人吓得投水自尽。宸濠没有自尽，被明军在一处港汊的芦苇丛中擒获。

在此役中，被擒获的还有郡王、将军、仪宾、太师、元帅、参赞、尚书、都督、千百户的大小官吏数百人，斩首近万余级，落水死者万余，十几里水面上都是浮尸，湖水尽赤，“浮尸积聚，横亘若洲”，衣甲器仗财产山积。余党数千人作鸟兽散，王阳明命令追击，“勿令逸入他境为患”。二十七日在樵舍扫清余党，二十八日又攻破吴城。至此，宸濠之党消灭殆尽。

宸濠被擒后，被押来见王阳明，说：“王先生，我不要财产名位，能活不？”王阳明道：“有国法在。”宸濠还告诉王阳明，他最宠爱的娄妃曾极力反对他反叛朝廷，在他被俘虏前已投水自尽，希望王阳明打捞上岸，予以安葬。说起这个娄妃，与王阳明还真有点关系，娄妃之父就是王阳明在十八岁时携新婚妻子诸氏去拜见的，并深深影响他一生的大儒娄一谅（娄斋）。所以，王阳明当场应允：“责无旁贷。”并派人去指定地点打捞上岸，并予厚葬。娄妃被打捞上岸后，面如生人，脸带微红，安详如睡。

王阳明的江西平叛之战，算起来只有一个月多一点，从六月十五日至七月二十八日，但江西宁王苦心经营十多年的取武宗而立的梦想灰飞烟灭。更令宸濠气沮的是，王阳明的军队都是临时调集的民兵队伍，数量装备远劣于宸濠，指挥员都是地方知府、县令、县丞，有的还是已退休的老人。所以无论从哪一方面比较，王阳明都不占优势。但他胜利了，胜利的速度之快，连王阳明本人及明朝廷都有点吃惊。在宸濠被擒之后，朝廷声援的军队还没有到达江西。可以这样说，王阳明在江西的擒宸濠之战是中国古代军事史上比较典型的以少胜多战役。

所以，在明世宗即位后，为表彰王阳明的平叛之功，不仅封王阳明为兵部尚书、新建伯，还加封王家三代：王阳明之父王华、祖父王伦、曾祖父王杰，均被封为“新建伯”，赠“礼部侍郎”，祖母、母亲、妻子均封为一品诰命夫人。朝廷的封诰诏书达到王家时，正值王阳明之父王华七十大寿，王阳明手捧酒杯向父亲祝寿，这应是天大的喜事，可王华没有欣然的样子，而是眉额紧锁地对王阳明说：

“我们父子有几年没见面了，你在江西剿匪，我为你担忧。在南昌平宸濠之乱，别人以为你死了，我也以为此事在短期之内不能平定，可你不仅没有死，还在一个月之内就平定了叛乱。我虽然欣喜你的成功，但你须明白：这是天意，不是你一介书生能办到的，宸濠数十万大军，准备十多年，被你举掌败之，实乃苍生、皇上之福及圣祖荫庇的结果。”（译自《世德纪》）

一席话，说得王阳明跪而泣曰：“大人之教，正是儿子日夜所想的。”就凭这种获取大功劳却若无其事、超然物外的心态，可以看出王阳明的智慧实是非同小可。

正因为王阳明对宸濠的胜利有点出人意料，所以民间有许多这方面的传说，似乎王阳明的胜利不是人为而是某种命运的冥冥定数。如王阳明前一次应试的傍晚时分，在考试场中就有二巨人说出“三人做好事”的话，此谶语二十年后应验了：胡世宁告发，孙燧巡查，王阳明平定，正是三人做的好事。对此，王阳明的学生董沄之子董谷在他的《碧里后集杂存》中也记载了这么一个故事：

> 嘉靖八年春，金华举人范信对董谷说，宁王初起时，飞报金华府，知府恐惧不知所为，有个常州人名赵推官的对知府说：公不须忧，阳明先生决擒之矣。说着从衣袖里掏出一本旧书，上有“蛟有遗腹子贻于世，落于江右，后被阳明子斩之”之语。后不数日，捷音果致。①

而且《明史·宁王传》上亦有记载宁王乃蛇投生，他父亲梦见一条蛇在宫中翻卷，并吃了许多人。第二天早上，宁王降生，他父亲因此十分厌恶他，认为他是毒蛇投世。各种传说、逸事附会到一起，都觉得王阳明能平定宸濠

---

① 钱明：《儒学正脉——王守仁传》，浙江人民出版社 2006 年版，第 56 页。

之乱是命运的安排,并非人力的结果。

其实,不管上古的传说,还是形而上的故事,都是人们的一种认识,觉得在有形的此岸世界的对面一定有一个与之对立的彼岸世界。这种看法是有根据的,在哲学上也是说得通的:任何有形的物质一定是以无形作为本体,是物质现象的另一种形式,是现象存在的根据。本体不可见,通过有形见之;先天不可考,通过后天证之。没有后天的、有形的自觉势力,又以何处体现先天的定数?正如人的命运一样,人们常言某某命好,可人们怎么知道某某命好、某某命不好呢?那不过是通过后天的证实。因此,先天也好,定数也好,形而上也好,都必须通过后天的某种力量才能显现。从这种意义上来说,后天就是先天的另一种形式,有形是无形的另一种表现,后天的一切都有定数。如从这种意义上来说,王阳明的江西平叛可以说是定数使然,亦可以说是非凡的军事才能所致。

从军事学上总结江西的平叛之战,觉得宸濠有"三失",王阳明有"三得"。

先说有关宸濠的"三失"。一失:实现战略目标的手段有失单纯。宸濠起兵时,曾对孙燧说,太后要他起兵监国。这说明他是以北京作为第一目标,但从汉代开始,从江西乃至江淮起兵北进夺大位的几乎一个成功的先例都没有。首先是九江王英布,其次是刘濞从淮南起兵导致的吴楚七国之乱,即使已进洛阳,接近潼关,最终也没有成功。第三次是唐中叶的李敬业从扬州起兵反武则天。第四次是唐肃宗的弟弟李璘从丹阳起兵攻长安,只一个月就失败了。大诗人李白也因曾做过他的幕僚,被流放夜郎。为什么失败?重要原因是进攻路线太长,战略纵深太远,中间要攻克的关隘、险阻太繁,不可测因素太多。这对于造反的军队来说,是承受不起的负担。

所以,在江左一带起兵的军队一般不北向,只东下南京。历史上,在南京建立的政权比较多,原因是顺水路比较方便。金陵形胜,虎踞龙盘,亦是建都之所,尽管有点偏安一隅,但中间没有太多的关隘、要塞去攻克。所以宸濠以南京作为战略目标是对了,但在执行时出现偏差:没有派出一支部队作为偏师北进,造成声势,分散朝廷的力量,造成朝廷的错觉,然后主力以迅雷不及掩耳之势直下南京。如果这样,就是明王朝想抵抗也没有时间准备。而这正是王阳明非常害怕出现的局面,但宸濠不会玩战略欺骗,痛失良机。

二失：优柔寡断，错过进攻的最好时机。宸濠是六月十五日过生日时起兵的，此时的王阳明还在去丰城的路上，身边只有一百多人，而且任务是去福建平兵暴。而且对于谋反这样的大事，朝廷即便获得了准确情报，要进入调兵遣将、充分准备的阶段也需要一段时间。可宸濠错失了进攻的最佳时机，在宣布造反的同时，几十万大军蜗居南昌周围，真不可思议。不迅速发兵东下，而是被王阳明的几条小道间谍消息缠住而裹足不前，并且还怀疑与自己一同举事的心腹人士，既不信人，又何以要与之举事？同时自己亦有侦察情报人员，四周几十、上百里范围之内有无军队，有哪些军队，势力如何，宸濠难道不知道？几条小道消息就能困住他？这都说明宸濠并非高水准的战略家，性格上有不足以干大事的致命弱点。在南昌城观望二十多天后，一切都晚了，王阳明也集结好了部队，朝中的其他军队也在集结、声援王阳明了。兵有"四机"，其中"一机"就是时机。兵贵得时，得时才能得势。

三失：宸濠不会用兵又刚愎自用。如果前两失使宸濠很被动了，但并不意味着一点希望也没有了。在进攻安庆时，王阳明占据了南昌，这对于宸濠的力量来说并没有实质性的损失，无非丢了个窝，以后胜利了，再垒个窝就是。可对于宸濠来说，不啻当头棒喝，一下子乱了方寸。要撤兵回师南昌，以臣反君，唯有置之死地才能后生，焉有撤兵之说？假设顺利撤回了南昌，四方讨伐之军云集，哪有他生存的空间？所以他的军师李士实劝他不要理会这些，速去南京即大位，一旦在南京站稳了脚跟，小小的南昌可不战自下，但宸濠不听，一意孤行。对于宸濠这种计较小利的特征，王阳明拿捏得十分到位，说他"驽马恋栈"，没有远略。自古成大事者岂计小利？

在回师的途中遭到王阳明的阻止，虽然有失利但亦有斩获，可宸濠不知撤出鄱阳湖，不恋战，转头向东，与安庆攻城之军汇合，或绕达安庆，然后挥师东下向南京。攻南京不成，挥师旁向，在江浙苏皖几个地方纵横驰骋以调动明军，视情况而定，或许有转机亦未可知。可宸濠虑不及此，撤安庆攻城之军与自己会合，数万大军周旋集中于狭窄的地域内，给人以全歼的条件。其实从兵力对比上看，宸濠绝对处于优势，可他在自己军队士气低下、地形不利的情况下，不知道寻找战机，打一两个胜仗鼓舞士气，反而把自己所有的军队集中于一个地方，给了王阳明一网打尽、一锅端的良机，真是自作孽，不可活。

综观王阳明在这次战役中的表现，有“三得”：

“一得”于实现战略目标之战术选择正确。战役大幕一拉开，王阳明亦有上、中、下三策，这与宸濠所见相同。王阳明也知道朝廷不得人心，政治黑暗，老百姓怨气大。一旦宸濠举兵北向，所到之处，沿途官员能抵抗的没有几个，老百姓也不见得拥护朝廷。一旦出现这种情况，局势就危险了。所以王阳明千方百计要阻止宸濠北进；北进不成，东下南京及蹂躏江淮富庶之地亦是他担心的。因此，尽量牵制或阻挠宸濠晚一点进攻，给自己和朝廷多一点准备的时间是夺取此次战役胜利的关键。可以看出，王阳明对战略方向的选定，战略任务的实现所采取的战术，其估算都是十分准确的，以后事态的发展与他的预计几乎不差。

“二得”于战术配合得当。当时王阳明散布各种假消息的目的就是要拖延宸濠，使之发兵时间晚一点，没想到宸濠果然中计，在南昌城内观望近二十天之久，这是生死攸关的二十天。可宸濠一点也没有觉得，而王阳明观察得十分清楚。当他得知宸濠没挪窝时，大喜：“彼之大事去矣！”于是开始排兵布阵。之后，一是在新旧坟厂击溃宸濠的潜伏部队，这对南昌城内的士气是个非常大的打击；二是不发兵去南康、安庆与宸濠正面交锋，而是直接攻南昌，逼宸濠回顾，这一“围魏救赵”之策用得十分恰当。这一战术的关键点是“围魏”，这个所围的“魏”，能调动攻赵之魏军回顾是关键。如不回顾，这一战术也就失效了。可王阳明把宸濠的性格拿捏得十分准确，知道“驽马恋栈”，一定会回顾。果不其然，在宸濠回顾的过程中，他设伏于中途，打了个漂亮的十面埋伏之战，全歼宸濠的军队，干净利落。

“三得”于王阳明极会用兵。从军事学的角度分析，每论一个人是否会用兵，主要表现在三个方面。一是战略目标的选定和制定，是否富于智慧，是否具有全局性、超前性和关联性的特点。所谓的全局性就是事关整个大局的发展，对全局的发展有利还是有害。所谓的超前性，就是战略目标的判定不仅要着眼于目前全局的情况，更重要的是要着眼于全局的未来，即从发展的眼光来看。有时为了全局的发展必须牺牲局部的利益，估计全局的发展在未来会出现哪些情况，等等。所谓关联性就是在制订战略目标时，必须要善于把握组成全局的几个局部之间的关系。何者为主，何者为次，何者在一段时间内是主要的，而在另一个时间内却是次要的，因为各关系之和等于或大于整体。因此，通过关系的把握以了解全局乃是一门高超的军事战略学。二是战术的实施，即在具体的排兵布阵的安排方面是否棋高一着，是否善于抓住夺取战役胜利中的许多环节中关键的一个，能否善于从许多方略中找出真正能夺取胜利的有用的方面。有些观点似是而非，看起来似乎都不错，这就在考验一个指挥员的战役指挥决策智慧的高低。如果不能洞察战争的内在规律，不是真正通晓军事，又没什么智慧，性格又不果敢，则不能从许多意见中抓住有用的那一种。三是战役行动的出奇制胜，灵活多变。战略目标的实现必须通过战术的实施，而战役目的的成功需通过战术行动的取得，有时一个小小的战术行动能带来整个战役的成功。战役的布局类似于点、线、面的分布，在许多点、线、面中，有时其中的一个点和线的变化能引起整个局面的改变。

而王阳明对这三个方面的把握和拿捏都是十分出色的。首先是对战略目标的选择，极富战略全局性那种高屋建瓴的气势，具有全局性、超前性和关联性的特点。宸濠北进和东下，都是十分重要也是必须要避免的。在北进、东下与宸濠困驻南昌的几种关系中，宸濠本人的态度是关键的。只要拖住他一段时间，就会使他失去战略的主动性和突然性，事情就有了胜利的把握。在具体的战役上，王阳明的用兵艺术也是十分娴熟的。宸濠率兵东下，包围安庆，形势紧急，众官员认为应救安庆之围，可王阳明认为救安庆之围的关键点不在于直接出兵到安庆与宸濠厮杀，而是攻其老巢南昌，逼其回顾。这样不仅可解安庆之围，同时可以打击宸濠的士气。当宸濠回师时，气势汹汹，众将以为“归师勿遏”，应坚壁高垒以避其锋，待其衰。可王阳明认为这个归师已是末途之师，士气已经沮丧，丧魂落魄了，不仅不能避其锋，还要主动迎上去，歼之于中途，这正是歼敌的良机，事情的结果果如其料。

在具体的战术原则的运用上，王阳明亦是屡出奇招，灵活多变。当刺探发现新旧坟厂有宸濠的伏兵时，王阳明命知县刘守绪等官员率兵数百人从间道对这一千人发动突然袭击，攻其不备，往往能以一当十。在攻南昌时，放弃兵法上“围三阙一”的原则，四面包围南昌，在七个门同时发起进攻，使之防不胜防。在击宸濠于归途时，根据只有多次打击才能使之崩溃的构想，命伍文定从正面诱敌，派余恩等人于左右两翼埋伏，又派陈槐、童琦诸人于四面张疑设伏。战斗开始后，伍文定诱敌退走，敌军追击，被余恩等人左右两翼横击，使之队形大乱，纷纷钻入陈槐等人的“口袋”之中，宸濠只好退保樵舍，以舟连成方阵。王阳明一见大喜，就决定用火攻，并用大炮轰中宁王的坐船，大火熊熊，而四面埋伏的明军从四方围了上来，战斗也就结束了。

每次作战，王阳明总是亲临前线指挥，擂鼓助阵，如有后退者，挥剑立斩之，而且料事如神。据曾在王阳明身边并亲自参加此战的吉水致仕县丞龙光回忆：

在南昌之战刚结束时，王阳明突然下令造“免死木牌数十万”，众将问其所用，王阳明笑而不答。在鄱阳湖大战时，两军战斗正酣，王阳明突然下令把数十万木牌顺流漂入湖中。宸濠之兵拾起木牌一看，上面有“宁王已死，我军勿得纵杀”。顿时，宁王士兵大哗，“遂大溃”。七月二十七日晌午，王阳明命人准备一条渔船并命听候调遣，众人不知所用。第二天，宁王坐船被大炮击碎，众妃投水自尽，宸濠见大势已去，就思逃跑之路，领着几个士卒慌不择路地在芦苇中转悠。忽见一条渔船在芦苇中摇晃，就大叫请渡，渔人欣然应允。宸濠上船，哪知此船是王阳明事先设置的，渔夫亦是士兵所扮，就把渔船划入军中，宸濠就擒。

这个情节有点类似于小说故事了，有点类似于历史小说记述三国诸葛亮借东风、算周瑜、智断华容道的意味。可当事人都是如此回忆，史书上也如此记载，也就不容不相信了。然而有一点可以肯定的是：王阳明不是一般的书生，而是极会用兵的军事大家，较之先秦的白起征赵，西汉韩信伐赵、燕、齐的用兵方略，也是在伯仲之间。

第三节　匠心独运的书生用兵心得

王阳明非军人出身，没有从军和战争的经历，是一典型的书生。可这位学者加先生的文弱残喘之人，不仅文章写得好，学问也做得好，开宗立派，而且还能带兵打仗，其行兵布阵，算无遗策，几乎达到炉火纯青的境界。对此，他的学生都感到十分惊讶。有一次，学生钱德洪问他：“用兵有术否？”王阳明答道：

用兵何述，但学问纯笃，养得此心不动，乃术尔。凡人智慧相去不甚远，胜负之决不待卜诸临阵，只在此心动与不动之间。昔与宁王逆战于湖上时，南风急转，面命某某为火攻之具。是时前军正挫却，某某对立矍视，三四申告，耳如弗闻。此辈皆有大名于时者，平时智术岂有不足，临事忙失若此，智术安将所施？（《全集》，1473页）

王阳明告诉钱德洪，用兵打仗主要是“心”的问题，是通过“心”去指挥。所谓此“心”不动，即不为外界所干扰、困扰，泰山崩于前而色不变，不乱方寸，如此则百万之兵可运之于掌。一旦“心”神无宁，方寸乱失，“心”无所主，人的智慧就无从所施，所以用兵打仗，首要的是练好这个“心”。他举了个例子：在鄱阳湖大战时，南风转急，正是火攻的大好时机，于是命令某军官用火攻，可他与王阳明对视许久，表情呆滞，形若木鸡。很显然是这个军官被残酷、血腥的战争场面吓坏了，慌神了，六神无主了，因“心”昏则神智昏，神智昏则智慧不伸。如何使“心”不动？就是学问纯笃。

其学生邹谦之对老师的用兵与讲学两不误亦有深刻的印象：

昔先生与宁王交战时，与二三同志坐中军讲学。谍者走报前军失利，坐中皆有怖色。先生出见谍者，退而就坐，复接绪言，神色自若。顷之，谍者走报贼兵大溃，坐中皆有喜色。先生出见谍者，退而就坐，复接绪言，神色自若。（《全集》，1473 页）

王阳明一边指挥作战，一边还在军营中与人切磋学术，好像战争在万里之外。侦察员报告前军失利，众皆失色，他毫无惧色；一会儿，侦察员向他报告贼军大溃，众皆欢跃，他面无喜色，支走侦察员，继续与人讲学。这充分说明王阳明处事能从容不迫，镇定自如，失不慌乱，得不惊喜。那他这种心志是如何练就的呢？他的另一学生陈惟濬对此就有深刻的记忆：

昔见有侍于先生者，自称可与行师。先生问之。对曰：“某能不动心。”先生道：“不动心可易言耶？”对曰：“某得制动之方。”先生笑曰：“此心当对敌时且要制动，又谁与发谋出虑耶？”又问：“今人有不知学问者，尽能履险不惧，是亦可与行师否？”先生曰：“人之性气刚者亦能履险不惧，但其心必待强持而后能，即强持便是本体之蔽，便不能宰割庶事。孟施舍之所谓守气者也。若人真肯在良知上用功，时时精明，不蔽于欲，自能临事不动。不动真体，自能应变无言。此曾子之所谓守约，自反而缩，虽千万人吾往者也。”（《全集》，1473 页）

这段话的意思是，有一个人去见王阳明，自诩可以行军打仗，王阳明问其理由，那人说他能不动心。王阳明反问：不动心是可以言说的吗？意思是说不动心实际是动心，因不动的“心”是本体，本体是寂然不动的，是永恒不变的。那人又说他有“制动之方”，即能压制自己的“心”使之处于不慌乱的状态，王阳明反问：你能把“心”压制住了，你凭什么出谋划策，智慧在哪里？那人又问，有些人一点学问也没有，也能履险不惧，是不是可以行军打仗呢？王阳明回答，有的人天性就刚猛，能履险不惧，但都是“制心”“强持”才有可能，以通俗的话是壮胆气的。实际上这不是不动心，而是蔽本体，蔽本体就是蔽心，蔽心就是蔽智。因这个“心”一旦被人为地、有意识地压制，那就把人的聪明才智也一起压抑了，成了麻木状态。表面上好像不慌，实际上是压抑才智的不慌，人都变傻了，怎么能克敌制胜？所以王阳明认为“心”如到了这个状态便不能“宰割庶事”。因此，根本的问题不是控制住“心”，而是要“守约”，“自反而缩”，使“心”达到如本体一样的平静状态，无论何物都不能使其乱。人只有到了这种状态，万物才能皆备于我。要养得此“心”不动的根本功夫就是要有学问，就是要做到“知行合一”。对此，他的学生刘邦采亦有与王阳明有关军事学的一段对话：

昔有问：“人能养得此心不动，即可与行师否？”先生曰：“也须学过。此是对刀杀人事，岂意想可得？必须身习其事，斯节制渐明，智慧渐周，方可信行天下；未有不履其事而能造其理者，此后世格物之学所以为谬也。孔子自谓军旅之事未之学，此亦不是谦言。但圣人得位行志，自有消变未形之道，不须用此。后世论治，根源上全不讲及，每事只在半中截做起，故犯手脚。若在根源上讲求，岂有必事杀人而后安得人之理。某自征赣以来，朝廷使我日以杀人为事，心岂割忍，但事势至此。譬之既病之人，且须治其外邪，方可扶回元气，病后施药，犹胜立视其死故耳。可惜平生精神，俱用此等没紧要事上去了。"(《全集》,1474 页)

翻开中国古代军事史，大凡那些兵家名将谈用兵心得时，无不是讲些虚实、奇正、九变、九地、谋攻、五事七计及如何用间之类，还没有见哪个军事家把用兵打仗与做学问联系起来，王阳明可是第一人。如果仔细分析、揣摩，他之所以把讲学、做学问与用兵联系起来，其实里面大有玄机、学问。

首先，王阳明认为学问纯笃了就可用兵。所谓的纯笃就是深厚广博，学问一旦深厚广博就会感到学问之道在本质上与用兵是一致的。人类的知识千差万别，其实都只是表层次的差别，内在的本质是一致的。而军事学只不过是这种文明里的一个特殊的、很少的部分罢了，它的内在特征与行动规律，都不能超出人类给自己规定的各种知性的范畴和各种有意义的想象。正如曾任拿破仑参谋长的瑞典军事学家约米尼在《战争艺术》一书中所说的，战争是一门艺术，这门艺术与其他艺术所表现出来的规律是一样的。所以，学问纯笃的人能带兵打仗，而只会带兵打仗的人就不一定学问纯笃了。

其次，学问纯笃的人能用兵，还必须要有一个条件，那就是"养得此心不动"，即学问纯笃的目的就是"养心"。而"心"在王阳明的思想中是一个哲学概念，它的特征是寂然不动，即某种本源。但一旦良知之学通过"心"这个载体，就成了一个囊括一切的巨大熔器，成了一切事物评判、认识的起点与归宿。不管"心"也好，良知也好，都具有某种先天性的特征与品格。所以，后天的一切都必须通过"心"和良知以决定弃取。只要"心"不动、不乱，一切外物都在"心"面前井然有序。人要"心"不动，必须要有良知，必须"不蔽于欲"，无欲则刚、则大，自能临事不动，这中间的玄妙处只有每个人自悟时方能明白。外界不管有什么惊天动地的大事，都与"心"无关，人也只要守住"心"了，什么大事也不能惊扰它，就会处变不惊了，这就是良知。

有了知还必须行，必须"知行合一"。不仅要知得"明觉精察"，还要行得"真切笃实"。所以王阳明一再强调人要在社会上磨炼："人须在事上磨，方能立得住，方能静亦定，动亦定。"他多次对学生强调："人须在事上磨炼做功夫，乃有益，若只好静，遇事便乱，终无长进。”即必须在风雨中养成能“静”的性格，尤其是战争这种“对刀杀人事，岂意想可得？必须身习其事，节制渐明，智慧渐周，方可信行天下”。

所以，王阳明通过学问以“养心”的观点，实际上是他“知行合一”的哲学思想在军事上的表现，是通过军事表现出来的一种最好的解说：学是“知”，通过战争实战是“行”，只有知得彻底即“明觉”，才能行得“真切笃实”，即更有规律，更得心应手，应用自如。

最后，在战场上，能使“心”不动，处变不惊，方能临大事，这个不动的“心”并不是有意识去压制它。战争发生后，“心”里什么都不装，什么都不想，王阳明认为这样的“心”固然可以不动，可与谁发谋出虑？行兵打仗，事情众多繁杂，“心”不处事，怎么出谋划策，指挥作战？有些人并不知学问也能“履险不惧”，是不是可以行军打仗呢？王阳明认为亦不能。有人能“履险不惧”，有时是“强持而能”，是强迫自己的结果。而养“心”不是强持、强迫，而是使“心”处于一种至大至刚、寂然不动又无所不包的状态。这种状态是没有力量可以强加的，也没有力量可以扰乱它，而它对外物又无不“全照”。要达到这种状态，人只有不断地通过学问修持，找回本心。有些人平时智术充满，一旦上了战场，就“忙失若此”，慌乱不知所为。而人一旦处于慌乱之中，好的心智就用不上了。但如王阳明，一边打仗，一边讲学，切磋学问，若无其事，神色自若，其大智大慧若此。所以王阳明认为，人的智愚相差不远，打仗却有胜负之分，根本的问题在于这个“心”。应该说，王阳明把学问与用兵结合起来的观点确是经验之谈，并能启迪人的心智。

有关王阳明的用兵心得，还有见于他对《武经七书》的眉批，此亦是一些有价值的军事思想。如《孙子兵法·计篇》批云：“谈兵者皆曰‘兵，诡道也，全以阴谋取胜’，不知阴非我能谋人不见，人目不能窥见我谋也。”有人说所谓的兵者诡道，就是一种阴谋，其实这种阴谋不过使人不能见、不能窥我的谋划。但还是可以知道，靠什么呢？“孙子开口便说，校之以计而索其情，此中较量计谋，有多少种神明妙用在。”就是说凭“校之以计而索其情”，就可以窥见敌人之“阴谋”，故曰有“多少神明妙用”。这种“妙用”全在于“因利制权”，没有“因利制权”，则“神明妙用”不存在。

同时，王阳明对虚实一法的理解，亦有独到之处。王阳明借用苏老泉的话:“有形势,便有虚实。”即只要军队展开运动、排兵布阵,就无不有虚实。然而通过“校计索情”就能知敌之虚实,知道了敌之虚实,就能避实击虚,因敌而取胜。所谓“形兵之极,致于无形”,指的就是这个“校计索情”之后,以之击敌的整个过程。因是高度机密的,只存在于人的心理,所以“微乎神乎”。兵法上的所谓“致人而不致于人”,讲的就是这个过程。

第九章 百世风流第一人

像王阳明这样的读书人，在中国古代有一个专名称谓叫“士”，以今天的话来说就是知识分子。这一批人在中国古代是一个特殊的群体，他们掌握着话语权，站在道德的制高点上，为封建帝王去向老百姓解释制度、道德和法律，是封建统治者与老百姓之间的纽带和桥梁。然而这么一批人，几千年来一直就没有把“腰”伸直过，跪在地上，脸和鼻孔朝着前上方，搔首弄姿，不知自己姓什么，纯粹为统治者手中的玩物。可他们还自命不凡，要为民请命，要“居庙堂之高则忧其民，处江湖之远则忧其君”，要做尧舜。

可以这样说，秦汉以后，中国古代知识分子基本上都是一批人格扭曲了的俳优。如果要在这个群体中找出活得潇洒、风流，活出“我”来，活出彩来的人，百世之下，王阳明一人而已。王阳明通过自己的一生经历，解决了一个问题：古代知识分子要怎样活才有价值。

第一节 “臭豆腐”人格

20 世纪 70 年代中期，流传着这样一句话：知识分子就像臭豆腐，闻起来臭，吃起来香。这句话实在是太形象、太深刻并带有点刻薄尖酸的嘲弄！中国古代知识分子就是带着这种“臭豆腐”人格走过了两千多年的历史。

为什么说知识分子“臭”呢？“臭”就是“酸”，因为知识分子读了几本书，认识几个字，就自命清高，要兼济天下，可又手无缚鸡之力，眼高手低，这不是“臭”“酸”又是什么呢？为什么“香”呢？知识分子像藤，自己站立不起，是皮上之毛，同时还有些文化，识些字，统治者可以利用他为自己摇旗呐喊，去欺瞒、忽悠老百姓。而且代价也较便宜，有点俸禄足矣，从而足以让这些平时满嘴“尧舜”的读书人斯文扫地，人格丧尽，说走东，他们绝不会往西。这不是“香”又是什么？世界上去哪里找这样的好买卖，这样的好奴才？

中国古代知识分子具有的“臭豆腐”人格，其实是从汉代开始的，具体说来是汉武帝听从了董仲舒的“罢黜百家，独尊儒术”的建议之后开始的。武帝正式把儒家定于一尊，作为全国的主流意识形态，同时又开办太学，以儒家思想教育人们。在学校一段时间之后，国家统一给饭吃、给官做，不会失业，真是天上掉下的馅饼。读书人只要认真地读好儒家经典，不与皇帝唱对台戏，多为朝廷说好听的，哪怕心里恨透了它，嘴上也要投其所好。条件就这么简单，只要做到了，一辈子的荣华富贵就有保证，人生有如此“终南捷径”，读书人又何乐而不为呢？秦始皇坑了四百六十个儒生，被骂了几千年；汉武帝倡读书做官，被顶礼膜拜了几千年。实际上，秦皇汉武的最终目的都是一样的：消灭读书人的独立自主性。秦始皇的办法简单些，肉体消灭；汉武帝的办法狡猾一些，把读书人的灵魂、人格买走。为了整治读书人，汉武帝做了两件事：以读书做官收买知识分子，为自己服务；阉掉司马迁的生殖器，对知识分子开杀戒。因为这不仅是阉掉了司马迁的生殖器，他同时阉掉了中国古代知识分子的精神和人格，是中国古代思想文化界的奇耻大辱。

以此为分水岭，从此以后，知识分子就听话多了，古代知识分子成为皇家奴仆的命运就决定了。历代帝王设计了许多制度、措施，如汉代的举孝廉、秀才，唐宋以后的科举制。为了成为天子门生，多少读书人牺牲自己的青春而皓首穷经，丧失了自己的人格而代圣贤立言。《新唐书·太宗本纪》载，当唐太宗看到许多读书士子鱼贯进入考场，参加科举的情景后，大为振奋，说了一句大实话：“天下英雄从此入我彀中了。”中了进士，可以得到俸禄，得到官职。而且一般的人还不容易做到这一点，统治者故意把名额限制得那么少：让你们这些读书人为了这块臭腊肉去争吧！你为了官职、俸禄巴结皇帝还来不及，谁还会造反呢？为什么唐宋以后的知识分子越来越乖、越来越听话，这里面是有很深刻的思想文化与制度原因的。所以，秦汉以后的文化都是一些为皇帝歌功颂德的奴才文化，这是制度和时代造成的。也说明秦汉以后的读书人，越到后来，人格越丧尽。连李白为了求口饭吃，竟然对荆州刺史极为肉麻地吹捧："生不用封万户侯，但愿一识韩荆州。"杜甫为了考上进士，混口饭吃，向唐明皇献上三大礼赋；孟浩然为了向皇帝献诗，躲在床底下等待皇帝的到来；杜甫在四川时，为了有口饭吃，对四川节度使严武极尽吹捧之能事；宋代词人周邦彦通过皇帝"码子"的推荐，当上了管音乐的官。

像这样的例子在秦汉以后的古代历史中不胜枚举。但是，在官场混口饭吃也并不容易，两头受气，里外不是人，必须整日佯装笑脸、满嘴假话、卑躬屈膝、谄媚讨好、人格丧尽等，也使许多读书人感到整天生活在这种人格分裂的生活中，是一件很痛苦的事。因为毕竟儒家经典教导他们的是要做一个致君尧舜一样的君子，可现实与理想的反差实在是太大。于是有些人就受不了，想办法离开这个是非不断的官场，隐身山水、江湖，以求心灵的安慰和平静，如王维、顾况、孟浩然、白居易、苏东坡、欧阳修等人。有些人还为自己起了一个文雅的绰号，如王维叫"辋川居士"，白居易叫"香山居士"，欧阳修叫"六一居士"，苏轼叫"东坡居士"等。但这批人隐居是暂时的、假的，他们"身在江湖之上，心在魏阙之下"，无时不想着朝廷给自己的那份俸禄。他们迟早还要回到皇帝身边的，他们离开朝廷，只不过是乖巧的仆人向主人的撒娇而已，发点牢骚而已。对于他们来说，前途有二。一种是回到黑暗的现实，与恶势力为伍，人身是安全的，功名利禄可保；另一种是选择沉默，归隐江湖与佛道为伍，这种人是极少数。客观上讲，又与自己的社会责任和士大夫的初衷是相违背的。还有些被皇帝赶走后，觉得极委屈，为了表示对皇帝的忠心，还要大言不惭地说："处江湖之远则忧其君。"终究是奴才。

所以古代的读书人没有几个一生是为自己活着的。他们只是某种观念、权力的符号和牺牲品，能善终的没有几个，有的甚至还位至"三公"，但最终不是郁郁而终就是死于权力的倾轧。其实，这些人都没有什么好冤枉的，主人豢养的猪、狗、鸡之类，主人把你喂大了，养肥了，主人一旦需要你做出牺牲，又有什么好委屈或舍不得呢？难怪庄子拒绝惠施要他出山去当宰相之邀请，庄子告诉他：你看见庙里的牺牲了吗？平时好生供养着，一旦需要，就做了牺牲了，你不要让我做牺牲，你快走吧！

当然，古代知识分子并不全都是活得“窝囊”，有的甚至还活出了光彩，活出了浩然正气。至少在两个时期，古代读书人还是一个大写的“人”。这两段时期一是先秦，一是魏晋。

先秦在中国历史上是一个值得大书特写的时代，这种应大书特写除了平时听人说是中国文化的原创时代这种平庸之调外，更重要的是先秦是一个人性光芒四射的时代，人们都有追求、有信仰、讲信任、重承诺、重义气、贱财富。先秦诸子，这是人们所熟悉的：老子不同于庄子，韩非子不同于孟子，邹衍不同于惠施、公孙龙子，孙子不同于吴起，等等。每个人都有自己的思想观点，不仅言之成理，而且持之有据。一个人可以不承认、不赞同另一个人的观点，但都尊重另一个人的学问、人格。每个人都可以“胡说八道”，可每个人的言论又不是另一个人所能代替的。正是这种多元的文化氛围造就了中国文明深厚的文化底蕴。可以这样说，没有这种多元的文化土壤，中华文化绝对经不起几千年历史风雨的洗涤，而早已变得面目全非，作为一个民族文化的完整性也早就不存在了。

多元的文化氛围的背后是丰富博大的人性光辉。战国四公子，人各不同，性格熠熠生辉。孟尝君听取冯谖的建议而狡兔三窟，春申君因借腹生子而人头落地，信陵君利用宫闱之便而偷兵符，平原君用毛遂而扬威楚廷。吴公子光要刺杀吴王僚，找到大力士专诸，专诸说：“有母在。”母死后，专诸对公子光说：“为君所欲。”意思是凭君调遣。为重信诺，在刺杀吴王僚时献出了生命。吴公子季札听说徐国公子很欣赏自己的剑，后来季札有事去中原，就想去拜访徐公子。此时徐公子已死，季札就把自己的剑挂在徐公子的坟上。别人问他何意，季札说：“知者已死，要剑何用？”刺客荆轲为报答燕太子丹之惠，义无反顾去秦国赴难。为什么司马迁在《史记》中专写《刺客列传》一章，不仅是因为这些刺客是在为信诺去赴死，而更多的是在这些刺客行为的背后，包含有深厚的文化和道德价值取向。这种文化和道德就是人性，就是人要像“人”。这样的例子在《左传》《国语》及先秦诸子等典籍中俯拾皆是。今天的人们对此类行为很不理解，说明今天的人离这种文化是多么的遥远了。

除了先秦之外，魏晋亦是在中国文化史上值得浓墨重彩抒写的时代。

如果说先秦人有个性，敢担当，那魏晋人有信仰。

魏晋人的生活方式和思想追求可以用一个词来概括："魏晋风度"。在秦汉以后的历朝历代里，魏晋人的生活方式和思想价值取向是卓尔不群的，独一无二的。通俗的说法是疯疯癫癫、怪怪的，言语之间又充满智慧。有关魏晋人的生活方式，在《三国志·魏书》《晋书》《魏晋春秋》《世说新语》等典籍里都有生动的记载。

如嵇康和向秀在打铁，钟会求见，可二人对他不理不睬。最后，钟会自觉没趣就走了。临走时，嵇康问道："何所闻而来，何所见而去？"钟会答道："闻所闻而来，见所见而去。"嵇康后被钟会进谗言害死，临刑时，弹了一曲《广陵散》，真是气概凛然。阮籍反对刘邦，他从洛阳来到成皋，凭吊古战场，道："世无英雄，竖子成名。"司马昭要给他升官，他不要，只要步兵校尉这个职务，因为仓库里有几十坛好酒。邻居兵家女死了，他与其无亲无故，却去坟上大哭一场。在酒店喝酒醉了，就躺在老板娘身边。刘伶喝酒时，与猪一起喝，一边喝一边与猪对话，念念有词。桓温西征成国，过三峡时，一士兵捉住一只小猴，结果老猴在岸上一路对在江心行走的船嚎叫。几十里后，船靠岸时，老猿跳入船中而死。剖腹一看，肠子寸断，桓温大怒，立即把这个兵赶走了。桓温曾在征金城(今兰州)时栽下一棵柳树，十年后，柳树已成荫，桓温抚摸柳树，泪流满面曰："树犹如此，人何以堪？"王子猷于月夜想去看老友，人到门前而返。人问道：不是去看朋友吗？怎么往回走？王子猷道："乘兴而来，兴尽而返，何必见戴？"

类似的生活记载，史不绝书。这种生活方式，用传统的儒家思想是没法解释的，因为这种方式已经突破有限，指向无限了，具有某种人类的终极情怀。不管是与猪对话，还是抓走小猴，还是抚摸柳树，都指向人类思维某种更深更远的东西：它夷平了物我之间的区别，以一种大爱包容一切。这不是宗教情结又是什么？阮籍曾写过一篇《大人先生传》，把宇宙比作裤子，把人比作裤裆中的虱子，这种情结恰是儒家思想所没有的。而魏晋人士所要超越的正是儒家思想的伦理桎梏，正如阮籍所言，礼教岂为吾辈所设？那么这种宗教情结由谁去认识？是由"我"去认识，一切无不有个"我"在。所以，所谓的"魏晋风度"其实是一种深刻的宗教、哲学思维在行为上的一种表现，是人的一种信仰的外化，具有很深的智慧与终极关怀，这才是真正的"风流"。

所以,魏晋的读书人活得潇洒,活得自由自在、无拘无束。但是,无论先秦也好,魏晋也罢,士大夫知识分子心中的理想境界“内圣外王”的状态始终没有实现,个体的理性人格没有得到弘扬,也就是说“内圣”与“外王”在先秦和魏晋人士那里,没有得到很好的统一。所谓的“内圣”指的就是道德的最高境界:无我、无欲。所谓的“外王”就是儒家所追求的修身齐家治国平天下的人生事。如果以这个标准去衡量,不仅先秦与魏晋人士没有到达,就是秦汉、魏晋以外历朝历代的绝大多数士大夫也没有到达。

但是,至少有一个人到达了,这个人就是王阳明。

第二节 “内圣”与“外王”相统一的人生之路

在常人眼里,“内圣”与“外王”是不能有机统一的,因为二者属于完全不同的两种世界观和生活方式:内圣是去私欲、求纯洁,外王是求事功、讲名利。但王阳明却把二者有机地统一起来,实现了人生的最高价值。

探寻王阳明追求“内圣”与“外王”的有关人生轨迹,发现主要是在两个层面上进行人生的修炼。

一、从向内求“良知”到向外兼治天下

王阳明青少年时代是朱熹学说的真实信奉者。朱熹说通过“格物”可以寻求到“天理”。今天格一物,明天格一物,集腋成裘,积小溪以成江河,最后“豁然开朗”,成为“圣人”。于是,王阳明认真通过格竹子去践履这种思想品格的真实性,说明王阳明这个人做学问、办事很执着,不寻出个子丑寅卯来绝不放过。结果如何,史有明载。从此他开始对朱熹的学说产生怀疑了,从而导致他的“心学”思想体系的建立。只知道格物,不去寻找这种“物”因何而起的根源,怎么能找到“天理”呢?离开了人的心,什么都不存在,何来的“天理”?从而他大胆得出结论:舍此心而求天理无异于骑驴觅驴,永远都没法达到真理的彼岸。

但是,即使王阳明反对朱熹的格物功夫,他并不反对理学的本体论思想。认为寻天理、灭人欲是人应该追寻的,人都可以为尧舜,王阳明亦想做尧舜,不去追求“天理”,这个尧舜是做不成的。所以,追求天理是人应该具

有的一种信仰，相信天地宇宙有某种超自然界和人类而独立存在的“东西”在，这个“东西”亘古长存，永不变化，宇宙万物都从它那里产生、溢出。问题是，假设“天理”是一种超自然的存在，如果不把它与人类社会的思想道德联系起来，这种“天理”就不可能起到净化人的灵魂的作用。宋代理学家解决了这个问题：在天为“理”，天的大德是化生万物。这个过程可以用一个字来概括：“诚”。所以，“天理”的体现在于化生万物，化生万物就是“诚”的体现。人如果去体现这个“诚”，达到“穷理尽性”的深度，人就成了“尧舜”了。所以，把“理”与人世间的“诚”“德”联系起来，从而使理学成了一种道德哲学，一种净化人的灵魂的有力武器。

对此，王阳明并不反对、否认，唯一不同的是他以“心”去体现这种“诚”“德”，以“心”去“穷”天地之理，去尽人之性，去发掘人先天的善的本性。这样，就把自然界变成了某种“心”的产物、“心”的关照。但“心”去关照并不是空洞无物，必须有东西通过人的“心”去承载、去表现，这就是“良知”。这样一来，王阳明就把宋明理学家所提倡的抽象的“诚”变成人人可以认识、体验的“良知”，从而使这种思想更具有可操作性。

王阳明以“良知”之说风靡天下，门生遍朝野，比孔子的学生还多，一个重要原因是他告诉学生如何去寻找“良知”。他告诉学生，人之所以累，是累于欲；人之所以不能公正地看待、处理世间事物，是蔽于欲。这个“欲”的外在表现就是一个“私”字。人烦恼就是控于欲的缘故。人一旦有了这个“私”字，就好比被树叶遮住了眼睛，就不能客观、理智地看待世间事物。尽管人有两只明亮的眼睛，可心智为欲所蔽，就与瞎子无异。因此一个心地超然的瞎子比一个欲望熏熏的光明者，在本质上更接近光明。要解决这个遮蔽人心智的欲望，王阳明认为须从“心”上做文章。扬汤止沸，不如釜底抽薪。既然“心”是万法之源，只要“心”上没有欲望了，人就可以恢复人原本就有的至大至公的廓然无碍的境界，就成了“尧舜”了，就成了真正能“民胞物与”的至德君子了。要如何达到这个境界呢？王阳明认为是靠两个方面的修炼手段。

一是静坐。

他多次与自己的学生谈“静坐”方面的体会及重要性。刚从贵阳结束流放生活，他就与门生冀元亨、蒋信、刘观时俱人谈起静坐之功：

谪居两年，无可与语者，归途乃幸得诸友。悔昔在贵阳举知行合一之教，纷纷异同，罔知所入。兹来乃与诸生静坐僧寺，使自悟性体，顾恍恍若有可即者……前在寺中所云静坐事，非欲坐禅入定也。盖因吾辈平日为事物纷拏，未知为己，欲以此补小学收放心一段功夫耳。明道云："才学便须知有用力处，既学便须知有得力处。"诸友宜于此处着力，方有进步，异时始有得力处也。(《全集》，1231 页)

王阳明想告诉自己学生的是人"致良知"去私欲的功夫。在贵阳讲"知行合一"之教乃是一种思想观点，一种处理物我之间的认识准则。要知得此说之"真谛"，必须通过静坐一途，达到"自悟性体"的目的。因为人都受制于平时的纷杂事物，不知道"自性体"是什么，受蔽于各种私欲，使"心"骚动不宁。所以必须要有一段"收心"的功夫，即把受制于外界的躁动之心，拉回到自家的认知世界里。正如程颢所言，才学就知道自己的目的在哪里，学了之后，又知道自己该往何处用功。人也只有通过这种手段，才能收回"私欲"之心，躁动、烦恼之心，达到平静、坦然、廓然无碍的舒适、愉快的心灵境界。

如何静坐呢？如何使心如明镜、毫无尘滓呢？有一次，王阳明与学生黄绾、应良讨论圣学时说，学者欲为圣人，必须廓清心体，使纤翳不留，真性如见，方有操持涵养之地。应良听后，面有难色，认为不容易达到，王阳明说："圣人之心，纤翳自无所容，自不消磨刮。若常人之心，如斑垢驳杂之镜，须痛加刮磨一番，尽去驳蚀，然后纤尘即见，才拂便去，亦自不消费力。到此已是识得仁体矣。若驳杂未去，其间固自有一点明处，尘埃之落，固亦见得，亦才拂便去。至于堆积于驳蚀之上，终弗之能见也。此学、利、困、勉之所由异，幸勿以为烦难而疑之也。凡人情好易而恶难，其间亦自有私意、气习缠蔽，在识破后，自然不见其难矣。古之人至有出万死而乐为之者，亦见得耳。向时未见得里面意思，此工夫自无可讲处，今已见此一层，却恐好易恶难，便流入禅释去也。"

亦有一次，他的学生孟源向他请教静坐的问题：

> 孟源问："静坐中思虑纷杂，不能强禁绝。"先生曰："纷杂思虑，亦强禁绝不得，只就思虑萌动处省察克治，则天理精明后，有个'物各付物'的意思，自然精专，无纷杂之念。《大学》所谓'知止而后有定'也。"(《全集》,1236 页)

如细思上述两段话，就可以大概知道王阳明的"静坐"功夫的内容及程序。首先是人处于现实生活中，有各种思虑杂念，是正常的，在初"静坐"时是不可亦不能禁绝的，如强行禁绝就有违人道。必须要在"思虑萌动处"即这种杂念开始时逐渐"省察克治"，认识到它的出处与危害等，然后排除各种杂念纷扰。久之，就自然"精专无纷杂之念"，一切杂念都没有了，心里亮堂得使"物各付物"，即各种杂念回到其本来出处。其次，静坐去尘埃有一个过程，像镜子上长满锈尘斑垢一样，必须痛刮磨一番，"尽去驳蚀"，才能识得"仁体"。而且在刮磨时，要不断地刮磨、不断地去驳垢，不能"才拂便去"，要能持之以恒，否则，终无成功之望。"至于堆积于驳蚀之上，终拂能见也"，告诉人们"幸勿以为难而疑之也"，要知难而进，不要知难而退，否则就找不到"至大至公"的"良知"了。

所以，王阳明所谓的静坐其实是一个通过这种形式以恢复"良知"的过程，是一个去私欲的过程。首先如释、老之静坐，与天地相通，寻找天理，然后实行收心，把平时在现实生活中浪荡惯了的、被各种社会观念所蔽之"心"找回来。要找回这种"心"的方法不是简单的，而必须像给镜子去锈一样，痛加刮磨一番。也就是说对于蔽于杂念的"心"痛加洗涤，而且要持之以恒，一直到发现"天理"即人的本然的"良知"为止。一旦人找回这种"良知"，心态就与以前完全不一样。到底心态具体是个什么样子，王阳明没有具体细说，他只用了"至大至公""清澈无尘宰""廓然无碍""物各付物"一些词语来解说他静坐后的体会。这是一种情感体验，因人而异，有时又难以言说，大概是有一种天然能辨良莠、好坏、邪善的思想认识和辨别物之内外的禅心慧眼。到了这时，心情就会坦然、无邪、静谧、公正、平和，并以此为出发点和归宿。"万物皆备于我"了，天地宇宙都逃不出我的"心"了，那还有什么烦恼的呢？以此待"己"，则"己"清心明目；以此待人，则公正、平和、无私。

仔细分析，王阳明的静坐有一个显著的特点，那就是一旦找回人的"良知”“本心”，就要停止静坐，以防止人流入枯寂、死灰的境界，这是他与释、老有别的地方。所以在他中年以后对释、老反戈一击，坚决不走释、老之路，是有深刻思想原因的。释、老之静坐亦可以收心，这是与王阳明静坐一致的地方。可释、老在通过静坐收回本心之后，仍然坠于空寂，继续坐下去。这是王阳明极力反对的，认为这是“外人伦，遗物理”，不能修齐治平，这与圣人要求人们“穷理尽性以致于命”的思想是迥异的，也使他认识到释、老的思想旨归是脱离社会，不能遵循此路走下去，害己害人。所以，王阳明的“静坐”虽然出自释、老，但他只吸取二氏的“静坐”之法，以收回本心，而扬弃了静坐的终极目的即空寂、死灰，回归到社会，入乎其内，又能出乎外。要认识到这一点，没有对这三者有认真深刻的研究是办不到的。所以他说释、老与圣人的差异只在“毫厘之间，故不易辨，惟笃志圣学者始能究析其隐微。”这个毫厘就在于“静坐”的目的不一样。应该说这种认识对深究儒、释、道三者在理论上的异同及其互补的意义是有很大帮助的。

二是以“良知”为基础，实行“知行合一”之教。

通过静坐以找到“良知”，找回了本心，为成为尧舜、“内圣”找到了道德的起点。然而“内圣”仅是一种以“心”为基础的道德自我内省，或者说遵循某种道德理念、信仰，属于人的内心情感体验，看不见、摸不清。如果人的思想仅到此为止，只完成了人的自我改造的一半。还有另一半，也是非常重要的一半，就是把这种“内圣”的道德基础外化，以改造、服务、指导社会现实，从而为“内圣”找到实践的平台。所以，“内圣”不可见，通过“外王”见之，也就是说把人的内在道德转化为改造社会的力量。如果一个人的道德修得好，就是不为社会服务，那只能说明这个人的“内圣”功夫做得并不彻底。因此，王阳明在静坐的基础上，向他的学生指出另一个著名的思想与行动相统一的观点：“知行合一”。只知不行或只行不知，都是不对的。只有通过“行”这个环节，才能进一步巩固“知”，巩固人的道德修为。有关“知行合一”之说，在前面已讲了许多，此处不再重复，只是有一点要强调：王阳明的学说也和宋代理学一样，是一种以道德为主要内容的学说，这种道德就是“存天理，去人欲”。“天理”就是“诚”“德”，就是信仰；人欲就是“私”。他要通过静坐去私欲，恢复信仰。但是，“人心之动，物使之然也”。人的思想内心的观念无时不受外界的影响，为了巩固这种通过静坐找回来的本心，就必须要言行一致，表里一致，必须通过检验。这种检验的对象就是社会、苍生，就是造福于民。所以他倡“知行合一”之教，要知得精察明觉，就要行得真切笃实。这个“行”在王阳明看来就是社会中的一切，百姓日用、刑狱诉讼等，只有这一关过了，“内圣”之功才算完成。也只有经过“外王”阶段，“内圣”才更充实，二者是不能割裂的。王阳明既以此教育学生，同时亦以此督查自己。

王阳明一生事功显赫，从弘治十二年(1499)中进士出身，“观政工部”，即在工部当实习生开始，一直当到总督湖广、江西、广东、广西四省军事兼广西巡抚这样的封疆大吏，尽管离位极人臣还差一步，但显赫的战功，扶明王朝于既倒的彪炳历史的业绩，堪称此生不虚了。可王阳明做官有个特点，他不像别的官吏，以做官为目的，为官而官，而是以做官为手段，去实践他的“知行合一”的哲学，去履践他的“良知”，检验成尧舜的心路历程。他不是谆谆教诲自己的学生要有“良知”吗？要“知行合一”吗？如何做到？就是在社会中历练，即把“良知”应用到社会生活中，在事功上磨炼。他还点化别人如何从政讲学，如何为政而促学，又如何通过讲学而行政(已如前述)。在这种情况下，他绝不把自己置身于这种实践之外，对人满嘴仁义道德，对己龌龊卑鄙。如果真是这样，他有何资格去领袖后学，教导众弟子呢？

可以这样说，王阳明的做官、干事功的过程，就是他在为政过程中如何实现“良知”的过程，就是他要亲自实践一下，“内圣外王”是否可以得到统一，人是不是能做到尧舜这个档次。这也使他成为中国古代士大夫这个群体中真正体验“内圣外王”这种道德标准的第一人。所以，他在朝廷当差，做主事，任鸿胪寺卿时都认真负责，白天认真公干，晚上好学不倦。在庐陵当县令时，认真为老百姓办实事，移风易俗。庐陵房屋失火时，他还以自己的血去祷风。在江西剿匪时，除了首恶之外，胁从一律不问，给投降的“新民”在生活上以出路，不纠缠历史旧账。为教化民众，大兴学校，创办驿站，兴修水利。在广西平叛时，不滥杀无辜，制定行之有效的民族政策，从而救活了数万刀下之民，为西南边陲的长治久安，进行了有益的探索。这一些，前文已述，此处不赘。

认真为老百姓办事，是王阳明当官的特点之一。而且他当官不贪污腐败、不敲诈民脂民膏、不收人银两和赃物，应该说这在封建社会里是十分难得的。这不是恭谄之词，现翻开历史，政敌只攻击他非孔子和朱熹，不以之为师，自己另搞一套，“事不师古，言不称师，欲立异以为高”，而没有说他贪污、敲诈民脂民膏。如果说王阳明生前有权势，人们有所顾忌，那王阳明死后从削爵到复爵的数十年间，没有发现有人攻击王阳明人格有缺陷，说明王阳明是个言行一致、表里如一、“知行合一”的道德君子。所以，他死后成百上千的老百姓自发为他送葬，哭声一片。在死后数十年内，每到王阳明忌日或清明节，老百姓都会自发祭奠他。真可谓功德自在人心，如泰山之高，如东海之深，永不磨灭。同时也说明，“人皆可以为尧舜”这个道德标准并非遥不可及。只要有“良知”“良心”就可以了，就可以秉公而论，将心比心，平心做事，可以上不愧于天，下不愧于地，中不愧于人，内不愧于自己的“心”。从另一个角度去认识，只有真正存有“内圣”的道德信念，才有可能真正做好“外王”，完成事功，做一个为民请命，为天地立心的好官。

所以王阳明临死前敢于说自己“此心光明”，这是他对自己的定论。光明者，纯洁、道德之谓也。在中国历史上，有哪个士大夫在离开这个世界之前能无愧地说“此心光明”呢？

二、探索人生苦闷烦恼的解脱之道

作为有限的个体，人的一生可以说是苦难的过程，生老病死、烦恼苦闷等忧烦之事，人不能免。像王阳明这样的学者，日后又官至巡抚、总督这样的显职，官场上的龌龊黑暗、尔虞我诈所知甚深。常言道：宰相肚里能撑船。其实这是比喻，即要想在官场上混，没有宰相的容船之量是很难与人相处的，要像弥勒佛一样，容天下难容之事，笑世间可笑之人。如果同流合污、与世沉浮，那另当别论；如果想做尧舜和为民请命的道德君子，不想同流合污，还能在事业上成绩斐然，就必须找到自己独特的生活方式。在这方面，王阳明的人生经历可资垂范与借鉴。作为一个个性极强的官员，王阳明一生吃的苦、受的罪远超常人。正德元年（1506）上书，被刘瑾大打四十板，皮开肉绽，贬去龙场还要被追杀；追杀不成，又入贵州，吃尽了人生的苦楚。江西平朱宸濠之乱，不仅没有功，还遭人诬陷，险丢性命，还遭皇帝的误会，使王阳明一气之下，布衣纶巾地去了九华山。用他自己的话来说，虽死可以，只不过放心不下年迈的父亲。临死前一年，皇帝还要他去弥漫瘴疠之气的广西南宁一带平定叛乱，最后死在回家路上，像他六世祖王纲一样。

在这样的生存环境下，王阳明却过得很充实，心中平和坦然。世间的苦恼、烦恼、攻击、诽谤，他一笑置之。之所以能达到这个境界，是因为王阳明有他自己一套独特的生存法则。

一是静坐以去杂念，收回本心，这在前文已有详述。之所以要“静坐”，就是因为人在世上走，各种思想观念充然于胸，使人心神不宁、烦躁、不能自已，所以通过静坐，不断地抵御、排斥各种源源不断的杂念侵入。像给镜子刮磨锈斑一样，为了恢复“心”的本来面目，就要“痛加刮磨一番”，逐渐地使人的心静下来。把“心”收回来，“心”的本来面目也就出现了。一旦出现这种状态，人的思想、精神就进入了新的境界，尘世间的龌龊的私念、烦恼、苦闷怎么可能干扰呢？从而摆脱了各种世俗之念。

二是坚持自己的哲学世界观并以此观察世界及对待一切事物。如前所述，王阳明的思想体系之一就是“心外无物”，这是他的哲学世界观的重要组成部分。什么叫“心外无物”，《传习录》有这么一段对话：

> 先生游南镇，一友指岩中花树问曰：“天下无心外之物，如此花树，在深山中自开自落，与我心亦何相关？”先生曰：“你未看此花时，此花与汝心同归于寂，你来看此花时，则此花颜色一时明白起来。便知此花不在你的心外。”

这是中国古代思想史上一段石破天惊的哲学高论！细思之，其思想观点的现实指导意义十分深刻！王阳明给哲学思维领域提出了一个思维与存在是否具有同一性的大问题，提出了世界的本源到底为何物的问题，具有划时代的思想意义。这一点在第四章里已有详述。王阳明通过静坐以找回本心的做法，只不过是使“心”静下来，拂去“心”上的尘埃，为“良知”找一载体。一旦“心”收回了，并具有至大至公的“良知”属性，而且这种“良知”又是为人所独有，那么，整个世界、宇宙还有比我的“心”更大的吗？既然“心”便是宇宙，“万物皆备于我”，那“心”外还有别物吗？还有权威、等级及各种世俗的清规戒律和名利仕途吗？到了这时，天上地下，唯我独尊了。人一旦有如此境界，还有什么人世间的是非、烦恼能扰乱这个“心”呢？因此，说到底，这种以“良知”为内容的、“心外无物”的“心”，只不过是个人理性、自由、独立思考的另一种表现方式、代名词，是人心为天地立法的哲学解释。从社会功效来看，只有心外无物，才为人们摆脱世间烦恼、痛苦又不能避世、归隐找到了一种理论上的解脱之道。而这种解脱之道又通过“心”的实践，使人的身心达到一种民胞物与、物我同一、至大至公又坦然宁静的“非常”境界。一句话：我心如不苦，苦又从何来？

三是时刻保持一种“狂者”心态。

王阳明教学生，除了与之探讨“良知”之说外，多次谈起人在世上要顶天立地，就必须做个“狂者”。所谓的“狂者”，其实就是有独立、自主的人格和行事方式，不看人的脸色行事，没有奴颜和媚骨的理性人格。有了这种“狂者的胸次”，就是天下人都“非之”，也行不掩言，自家自有主张。“天下信之不为多，一人信之不为少。”“君子不求天下之信己也，自信而已。吾方求以自信之不暇，而暇求人之信己乎？”自己以为对的，就坚持，自己认为不对，哪怕出自孔子，“亦不敢以为是”。在中国历史上，这种有独立、自主、自信的行为方式的人是不多的，西晋的嵇康只说了句“非汤武而薄周孔”，就被砍了头。这种人在别人眼里是“狂”，而自己则认为是自信。有了这份子“狂”和自信，世界上还有什么苦难、烦恼不能淡然处之呢？而中国古代的知识分子，言之乎仁义之途，游之乎诗书之源，钻窥乎权贵之家，满腹经纶，道貌岸然，圆滑世故，摇头晃脑，有事却不敢担当，从而没有能产生几个真正的道德君子。究其原因就是缺少那么一点“狂者”气象和自信的人格。

有了这样的“狂者”心态，其平时的生活方式、为人处世就与众不同，不虚、不假、不昧良心，光明磊落，没有傲气但有傲骨，不以强欺弱，别人欺凌自己也毫不畏惧。只要自己认为是正确的，天塌下来也要坚持，要敢于担当。王阳明就是这样的人：皇帝派他去江西剿匪，他敢于向皇帝要“尚方宝剑”；在江西平乱，他敢于假称圣旨调动军队，因受人诬陷，布衣纶巾去了九华山与和尚为伍，不怕丢乌纱帽；广西镇乱时，在没有上命的情况下，擅自处理受降、设县、置关隘、土流结合等政策事务；在生命快要结束时，他不等上命就擅自离开广西回了浙江老家；尚书桂萼对他有引荐之恩，但江西剿匪、平乱是王琼所荐，所以他把功劳算在王琼头上，功过分明，堂堂正正，尽管桂萼切齿，但王阳明不为所动；他认为朱熹的学说有缺陷，在当时那种社会氛围下，敢于坚持自己的主张，纠谬朱熹的观点，另搞一套，哪怕天下人都说他不对，他也我行我素。可以这样说，如果没有把“天”装在口袋里的气魄、胆识和狂气，是根本做不到的。

所以，像王阳明这样“狂”气十足的封疆大吏在历史上是绝无仅有的。也正因为他有这种“狂者”心态，才使他能泰然处之人世间的种种坎坷和灾难，同时也使他取得了别人不能取得的成就，更重要的是为古代知识分子树立了人生的榜样：人应该为自己活，这样活，才有价值，才充实。他有“狂”言：“我的灵明，便是天地鬼神之主宰。天没有我的灵明，何去仰他高？地没有我的灵明，谁去俯他深？天地鬼神万物，千古见在，何没了我的灵明，便俱无了？”（《传习录》下）真是自信人生二百年，会当击水三千里，神气、狂气十足。

四是通过艺术的审美，为灵魂找到安宁之所。

王阳明是学者、思想家、军事家，同时又是诗人。他摆脱世间苦闷的方法除了上述几种之外还有一种，那就是通过艺术创作与审美，使自己的思想、精神摆脱世俗的桎梏，从而得到放松、发泄、自由，也就忘记了烦恼。像古代的哲人庄子一样，通过审美以得到自由。著名学者李泽厚在《中国古代思想史论》一书中认为，庄子的哲学是美学，而审美的最高境界却是自由。这个观点是很有见地的。

作为诗人的王阳明流传下来的诗赋等作品共有589首，然而这些作品与中国古代如唐宋时期诗人之作有很大的不同，那就是王阳明的诗赋几乎没有去反映老百姓的所谓疾苦，而是有关自己的感受、寄托、牢骚之作。这也使得他的诗具有一种独特的风格，把入世平乱的一些金戈铁马之慨与学习陶渊明的山水诗、佛教的禅诗有机地统一起来，风格迥异，意境殊远。全部诗作包括山东诗、京师诗、狱中诗、赴谪诗、归越诗、滁州诗、赴南都诗、赣州诗、江西平宸濠诗、居越诗、两广诗等，主要表现以下几个方面的生活内容。因篇幅的关系，摘录一些以飨读者：

十年尘海劳魂梦，此日重来眼倍清。
好景恨无苏老笔，乞归徒有贺公情。
白凫飞处青林晚，翠壁明边返照晴。
烂醉湖云宿湖寺，不知山月堕江城。

(《归越诗三十五首》之《西湖醉中漫书》其一)

世外烟霞亦许时，至今风教后人思。
却怀刘项当年事，不及山中一着棋。

(《题四老围棋图》)

兀坐经旬成木石，忽惊岁暮还思乡。
高檐白日不到地，深夜黠鼠时登床。
峰头霁雪开草阁，瀑下古松闲石房。
溪鹤洞猿尔无恙，春江归棹吾相将。

(《狱中诗十四首》之《岁暮》)

扁舟风雨泊江关，兄弟相看梦寐间。
已分天涯成死别，宁知意外得生还！
投荒自识君恩远，多病心便吏事闲。
携汝耕樵应有日，好移茅屋傍云山。

(《赴谪诗五十五首》之《赴谪次北新关喜见诸弟》)

鸟道萦纡下七盘，古藤苍木峡声寒。
境多奇绝非吾土，时可淹留是谪官。
犹记边峰传羽檄，近闻苗俗化衣冠。
投簪实有居夷志，垂白难承菽水欢。

(《居夷诗》之《七盘》)

采蕨西山下，扳援陟崔嵬。
游子望乡国，泪下心如摧。
浮云塞长空，颓阳不可回。
南归断舟楫，北望多风埃。
已矣供子职，勿更贻亲哀！

(《居夷诗》之《采蕨》)

投荒万里入炎州，却喜官卑得自由。
心在夷居何有陋？身虽吏隐未忘忧。
春山卉服时相问，雪寨蓝舆每独游。
拟把犁锄从许子，谩将弦诵止言游。

(《居夷诗》之《龙冈漫兴》)

一自移家入紫烟，深林住久遂忘年。
山中莫道无供给，明月清风不用钱。

（《南都诗四十七首》之《题灌山小隐二绝》）

将略平生非所长，也提戎马入汀漳。
数峰斜日旌旗远，一道春风鼓角扬。
莫倚二师能出塞，极知充国善平羌。
疮痍到处曾无补，翻忆钟山旧草堂。

（《赣州诗三十六首》之《征漳寇进兵长汀道中有感》）

百里妖氛一战清，万峰雷雨洗回兵。
未能干羽苗顽格，深愧壶浆父老迎。
莫倚谋攻为上策，还须内治是先声。
功微不愿封侯赏，但乞涓输绝横征。

（《赣州诗三十六首》之《回军九连山道中短述》）

甲马秋惊鼓角风，旌旗晓拂阵云红。
勤王敢在汾淮后，恋阙真随江汉东。
群丑漫劳同吠犬，九重端合是飞龙。
涓埃未遂酬沧海，病懒先须伴赤松。

（《江西诗一百二十首》之《鄱阳战捷》）

甲马驱驰已四年，秋风归路更茫然。
惭无国手医民病，空有官衔縻俸钱。
湖海风尘虽暂息，江湘水旱尚相沿。
题诗忽忆并州句，回首江西亦故园。

（《江西诗一百二十首》之《寄江西诸士夫》）

茅茨松菊别多年，底事寒江尚客船？
强所不能儒作将，付之无奈数由天。
徒闻诸葛能兴汉，未必田单解误燕。
最羡渔翁闲事业，一竿明月一蓑烟。

（《江西诗一百二十首》之《即事漫兴》）

百战归来白发新，青山从此作闲人。
峰攒尚忆冲蛮阵，云起犹疑见虏尘。

岛屿微茫沧海暮，桃花烂漫武陵春。
而今始信还丹诀，却笑当年识未真。
归去休来归去休，千貂不换一羊裘。
青山待我长为主，白发从他自满头。
种果移花新事物，茂林修竹旧风流。
多情最爱沧州伴，日日相呼理钓舟。

（《居越诗三十四首》之《归兴二首》）

卷甲归来马伏波，早年兵法鬓毛皤。
云埋铜柱雷轰折，六字题诗尚不磨。

（《两广诗二十一首》之《梦中绝句》）

楼船金鼓宿乌蛮，鱼丽群舟夜上滩。
月绕旌旗千嶂静，风传铃柝九溪寒。
荒夷未必先声服，神武由来不杀难。
想见虞廷新气象，两阶干羽五云端。

（《两广诗二十一首》之《谒伏波庙》）

见说韩公破此蛮，貔貅十万骑连山。
而今止用三千卒，遂尔收功一月间。
岂是人谋能妙算？偶逢天助及师还。
穷搜极讨非长计，须有恩威化梗顽。

（《两广诗二十一首》之《平八寨》）

以上这些诗作都是从王阳明在各个时期写的组诗中抽选出来的，很有代表性。像这样的诗作在王阳明的作品中还有许多，不再多录。如果仔细品味这些作品，就会发觉王阳明的诗，无论在京做官，蹲锦衣卫的大牢，还是贵州放逐，江西剿匪及广西镇乱，都只写他对人生、事业、眼前及未来的某种追忆与寄托，很少去描述老百姓艰难困苦的生活，只写他自己的思想感情的某种无奈状况。诗言志、歌咏言，王阳明的这些诗应该最能体现这方面的特点。在这些诗中，他最向往的是“白鸟飞处青林晚，翠壁明边返照晴”“不及山中一着棋”“好移茅屋傍云山”“春山卉服时相问，雪寨蓝舆每独游”“明月清风不用钱”般的山水田园的归隐生活。还在江西剿匪时，他就流露出要“伴赤松”的出世思想。平定广西之乱后，他更是认为自己的任务完成了，

"青山从此做闲人",所谓"最羡渔翁闲事业,一竿明月一蓑烟""种果移花新事物,茂林修竹旧风流",他要与青山做伴,当隐士了。所以,王阳明的诗中有百分之七十都是这方面的作品,把山水作为自己思想的寄托和审美的对象,从而使他的诗充满着禅味和不受礼教约束的心态:"深惭经济学封侯,都付浮云自去留"(《怀归二首》),"何时却返阳明洞,萝月松风扫石眠"(《送德声叔父归姚》),"自识淮阴非国士,由来康节是人豪"(《归兴》),"经过已是千年后,踪迹依然一梦中"(《过鞋山戏题》),"莫向人间空白首,富贵何如一杯酒"(《泉韵》),"脚踏破履五十两,身披旧衲四十斤"(《无题》),"四十余年睡梦中,而今醒眼始朦胧。不知日已过亭午,起向高楼撞晓钟。起向高楼撞晓钟,尚多昏睡正懵懵。纵令日暮醒犹得,不信人间耳尽聋"(《睡起偶成》),"饥来吃饭倦来眠,只此修行玄更玄。说与世人浑不信,却从身外觅神仙"(《答人问道》),"吾心自有光明月,千古团圆永无缺。山河大地拥清辉,赏心何必中秋节"(《中秋》),"洞里乾坤别,壶中日月明"(《火秀宫次一峰韵》),"林间古塔无僧住,花外仙源有路通"(《江边阻风散步至灵山寺》),"远公(慧远)说法有高台,一朵青莲云外开。台上久无狮子吼,野狐时复听经来"(《远公讲经台》)。

如果按现今有关艺术风格的分类规则,这些诗歌既不属于所谓的现实主义一派,因为这些诗没有反映现实生活及民间疾苦,也不列入浪漫主义一途,因为在这些诗里没有挂在空中做腾云驾雾的癫狂的呐喊。纯粹是写自己的心,心的感悟及对某种深远艺术境界的追求。目的是减轻现实的压力,舒缓心中某种因生活带来的烦恼以及躲避从生活中、官场上各个方面射来的明枪暗箭,使人的"心"能得解脱。

为什么艺术尤其是诗歌创作能舒缓人心头的苦闷、烦恼,使人的精神得到某种解脱和自由呢?这涉及一个重要的美学思想,即审美的最终目的是什么的问题。李泽厚说庄子的哲学是美学,主要是针对庄子在《逍遥游》里说的"圣人""至人""神人"的三种境界而说的。在这三种境界里,前两种都不是最好的,都要借外力而显示自己的价值和存在。也就是说前两种境界都不是自由的,如"至人"用一个星期去南海打一来回,要准备七天的干粮,还要借风,说明他不自由。只有第三种境界,与天地同生,与日月共存,无生无死、无古无今。试问:在宇宙中,哪个有限的物质实体能达到这个境界?

只有思想，只有人的精神自由才无远弗届，才与天地同在。而这种精神自由的实现只有通过思想的想象或者说艺术的审美，通过对审美的境界的领悟，才能使人的思想沉浸于艺术境界之中。这是欣赏的环节。

从创作的角度分析，艺术更是人生牢骚的寄托，是人生苦闷的发泄，是痛苦的象征。屈原为什么要写《离骚》？就是为了发泄心中的哀怨委屈之情，所以司马迁、王逸都认为"离骚"就是远离忧愁。懂得诗歌尤其古体诗创作的人都明白：艺术创作尤其是诗歌创作，主要是通过意象的组合，画面的拼凑。就是说通过有颜色、声音、动作的语言，经过某种特定的诗歌语言规则的组合，形成一幅幅的艺术画面。作者在创作这种画面时，必然会忘记生活的烦恼、人生的苦难，认真进入艺术画面的拼凑所产生的意境之中。一旦进入这种状态，人暂时就会忘掉一切，思想和精神的审美自由就会上天入地，无远弗届。所以，艺术创作是对生活的忘却，是情感的发泄和理想的寄托。尤其是那些有很深学问及远大政治理想、抱负又有很深的艺术修养的人，为什么事业的挫折往往能带来艺术创作的丰收，从本质上来说，是对生活忘却的表现和情感的宣泄。

同时这也告诉人们，要躲避生活的苦难，忘掉人生的烦恼和忧伤，艺术的象牙之塔是最好的门径，是躲避各种明枪暗箭的有效的铠甲和防护服。王阳明深知此理，也为自己找到了如何减少痛苦的生存之道。

所以，秦汉以后两千多年的封建社会里，士大夫的人格是分裂的，内心是扭曲的，"内圣"与"外王"没有得到很好的统一，做尧舜与功名利禄没有得到正确的处理。也许是"尧舜"这两个可能不存在的历史偶像的内涵太模糊，也许现实太残酷，内在的道德素质往往屈服于外在的现实利益方面的压力，从而产生多少满嘴诗书礼仪、行为龌龊的伪君子。这既是士大夫的悲哀，同时也是一个民族的悲哀。在这方面，王阳明是处理得比较好的一个。因为王阳明有独特的哲学世界观和性格特征，养成了独特的生活哲学与行为规范，才较为完美地实现了古代士大夫所追求的"内圣外王"的人生境界，画上了较为圆满的句号，较为充分地发挥了人生价值。说王阳明是中国古代士大夫知识分子的道德与事功结合的典型，应该说是实至名归的。

所以，在中国古代的士大夫群里，真正谈得上是道德、理想、人格、事业完美结合的后世风流人物，只有王阳明一人而已。说他有“濂溪之学而能自强，有武侯之忠而能自将，有子义之功而能自忘，有良平之智而能自藏”，也并非过誉之词。

后记

自己多年研究王阳明学说的心得终于能集腋成裘，形成一本书了，时光荏苒，借以自嘲吧！大丈夫处世，前有王文成，后有曾文正，人生之愿已足。孔子曰：五十而知天命。即人到五十就可知自己这一生适合干什么，可以干什么，能干什么；几十年来，自己不断地反思，抚今追昔，感慨系之，本人素不懂诗，也凑成几句，聊以自遣，并求教于大方之家。

三十年来谁是非，大风歌罢掉头西。
山河难阻悲叶落，韶华易逝叹林晖。
苗岭逶迤翻墨浪，洞庭浩渺齐苍天。
更慕彭泽南山下，何处桃源可耕田。

丈夫意气横槊钩，收拾山河数十州。
塞外秋风嘶战马，虎帐夜吟演运筹。
典论难敌沧海赋，蜀相远逊孙仲谋。
如今底事该何物，暂饮浊酒醉乡愁。

观临南海涌云飞，湖光山色熹翠微。

大道易述心耿耿，丹青难写情依依。
松菊柴门无荒径，溪水桃花有洞天。
更忆稚儿戏闹间，邕州四月荔正肥。

2012年11月于贵州财经大学